rororo

Der Autor

Christian Jacq, geboren 1947, ist promovierter Ägyptologe und Gründer des »Institut Ramsès« (Paris), das sich der Erhaltung gefährdeter Baudenkmäler der Antike widmet. Als einer der besten Kenner alter Geschichte wurde er von der Académie française ausgezeichnet und schrieb neben Beiträgen zur Fachliteratur zahlreiche erfolgreiche historische Romane. Mit seiner fünfbändigen Ramses-Biographie, die im Wunderlich Buchverlag erschien, gelang ihm auf Anhieb der Sprung an die Spitze der französischen Bestsellerlisten.

Als Taschenbuch liegen die Romane *Der Ägypter* (Wunderlich Taschenbuch Nr. 26027), *Der lange Weg nach Ägypten* (rororo Nr. 22227), *Die letzten Tage von Philae* (rororo Nr. 22228) und *Der Mönch und der Meister* (rororo Nr. 22430) vor sowie die fünfbändige Ramses-Romanbiographie *Der Sohn des Lichts* (rororo Nr. 22471), *Der Tempel der Ewigkeit* (rororo Nr. 22472), *Die Schlacht von Kadesch* (rororo Nr. 22473), *Die Herrin von Abu Simbel* (rororo Nr. 22474) und *Im Schatten der Akazie* (rororo Nr. 22475); die fünf Bände erscheinen auch im Großdruck.

Im Sachbuch bereits erschienen: *Die Pharaonen – Große Herrscher des alten Ägypten* (rororo Nr. 60757), *Als Ramses über die Liebe sprach – Leben im alten Ägypten* (rororo Nr. 60756) und *Nofretete und Echnaton. Ein Herrscherpaar im Glanz der Sonne* (rororo Nr. 60758).

Christian Jacq

Nofretetes Schwestern

Eine Kulturgeschichte der Ägypterinnen

Deutsch von Thorsten Schmidt

Rowohlt Taschenbuch Verlag

Für Françoise,
meine Ägypterin für allezeit

Veröffentlicht im Rowohlt Taschenbuch Verlag GmbH,
Reinbek bei Hamburg, Mai 2000

Umschlaggestaltung: Walter Hellmann
Bildnachweis für sämtliche Abbildungen: © Institut Ramsès, Paris
Gesamtherstellung Clausen & Bosse, Leck
Printed in Germany
ISBN 3 499 60832 4

Inhalt

Einleitung

Nubien, 17. Januar 1829.

Jean-François Champollion, dem es im Jahr 1822 gelungen war, die Hieroglyphen zu entziffern, unternimmt seine einzige Reise nach Ägypten. Er möchte alles sehen, alles verstehen, alles bewundern, und er zögert nicht, weit in den Süden vorzudringen. An diesem Tag, an dem ein heftiger Nordwind weht und der Nil anschwillt, macht der »Vater der Ägyptologie« im nubischen Ibrim Station. Er besichtigt Heiligtümer, die in Fels gehauen wurden, und er versinkt vor der Darstellung der Gemahlin eines Herrschers in tiefe Betrachtungen.

Plötzlich kommt ihm eine überraschende Erkenntnis. Die Haltung dieser Frau, ihre Würde, so schreibt er, zeige, »zusammen mit tausend ähnlichen Befunden, wie sehr sich die ägyptische Kultur ihrem ganzen Wesen nach von den anderen Kulturen des Morgenlands unterschied und wie nahe sie der unsrigen war, denn man kann die Kulturstufe eines Volkes nach der mehr oder minder erträglichen Stellung der Frau in der Gesellschaft beurteilen«.

Dank der ihm eigenen Intuition entging es Champollion nicht, daß die Frau im pharaonischen Ägypten eine ganz und gar außergewöhnliche Stellung einnahm, nicht nur im Vergleich zur griechisch-lateinischen Kultur, sondern selbst im Vergleich zur Gesellschaft des 19. Jahrhunderts.

Pharao Ramses III. rühmte sich, dafür gesorgt zu haben, daß die ägyptische Frau völlige Freizügigkeit genoß, ohne befürchten zu müssen, auf ihrem Weg von irgend jemandem behelligt zu werden.[1] Freilich erinnerte er damit lediglich an eine soziale Errungenschaft, die seit Beginn der ägyptischen Zivilisation fest verankert war. Genoß die Frau doch seit der Errichtung der pharaonischen Herrschaft das Recht auf völlige Freizügigkeit; sie konnte nicht in eine finstre Kammer des Hauses verbannt werden, da sie nicht der schrankenlosen Verfügungsgewalt eines allmächtigen Vaters oder Gatten unterlag.

Die ersten Griechen, die Ägypten besuchten, waren empört über die Selbständigkeit, die den Ägypterinnen zugestanden wurde; der zutiefst erschütterte Geograph Diodor von Sizilien ging sogar so weit, zu behaupten, die ägyptische Frau habe volle Herrschaft über ihren Gatten, was den falschen Eindruck erweckte, an den Ufern des Nils bestehe ein Matriarchat. Gewiß, die Mutter des Pharaos nimmt eine zentrale Position im Herrschaftsgefüge ein; gewiß, wir kennen zahlreiche Inschriften, auf denen der Sohn den Namen seiner Mutter und nicht den seines Vaters anführt; gewiß, hochstehende Persönlichkeiten lassen ihre Grabmale mit Bildern ihrer Mutter schmücken und verewigen sie so gleichsam. Aber diese Indizien erlauben uns keineswegs, auf die Existenz einer unumschränkten Machtstellung der Frau zu schließen. Tatsächlich übte im pharaonischen Ägypten kein Geschlecht eine tyrannische Herrschaft über das andere aus.

Bezeichnenderweise bekleideten Ägypterinnen selbst das höchste Staatsamt, während den Frauen in den meisten neuzeitlichen Demokratien der Zugang zu dieser Position verwehrt blieb. Wie wir sehen werden, hatten die Frauen während der gesamten ägyptischen Geschichte einen maßgeblichen Einfluß auf das politische und gesellschaftliche Leben. Dank einer bemerkenswerten Rechtsordnung waren Frau und Mann weitestgehend gleichberechtigt; diese Gleichberechtigung, die bis zur Herrschaft der Dynastie der griechischen Ptolemäer nicht in Frage gestellt wurde, wurde ergänzt durch eine fast uneingeschränkte Selbständigkeit, da die Ägypterin keinerlei Vormundschaft unterlag.

Die Gleichberechtigung von Mann und Frau war nicht nur von Anfang an ein Grundwert der pharaonischen Gesellschaft, sondern sie blieb auch so lange erhalten, bis das Land seine Unabhängigkeit verlor. Es ist nicht zu leugnen, daß die Lebensbedingungen der Ägypterinnen deutlich besser waren als die Existenzumstände von Millionen von Frauen in unserer heutigen Zeit; in gewissen Bereichen, etwa dem der Spiritualität, verfügen selbst die Bürgerinnen der sogenannten »fortgeschrittenen Industrieländer« nicht über die gleichen institutionellen Rechte wie die Ägypterinnen. Unmöglich die Vorstellung, daß eine Frau Papst, Großrabbiner oder Vorsteher einer Moschee werden könnte, während die Ägypterinnen durchaus auch hohe Priesterämter bekleideten.

Was den Beobachter, der sich für ägyptische Kunst interessiert, auf Anhieb verblüfft, ist die außerordentliche Hochachtung, die der Frau entgegengebracht wird. Schön, heiter, strahlend, hat sie im Alltag aufs tatkräftigste an der Errichtung einer Zivilisation mitgewirkt, die der Schönheit, und vor allem der weiblichen Schönheit, eine nachgerade kultische Verehrung entgegenbrachte. Eine Schönheit, welche die Urchristen verstörte: den Zauber der heidnischen Ägypterinnen fürchtend, zerstörten sie manche Bildnisse von Frauen oder bedeckten sie mit Gips, um sich ihrem Blick zu entziehen. Glücklicherweise sind zahlreiche Töchter des Nil den vielfältigen Formen des Vandalismus entronnen und berücken uns noch immer. Wer könnte dem magischen Zauber der vornehmen Damen aus der Pyramidenzeit widerstehen, wer der Anmut der eleganten Frauen aus dem Theben des Neuen Reichs, ihrem göttlichen Lächeln und der Liebe zum Leben, die sie verkörpern?

Auf den folgenden Seiten werden wir Königinnen, Unbekannte, Herrscherinnen, Arbeiterinnen, Priesterinnen, Dienerinnen, Gattinnen und Mütter kennenlernen; dabei bewahrte die Ägypterin auch in der Ehe ihren Namen und ihre Persönlichkeit, ohne jedoch deswegen in ein Konkurrenzverhältnis zum Mann zu treten, weil sie ihre Fähigkeiten als selbstbewußtes und verantwortungsvolles Wesen voll entfalten konnte.

Das pharaonische Ägypten, das sich uns erst seit 1822 erschließt – dem Jahr, in dem Champollion die Hieroglyphenschrift entzifferte –, hat immer wieder Überraschungen für uns bereitgehalten. Gerade hinsichtlich der Stellung der Frau ist die Fortschrittlichkeit der ägyptischen Gesellschaft besonders erstaunlich. Die Beschäftigung mit dem Leben der Ägypterinnen ist ein faszinierendes Unterfangen; vom weiblichen Pharao bis zur Oberärztin, von der Geschäftsfrau bis zur »Gottessängerin«: all diese Gestalten zeichnen einen Weg vor, dessen Vielfalt und Glanz bis heute unerreicht sind.

ERSTER TEIL
Herrscherinnen

Königin Isis

Das Grab von Pharao Thutmosis III. im Tal der Könige ist schwer zugänglich. Zunächst muß man eine Stahltreppe hinaufsteigen, die von der ägyptischen Altertümerverwaltung installiert worden ist, bevor man sich durch einen schmalen Stollen zwängt, der tief in den Fels hineinführt. Wer unter Platzangst leidet, sollte verzichten. Allerdings lohnt sich die Mühe, denn nach vollbrachtem Abstieg stößt man auf zwei Kammern, eine mit einer niedrigen Decke, deren Mauern mit Darstellungen von Gottheiten geschmückt sind, und eine zweite, geräumigere, die Auferstehungskammer. Die Wände sind mit Texten und Szenen aus dem *Amduat* verziert, »Der Schrift des Verborgenen Raumes«, welche die Etappen der Nachtfahrt der Sonne durch die Unterwelt bis zu ihrer Neugeburt und der Verwandlung der Seele des Königs im Jenseits beschreibt.

Auf einer der Säulen ist eine bemerkenswerte Begebenheit dargestellt: eine Göttin, die einem Baum entsteigt, gibt Thutmosis III. die Brust. Derart für die Ewigkeit gestillt, wird der Pharao immer wieder neu geboren. Der Hieroglyphentext verrät uns die Identität dieser Göttin von unerschöpflicher Freigebigkeit: Isis. Aber Isis ist zugleich der Name der irdischen Mutter dieses Königs, deren Gesichtszüge in einer Statue erhalten geblieben sind, die in der berühmten Cachette des Tempels von Karnak[1] gefunden wurde: die in sich ruhende, elegante, vollwangige Königsmutter Isis trägt eine dreiteilige lange Zopfperücke und ein Kleid mit Trägern. Sitzend, die rechte Hand flach auf einen

Oberschenkel gelegt, hält sie in der Linken ein Blumenzepter. Wir wissen nichts über sie, außer, daß ihr Sohn sie verehrte und daß sie den Namen der berühmtesten Göttin des Alten Ägypten trug.

Isis die Große hatte lange vor der Entstehung des dynastischen Königtums über »Beide Länder«, Ober- und Unterägypten, geherrscht. Gemeinsam mit ihrem Gatten Osiris regierte sie mit Weisheit und lebte in vollkommenem Glück. Eines Tages lud Seth, der Bruder des Osiris, diesen zu einem Bankett. Es handelte sich um eine Falle, denn Seth hatte beschlossen, den König aus dem Weg zu räumen, um seinen Platz einzunehmen. Der Mörder, der sich eine originelle Methode ausgedacht hatte, bat seinen Bruder, sich in einen Sarg zu legen, weil man überprüfen wolle, ob er die richtige Größe für ihn habe. Osiris ließ sich unklugerweise darauf ein. Woraufhin Seth und seine Helfershelfer den Sarkophag mit einem Deckel verschlossen und in den Nil warfen.

Die Einzelheiten dieser Tragödie kennen wir aus einem Text von Plutarch, der in die Mysterien von Isis und Osiris eingeweiht wurde; die älteren Quellen erwähnen nur den tragischen Tod von Osiris, dessen Martyrium freilich noch nicht zu Ende war, denn sein Leichnam wurde zerstückelt. Seth war jetzt überzeugt, daß sein Bruder für immer vernichtet sei.

Aber Isis, seine Witwe, wollte sich mit seinem Tod nicht abfinden.

Was aber konnte sie tun, außer ihren gemarterten Gatten zu beweinen? Ein wahnwitziger Gedanke keimte in ihr auf: sämtliche Stücke des Leichnams einzusammeln, ihn wieder zusammenzusetzen und ihn durch Zaubersprüche zum Leben zu erwekken.

So machte sich Isis ebenso geduldig wie beharrlich auf die Suche. Und sie wähnte sich dem Erfolg sehr nahe! Sie hatte sämtliche Körperteile eingesammelt, außer einem: dem Glied des Osiris, das ein Fisch verschlungen hatte. Damit schienen all ihre Hoffnungen endgültig zunichte gemacht.

Doch sie gab nicht auf: Sie ließ ihre Schwester Nephthys kommen, deren Namen soviel bedeutet wie »Herrin des Tempels«, und hielt mit ihr Totenwache.[2] »Ich bin deine inniggeliebte Schwester«, sprach sie zu dem wieder zusammengesetzten Leichnam des Osiris, »geh nicht fort, ich rufe dich! Hörst du meine Stimme nicht? Ich komme zu dir, nichts darf uns trennen!« Mit reinem, völlig enthaartem Körper, gelockter Perücke und Natron (Natriumkarbonat) gesäubertem Mund sagten Isis und Nephthys in einer finsteren, von Weihrauch erfüllten Grabkammer stundenlang Zaubersprüche auf. Isis rief alle Tempel und alle Städte des Landes an, auf daß sie an ihrem Leid Anteil nähmen und die Seele des Osiris aus dem Jenseits zurückholten. Die Witwe nahm den Leichnam in ihre Arme, ihr Herz schlug vor Liebe zu ihm, und sie flüsterte ihm ins Ohr: »Du, der du das Licht liebst, wandle nicht in der Finsternis.«

Doch der Leichnam blieb starr.

Da verwandelte sich Isis in ein Milanweibchen, schlug mit den Flügeln, um dem Verstorbenen den Odem des Lebens wiedereinzuhauchen, und ließ sich an der Stelle nieder, an der sich einst das Glied des Osiris befunden hatte, das sie wieder herbeizauberte. »Ich habe die Rolle eines Mannes gespielt«, behauptet sie, »obwohl ich eine Frau bin.« Die Pforten des Todes öffneten sich vor ihr, Isis wurde in das größte Geheimnis, das Geheimnis der Wiedergeburt, eingeweiht, sie tat, was keine Göttin vor ihr getan hatte. Ihr, die »die Ehrwürdige, aus dem Licht Entsprungene, aus der Pupille des Atum (des Ur-Schöpfers) Hervorgegangene« genannt wird, gelang es, denjenigen zurückzuholen, der für immer dahingegangen zu sein schien – und sich von ihm befruchten zu lassen.

So wurde ihr Sohn Horus gezeugt, geboren aus der eigentlich unmöglichen Vereinigung von Leben und Tod. Ein Ereignis von unerhörter Tragweite, denn dieser Horus, das aus dem höchsten Mysterium hervorgegangene Kind, war berufen, den Thron seines Vaters zu besteigen, der fortan als Herrscher über das Jenseits und die Unterwelt gebot.

Doch Seth gab sich nicht geschlagen. Es gab nur eine Lösung:

Horus zu töten. Isis, die sich der Gefahr bewußt war, versteckte ihren Sohn im Papyrusdickicht des Nildeltas. Krankheiten, Schlangen, Skorpione, der lauernde Mörder... Es mangelte nicht an Gefahren, doch Isis gelang es mit ihren magischen Kräften, das Kind Horus vor jeglichem Ungemach zu behüten.

Seth wollte sich mit seiner Niederlage noch immer nicht abfinden. Statt sich zu beugen, stellte er die Legitimität des Horus in Frage, obgleich sie als göttlich verbrieft war, und rief das Gericht der Götter an, damit es den Erben des Osiris verurteile. Da das Gericht auf einer Insel tagte, wandte Seth eine List an, um ein ungerechtes Urteil zu erreichen: Der Fährmann sollte in seiner Barke keine Frau befördern. Isis könnte ihre Sache somit nicht selbst vertreten.

Doch wie hätte die Witwe, nachdem sie so viele Prüfungen bestanden hatte, jetzt aufgeben können? Sie stimmte den Fährmann um, indem sie ihm einen Goldring schenkte, erschien vor dem Gericht, setzte sich gegen Böswilligkeit und fadenscheinige Argumente durch und erreichte, daß Horus durch Akklamation als rechtmäßiger Pharao bestätigt wurde.

Vollkommene Gattin und mustergültige Mutter, wird Isis darüber hinaus zur Garantin der rechtmäßigen Thronfolge. Bedeutet ihr Name denn nicht »der Thron«? Man versteht nun, weshalb im symbolischen Denken der Ägypter der Pharao aus dem Thron, also der Großen Mutter und Königin Isis, hervorging.

Isis ist die Schlangen-Frau[3], die zum Uräus wird, der weiblichen Kobra, die sich an der Stirn des Königs aufrichtet, um die Feinde des Lichts zu vernichten; es bedurfte einer verhängnisvollen Fehlentwicklung und einer Verkennung des ursprünglichen Symbols, um aus der guten Schlangengöttin jenes verführerische Reptil der *Genesis* zu machen, welches das erste Menschenpaar auf Abwege führte. Isis und Osiris dagegen versinnbildlichen die Erfahrung einer erleuchtenden Erkenntnis, die sich auf die Kraft der Liebe stützt und über den Tod hinausführt.

In Gestalt des Sterns Sothis kündigt Isis die Nilschwemme an, die sie selbst auslöst; Tränen über dem Leichnam des Osiris vergießend, läßt sie das lebenspendende Wasser des Flusses steigen, das den fruchtbaren Schlamm auf den Ufern ablagert und so den Wohlstand des Landes erhält. Bestehen die Papyrusbüschel, die auf dem Strom treiben, nicht aus dem Haar der Isis?

Diese kosmische Magie der Isis rührt von ihrer Fähigkeit her, die Mysterien des Weltalls zu ergründen und insbesondere den geheimen Namen von Re, dem Sonnengott, in Erfahrung zu bringen. Das Herz der Isis war klüger als das der Götter, und es gab im Himmel und auf Erden nichts, was sie nicht wußte... außer dem berühmten Geheimnamen des Re, den dieser niemandem anvertraut hatte, nicht einmal den anderen Gottheiten. Isis setzte zum Sturm auf die Bastion an. Sie las etwas Speichel auf, den Re ausgespieen hatte, vermischte ihn mit Erde und formte daraus eine Schlange. Sie versteckte dieses magische Reptil in einem Busch, der am Weg des Gottes stand; als er vorbeiging, wurde er von der Schlange gebissen. Das Herz des Re brannte, er zitterte, und seine Glieder wurden kalt. Obgleich er unsterblich war, fügte ihm das Gift schwere Schmerzen zu, und niemandem gelang es, ihn zu heilen.

Isis griff ein. Ihn wieder gesund machen? Ja, sie vermochte es... Aber unter der Bedingung, daß Re ihr seinen Geheimnamen verriet. Der Sonnengott versuchte sie zu überlisten und nannte ihr mehrere Namen, verschwieg aber den wahren. Isis spürte intuitiv, daß der Gott sie hintergehen wollte. Schließlich mußte der völlig erschöpfte Re seinen wahren Namen preisgeben; Isis heilte ihn... und behielt das Geheimnis auf ewig für sich.

Aus jedem Körperteil des Osiris entsprang ein Gau ganz Ägypten wurde mit dem auferstandenen Gemahl der Isis gleichgesetzt, die das gesamte Land zum Leben erweckte und daher überall zu Hause war.

Doch wenn man Ägypten von Norden nach Süden durchfährt, stößt man auf drei Orte, die besonders eng mit Isis verbunden sind: Behbeit el-Hagar, Dendera und Philae.

Behbeit el-Hagar, im Nildelta gelegen, ist eine archäologische Stätte, zu der sich nur selten ein Tourist verirrt. Wenn man dort ankommt – nachdem man den Weg durch ein Labyrinth kleiner Wege gefunden hat –, ist die Enttäuschung groß. Außer einem Haufen riesiger Granitblöcke, die mit rituellen Szenen geschmückt sind, ist von dem großen Isis-Tempel nichts übriggeblieben. Isis wurde hier verehrt, aber ihr Tempel wurde niedergerissen. Man benutzte ihn als Steinbruch, ohne die geringste Rücksicht auf seinen sakralen Charakter zu nehmen. Wenn man durch die Wildgräser spaziert, denkt man unwillkürlich an jene Zeit zurück, in der hier ein kolossales Heiligtum aufragte, das der Herrin des Himmels geweiht war.

Dendera in Oberägypten ist der mythische Geburtsort der Isis. Das Heiligtum der Göttin Hathor ist nur teilweise erhalten, aber der überdachte Tempel und das Mammisi (Geburtstempel des Horus) sowie ein kleines Sanktuar, in dem, nach der Überlieferung, die schöne Isis mit rosa Haut und schwarzem Haar geboren wurde, sind vollständig erhalten. Die Himmelsgöttin brachte sie zur Welt, während Amun, der verborgene Urschöpfer, und Schu, die leuchtende Luft, ihr den Odem des Lebens einhauchten.

An der Südgrenze des Alten Ägypten thront Philae, eine Insel mit einem Isis-Tempel; sie beherbergte die letzte ägyptische Gemeinschaft von Eingeweihten des Isis-Kultes, die von fanatischen Christen vernichtet wurde. Durch die Flutung des Hochdamms von Assuan von der Zerstörung bedroht, wurden die Tempel von Philae Stein für Stein zerlegt und auf einer kleinen Nachbarinsel wieder aufgebaut. Die »Perle Ägyptens« wurde so vor den Fluten gerettet; dort zu verweilen, und sei es nur für ein paar Stunden, ist ein unvergeßliches Erlebnis. Entsprechend dem Willen der Ägypter werden die Riten dadurch, daß die Hieroglyphen in Stein gehauen sind, auf magische Weise noch heute vollzogen; die Gegenwart von Isis ist mit Händen zu greifen, und anläßlich der Feierlichkeiten vernimmt man aus dem Mund von Priesterinnen der großen Göttin folgende Worte: »Isis, Schöpferin der Welt, Herrscherin über Himmel und Sterne, Herrin des Lebens, Regentin der Gottheiten, Zauberin mit vortrefflichem

Rat, weibliche Sonne, die allem ihr Siegel aufdrückt; die Menschen leben nach deiner Weisung, nichts wird vollbracht ohne deine Zustimmung.«[4]

Isis, die den Tod besiegt hatte, überlebte auch den Untergang der ägyptischen Kultur. Bis ins 5. Jahrhundert n. Chr. spielte sie eine wichtige Rolle in der hellenistischen Welt, und ihr Kult verbreitete sich im gesamten Mittelmeerraum und sogar darüber hinaus.

Sie wurde zur Schutzpatronin zahlreicher kultischer Geheimbünde, die dem Christentum mehr oder minder feindlich gegenüberstanden. Deren Anhänger verehrten sie als Symbol der Allwissenheit und als Bewahrerin des Geheimnisses von Leben und Tod, die für das Heil ihrer Getreuen sorgte.[5]

Doch Isis forderte mehr als nur fromme Verehrung; um sie zu erkennen, mußten ihre Adepten Askese üben. Sie durften sich nicht mit dem Glauben begnügen, sondern mußten die Leiter der Erkenntnis emporsteigen und die verschiedenen Sprossen der Mysterien erklimmen.

Als zeitlose himmlische Mutter der unendlichen Liebe war Isis lange Zeit eine gefährliche Konkurrentin des Christentums. Doch selbst der triumphierenden christlichen Glaubenslehre gelang es nicht, die antike Göttin zu vernichten; in den hermetischen Schriften, die im Mittelalter nicht nur gehütet, sondern auch aufmerksam studiert wurden, blieb sie die »Pupille des Auges der Welt«, der Blick, ohne den man die wahre Natur des Lebens nicht ergründen kann. Verbarg sich Isis nicht unter dem Gewand der Jungfrau Maria, nahm sie nicht den Namen »Unsere Liebe Frau« an, der so viele Kathedralen und Kirchen geweiht wurden?

Jede Kultur gründet auf einem Mythos oder einer Gesamtheit von Mythen. Während Eva in der jüdisch-christlichen Welt eine zumindest ambivalente Gestalt ist – was das nicht zu leugnende spirituelle Defizit der modernen Frauen erklärt, die von diesen Religionen geprägt sind –, war das Frauenbild in der ägyptischen Kultur ein ganz anderes. Die Frau galt nicht als Quelle des Bösen oder der Lüge, ganz im Gegenteil: die Frau hatte, durch die großartige Gestalt der Isis, die schwersten Prüfungen auf sich genommen und das Geheimnis der Auferstehung ergründet.

Isis war Vorbild nicht nur für Königinnen, sondern auch für Gemahlinnen, Mütter und Frauen aus einfachsten Verhältnissen. Ihre Treue verband sie mit einer unverwüstlichen Beherztheit in der Not, einer außergewöhnlichen Intuition und der Fähigkeit, Geheimnisse zu ergründen. Diente ihre Suche nicht als Modell für all jene Frauen, die nach dem ewigen Leben strebten?

Merit-Neith – Erster Pharao Ägyptens?

Manetho, ein Priester der Spätzeit, teilte die ägyptischen Pharaonen in dreißig Dynastien ein; er berichtet dabei von einer Überlieferung, wonach bereits in der 2. Dynastie ein Gesetz erging, das Frauen die Fähigkeit zur Ausübung des Königsamtes zuerkannte. Wir können relativ bedenkenlos davon ausgehen, daß dieses Gesetz bis zu den Ursprüngen der pharaonischen Kultur zurückreicht.

Um 3150 v. Chr. entstand die erste Dynastie, die von Menes begründet wurde, dessen Name auf die Idee der Beständigkeit anspielt; vielleicht bedeutet das Wort »Menes« auch »irgendeiner«, was darauf hindeuten würde, daß Menes, der König »Soundso«, das Vorbild und der Sockel ist, auf den sich die folgenden Herrscher stützen werden.

Die Ursprünge der ägyptischen Kultur liegen weitgehend im Dunkeln; doch wissen wir immerhin, daß schon in der ersten Dynastie die Hieroglyphenschrift verwendet wurde. Die Auswertung der wenigen erhaltenen Inschriften läßt den Schluß zu, daß die Grundwerte des pharaonischen Ägypten schon damals vorhanden waren, insbesondere in der symbolischen Person des Herrschers, der die »Beiden Länder« vereinigen und ihren Wohlstand durch das Zelebrieren der Kulte gewährleisten soll.

Den Pharaonen der ersten Dynastie standen zwei Begräbnisstätten zur Verfügung, eine in Saqqara, einem Ort in der Nähe von Kairo, die andere in Abydos in Mittelägypten. Ein Grab im Norden und ein zweites im Süden als Mahnung, daß Pharao diese beiden sich ergänzenden Pole miteinander verbinden sollte. Eines der beiden Gräber diente der Verewigung des unsichtbaren Lichtleibs des Herrschers, das andere als Ruhestätte für seinen mumifizierten Leichnam.

Und nun das Rätsel: Eine Frau, Merit-Neith, »die von der Göttin Neith Geliebte«, besitzt Grab Y in Abydos und Grab 3503 in Saqqara.[1] Ein solches Vorrecht wurde aber nur einem Pharao zuteil. Zudem stimmen die beiden Gräber völlig mit denen der anderen Herrscher der Dynastie überein. Das Grabmal von Merit-Neith in Abydos (19 × 16 m), das auf dem Boden eines Schachts errichtet wurde, dessen Wände mit Ziegeln verkleidet sind, ist sogar eines der größten und am sorgfältigsten angelegten aus der Gruppe der Königsgräber jener Epoche. Zwischen den Ziegelmauern sind acht längliche Kapellen angeordnet, in denen rituelle Objekte, Vasen und Tonkrüge standen. Die Grabkammer war mit einer Art Parkett ausgelegt und wurde von einem Holzdach beschirmt. Auch Stelen, die zum Andenken eines Pharaos errichtet wurden, fehlten nicht.

In Saqqara wie in Abydos ist die letzte Ruhestätte Merit-Neiths von den Gräbern der Beamten und Handwerker umgeben, die ihren Hofstaat bildeten, nicht zu vergessen die siebenundsiebzig Dienerinnen, sofern man den Grabungsberichten glauben darf.

Die Schlußfolgerung drängt sich auf, daß Merit-Neith der dritte Pharao der ersten Dynastie und der erste weibliche Pharao war.

Doch gibt es einen gewichtigen Einwand: Auf den Stelen von Merit-Neith fehlt die Darstellung des Horus-Falken, des

Beschützers Pharaos. Tatsächlich nannte sich jeder Herrscher »ein Horus«. Meines Erachtens wiegt die Präsenz der Göttin Neith in dem Namen »Merit-Neith« diesen Mangel jedoch auf. Versuchen wir zu verstehen, weshalb.

Sieht man einmal von der Gründergestalt Menes ab, dann war Aha, »der Kämpfer«, der erste Pharao der ersten Dynastie. Seine Gemahlin, die erste Königin Ägyptens, hieß Neith-hotep, »die Göttin Neith ist in Frieden«. Ein kämpferischer Pharao und eine friedliebende Königin: darin bekundet sich zweifellos der Wunsch nach Ausgewogenheit.

Vor allem aber begegnen wir erneut der geheimnisvollen Göttin Neith, die folglich die Geschicke der ersten Königin Ägyptens und des ersten weiblichen Pharao lenkte. Die Schriften belehren uns über den Grund dieser Wahl. Zugleich Sinnbild des Windes und der Flut, verkörpert Neith auch die unermeßliche Weite des Urwassers, das alles Seiende hervorbrachte, die Gottheiten und die Lebewesen erschuf. Sie ist die Große Mutter, die die Keime fruchtbar machte; alles, was entstanden ist, entsprang aus ihr. Als Ur-Ahnin brachte sie sich zu Beginn der Schöpfung aus eigener Kraft zur Welt, sie, die erste Mutter, Gott und Göttin zugleich.[2] Als Zwitterwesen, zu zwei Dritteln Mann und zu einem Drittel Frau – Mann, der die Rolle einer Frau spielen kann, und Frau, die die Rolle eines Manns spielen kann –, schuf Neith die Welt mit sieben Worten. Ihre eigene Geburt gebärend[3], wurde sie als »Vater der Väter« und »Mutter der Mütter« bezeichnet.

Eine Herrscherin, die unter dem Schutz von Neith steht, ist folglich eine unabhängige Persönlichkeit, zumal Pharao selbst definiert wird als »eine göttliche Macht, durch deren Weisungen man lebt, Vater und Mutter, einzig und ohnegleichen«.[4]

Vater und Mutter, das ist die Natur Pharaos. In der menschlichen Sphäre drückt sie sich in einem Paar aus, das aus König und Königin besteht. Atum, der Ur-Schöpfer, beteuert: »Ich bin Er-Sie«[5]; er vereint sich übrigens mit seiner eigenen weiblichen Manifestation, Atumet, die durch eine Schlange symbolisiert wird.

Die Tatsache, daß Ägypten von einem Paar regiert wird, das dem ersten göttlichen Paar, Schu und Tefnut, entspricht, welches gelegentlich durch ein Paar Löwen versinnbildlicht wird, ist von großer Tragweite. Es gibt kein Beispiel für einen unvermählten männlichen Pharao, denn eine Große Königliche Gemahlin ist unverzichtbar für das Vollziehen der Riten und die Wahrung der Bande zwischen Himmel und Erde. Dagegen bedarf ein weiblicher Pharao, wie wir noch sehen werden, keines menschlichen Gemahls, trägt sie doch das männliche Prinzip in sich, so wie Isis den Horus in sich trug. Dennoch bleibt sie Pharao, »Vater und Mutter«.

Die Königinnen wirkten tatkräftig an der Regierung des Landes mit. Sie waren keineswegs unscheinbare und farblose »First Ladies«, sondern mußten die Aufgaben einer »Staatsfrau« erfüllen und wurden gemäß ihrer Befähigung zu diesem Amt ausgewählt. Aus diesem Grund rühmen die Texte ihr Machtbewußtsein ebenso wie ihre Schönheit.

All das hat nicht das Geringste mit Feminismus zu tun, vielmehr wird die spirituelle Rolle der Frau, ihre aktive Mitwirkung an der Schöpfung im Geiste betont und praktisch umgesetzt. Mit dem Untergang der Institution des Pharao ist diese Idee verlorengegangen, und man kann diesbezüglich eher von Rück- als von Fortschritt sprechen.

Die archäologischen Grabungen haben mehrere Gräber von Frauen aus den ersten Dynastien – Königinnen, Königsmüttern und Persönlichkeiten des Hofes – zutage gefördert. Diese Entdeckungen beweisen, daß die Frau in hohem Ansehen stand und daß sie in den höheren Sphären des Staates eine herausragende Stellung einnahm.

Eine dieser Königinnen, Gemahlin des letzten Pharaos der 2. Dynastie (um 2700 v. Chr.), verdient eine gesonderte Erwähnung: Ni-hepet-Ma'at »das Ruder steht Ma'at zu«, die als Stammmutter der 3. Dynastie gilt. Obgleich wir so gut wie nichts über sie wissen, ist ihr Name sehr aufschlußreich.

Lange vor uns gebrauchten die Ägypter die Metapher vom

»Staatsschiff«, denn der Nil war Spender der Fruchtbarkeit und die Hauptverkehrsader. Daß eine Königin als »Ruder« in Betracht gezogen wird, beweist, daß sie fähig ist, das Schiff richtig zu steuern. Zudem wird sie mit der Göttin Ma'at gleichgesetzt, die geradezu das Fundament der ägyptischen Kultur bildet.[6] Das Wort *Ma'at* läßt sich mit »Weltordnung« wiedergeben, sofern man darin die Ideen von immerwährender kosmischer Harmonie, himmlischer Gerechtigkeit als Quell menschlicher Gerechtigkeit, Redlichkeit, Solidarität zwischen den Lebewesen, von Wahrheit, gerechter Aufgabenverteilung, gesellschaftlichem Zusammenhalt und Weisheit mit einbezieht. Ma'at trägt auf dem Kopf eine Feder, die Steuerfeder, mit der die Vögel ihren Flug lenken; sie ist es auch, die das tägliche Handeln von Pharao inspiriert. Tatsächlich besteht ihre wichtigste Funktion darin, Unordnung und Ungerechtigkeit durch Ma'at zu ersetzen, indem sie gegen die dem menschlichen Wesen innewohnenden Mängel ankämpft: Vergessen, Gleichgültigkeit gegen andere, blinder Eigensinn und Gier. Pharao muß Ma'at in Wort und Tat umsetzen, auf daß der Staat das getreuliche Abbild der kosmischen Harmonie sei. Aus diesem Grund kann Pharao als Untertan von Ma'at und Diener seines Volkes kein Tyrann sein, wie Jan Assmann nachgewiesen hat. Dazu berufen, den Schwachen vor dem Starken zu schützen und gegen die Finsternis zu kämpfen, ist er das Band, das den sozialen Zusammenhalt verbürgt, und zugleich das Bindeglied zwischen der Gemeinschaft der Menschen und den Schöpferkräften. Ist es nicht diese grandiose, aber zugleich konkrete Anschauung, die der Institution des Pharao erlaubte, sich drei Jahrtausende lang zu behaupten?

Für den Historiker ist die Königin Ni-hepet-Ma'at ebenso wie Merit-Neith nur ein vager Schatten; doch in ihren bloßen Namen geben diese Frauen der Erhabenheit des alten Ägyptens Ausdruck und händigen uns die Schlüssel dazu aus. Beweist die Tatsache, daß Ma'at eine Göttin ist und daß die ägyptischen Königinnen deren irdische Verkörperungen sind, nicht, daß der Frau fundamentale Verantwortung anvertraut wird?

Hetep-her-es, die Mutter des Cheops

Am 2. Februar 1925 arbeitet das Team des amerikanischen Archäologen Reisner auf dem Plateau von Giza, in dem großen Königsfriedhof östlich der majestätischen Pyramide des Cheops (2589–2566 v. Chr.), die auch die »Große Pyramide« genannt wird. Dort befinden sich unter anderem drei kleine Königinnenpyramiden, deren Kultkammern, die an der Ostseite offen sind, zu einem Gang führen. An diesem Tag möchte der Fotograf der Expedition am äußersten nördlichen Ende des Ganges Aufnahmen machen. Wie jeder gute Techniker richtet er seine Ausrüstung sorgfältig her und stellt sein Stativ so auf, daß es stabil ist. Tausendfach wiederholter Vorgang, Routinearbeit.

Doch diesmal taucht eine kleine Schwierigkeit auf: Einer der Füße des Stativs sinkt in einen Hohlraum ein. Der Techniker bückt sich und stellt fest, daß sich dort eine Gipsschicht befindet. Offenbar ein Werk von Menschenhand, eine Art Trompe-l'oeil, das den felsigen Boden nachahmen soll.

Die herbeigerufenen Ausgräber legen einen rechteckigen Graben frei, der mit kleinen Kalkblöcken zugeschüttet ist. Sie räumen diese beiseite, worauf eine Treppe, an die sich ein Gang anschließt, ans Tageslicht kommt. Dieser Gang mündet in einen Schacht, der ebenfalls mit Steinen zugeschüttet ist. Die Spannung wächst: Handelt es sich womöglich um ein nicht geschändetes Grab, und wem gehörte es?

Nachdem die Ausgräber auch den Schacht freigelegt haben, stoßen sie auf eine Nische, die große Tonkrüge sowie den Schädel und die Beine eines Stiers enthält, die in Matten eingewickelt sind. Es handelt sich um eine Opfergabe, durch die der Grabherr sicherstellen wollte, daß er keinen Durst leidet und die Zeugungskraft des Stiers auf ihn übergeht.

Am 8. März wurde die Grabkammer erreicht, ein kleines, in Fels getriebenes Gelaß. Eine Kammer, die ... nicht geschändet worden war!

Fünfundzwanzig Meter unter der Erde befand sich also ein geheimes Grabmal, das von Plünderern verschont worden war. Darin ein Sarkophag, der die Hoffnung weckte, man würde eine Mumie finden, doch der Sarkophag war leer. Nachdem die Enttäuschung verflogen war, richteten die Ausgräber ihren Blick auf die zahlreichen Gegenstände, mit denen das Grab ausgestattet worden war. Ihre Beschreibung erforderte nicht weniger als 1500 Manuskriptseiten und 1700 Fotografien.

Nun kam auch der Name der rechtmäßigen Besitzerin der Stätte zum Vorschein: Hetep-her-es, deren Name vermutlich bedeutet »Die Pharao Fülle schenkt«.[1]

Als Gemahlin von Pharao Snofru und Mutter des Erbauers der großen Pyramide war sie eine bedeutende Persönlichkeit. Ihre Ausstattung für das Leben im Jenseits war bemerkenswert: Goldgeschirr, ein Baldachin aus Holz und mit Goldblech überzogene Lehnstühle, ein Bett mit Kopfende, Halsketten, Truhen, Gefäße aus Kupfer und aus Stein, mit Karneol, Lapislazuli und Türkis eingelegte Armreifen aus Silber, eine vergoldete Holzschatulle, die zwei Rollen zum Aufstellen der Schmuckstücke enthielt. Meisterwerke wie die Platten und Becher aus Gold oder die Wasserkanne aus Kupfer legen Zeugnis ab vom meisterlichen Können der Kunsthandwerker des Alten Reiches. Das außergewöhnlichste Stück ist zweifellos die Sänfte, die in Einzelteile zerlegt worden war. Nach der Entdeckung wurde sie wieder zusammengebaut und mit anderen Stücken aus diesem Schatz, der von verblüffender Vollendung ist, im Ägyptischen Museum in Kairo ausgestellt. Dieser Schatz allein schon läßt den hochentwickelten ästhetischen Geschmack erkennen, der am Hof von Snofru und Cheops geherrscht haben muß, den Sinn für Nüchternheit und Klarheit der Linienführung.

Diese für die Ewigkeit und nicht für die vergängliche Welt der Menschen geschaffenen Wunderwerke waren für die jenseitigen Paradiese bestimmt, in denen die Seele von Hetep-her-es lebte. Dank des Geschmeides war ihre Schönheit unveränderlich, dank des kostbaren Geschirrs feierte sie ein immerwährendes Festmahl.

Die prächtige Sänfte der Mutter des Cheops ist ein Symbol, das mit ihrer Funktion in Verbindung stand. Trug die Königin Ägyptens doch so erstaunliche Namen wie »Sänfte des Horus« und »Sänfte des Seth« oder auch »die Vornehme, die eine Sänfte ist«. So trat sie als wandelnde Trägerin der Götter Horus und Seth auf, der feindlichen Brüder, die sich in der Person Pharaos vereinen und versöhnen. So wie Isis der Thron ist, aus dem der König Ägyptens entspringt, so ist die Königin die Sänfte, die es dem Herrscher ermöglicht, sich fortzubewegen, also zu handeln.[2]

Die Titulatur der großen Dame gibt uns Aufschluß über ihre rituellen Aufgaben: »Mutter des Königs von Ober- und Unterägypten, Gefährtin des Horus, Leiterin der Schlächter des Akazienhauses, welcher alles erfüllt wird, was sie wünscht, Tochter des Gottes, seines Leibes, Hetep-her-es.«

Das Akazienhaus ist mit dem Mysterium der Auferstehung verbunden, mit dem alle Königinnen assoziiert wurden; wir werden später auf diese Institution zurückkommen. Doch verweilen wir einen Augenblick bei dem Titel »Königsmutter«, der bis zur letzten Dynastie gebräuchlich war. Wir sprechen absichtlich von »Titel«, denn der Ausdruck bezeichnete nicht unbedingt die leibliche Mutter eines Pharao[3], sondern die geistige Kindschaft, die nichts über die Existenz konkreterer Familienbande aussagt.

Der »Königsmutter« oblag es, der zum Pharao auserwählten Person die Energie zu übertragen, welche die Götterwelt unentwegt erzeugte. Aus diesem Grund nahm sie häufig an der Seite der Herrschers an den wichtigsten Riten teil, bei denen sie die Kontinuität der Dynastie verkörperte. Der »Königsmutter« als geistiger Quelle des Königtums war sogar ein eigener Kult geweiht. Das wunderbar gearbeitete Auferstehungsbett der Hetep-her-es diente nicht nur der ewigen Ruhe der großen Königin, sondern auch ihrer ständigen Vereinigung mit dem Urschöpfer, aus der der König hervorgeht.

Die Archäologie will wissenschaftlich exakt sein, doch wird sie von Männern und Frauen betrieben, die die Fakten zwangsläufig entsprechend ihrem jeweiligen Kenntnis- und Bewußtseinsstand interpretieren. Zu Beginn des 20. Jahrhunderts betrachteten angesehene Gelehrte wie etwa der Deutsche Johann Peter Adolf Erman (1854–1937) die ägyptische Religion als dummes Zeug; in jüngster Zeit hat Jan Assmann, ein anderer deutscher Ägyptologe, gezeigt, daß das Denken der Ägypter, das sich mehr um Erkennen als um Glauben drehte, eine unersetzliche und unersetzte geistige Tiefe besitzt.

Obwohl Reisner ein eingefleischter Archäologe war, begnügte er sich nicht mit einer »objektiven« Untersuchung des Grabs von Königin Hetep-her-es. Das Fehlen oberirdischer Bauten und die bewußte Tarnung der Gruft deuteten zweifelsfrei darauf hin, daß das Grab geheimgehalten werden sollte. Aber wozu diese Geheimhaltung?

Nun begann Reisner zu phantasieren. Als Gemahlin von Snofru, dem Erbauer der beiden großen Pyramiden in Dahschur, *wäre* Hetep-her-es hier, in der Nähe ihres Gatten, bestattet worden. Zu ihrem Unglück hätten Diebe ihr Grab geplündert, was Snofru in tiefe Verzweiflung gestürzt habe. Dieser *hätte* daher beschlossen, die sterblichen Überreste seiner Gemahlin aus dem Grab in Dahschur zu holen, um sie für immer in der geheimen Gruft in Giza zu verstecken. Die Mumie *wäre* jedoch bei der Überführung zerstört worden, und niemand *hätte* gewagt, es dem König mitzuteilen. Daher sei das geheime Grab in Giza leer gewesen!

Wir haben die Formen des Konjunktiv hier kursiviert, weil sich diese tragische Geschichte nur in der Phantasie von Reisner zutrug. Leider wurde sie gelegentlich mit dem Anspruch auf historische Wahrheit abgeschrieben ...

Wir wissen nicht, weshalb die Mumie aus dem merkwürdigen Grab der Hetep-her-es – einer Art Reliquienschrein, der an das Grab von Tut-anch-Amun erinnert und »Kanopen« genannte Krüge beherbergte, die dazu bestimmt waren, die Eingeweide der Königin aufzunehmen – verlegt wurde, sofern sie überhaupt in dem mit einem Deckel verschlossenen Sarkophag gelegen hatte.

Hat eine Änderung der architektonischen Planung die Erbauer dazu veranlaßt, ein anderes Grab für die Königin auszuheben? Wurde Hetep-her-es als Pharao angesehen und besaß sie ein Grab für ihren mumifizierten Leib und ein zweites für ihr Lichtwesen? Weitere Grabungen in Dahschur und in Giza werden uns vielleicht die Antworten bringen; hoffen wir, daß ein Fotograf seinen Fuß auf die richtige Stelle setzt...

Die geheimnisvolle Mer-es-anch

Die Namen Cheops, Chephren und Mykerinos sind aufgrund ihrer drei Pyramiden auf der Hochebene von Giza im Gedächtnis der Nachwelt geblieben: Glanzvolle 4. Dynastie (um 2613 bis 2498 v. Chr.), in der diese Steinriesen erbaut wurden, wahrhafte »geistige Kraftwerke«, Stein gewordene Lichtstrahlen, auf denen die Seele des Königs gen Himmel fuhr, um sich zu den Gottheiten zu gesellen und die Menschen in Gestalt eines Sterns zu leiten.

Die Flachreliefs der Gräber dieser Epoche zeigen uns ein Ägypten, das in hoher Blüte steht; das Land verdankt seinen Wohlstand einer straffen und effizienten Verwaltung, vielfältigem Ackerbau, einer hochentwickelten Viehzucht und einem Handwerk von außergewöhnlicher Güte.

Unter den hochstehenden Persönlichkeiten des Hofs befinden sich drei Frauen, die denselben Namen tragen, Mer-es-anch, und die eine Abstammungslinie zu bilden scheinen. Für diesen bemerkenswerten Namen gibt es zwei mögliche Übersetzungen: »Sie liebt das Leben« oder »Die Lebendige (eine Göttin, wahrscheinlich Hathor) liebt sie«.[1] Was immer die richtige Lesart sein mag, unterstreicht die Tatsache, daß eine weiblichen Linie direkt mit dem Grundbegriff »Leben« in Verbindung gebracht wird, ein weiteres Mal die herausragende Rolle der Frau in der altägyptischen Kultur.

Über die erste Mer-es-anch wissen wir nichts. Vielleicht war sie die Mutter von Pharao Snofru, der die vierte Dynastie begründete und die beiden riesigen Pyramiden in Dahschur errichten ließ. Die zweite Mer-es-anch scheint die Tochter des Cheops gewesen zu sein. Die dritte hält eine großartige Überraschung für uns bereit.

Eine schmale Tür an einer der »Gräberstraßen« auf der Hochebene von Giza, östlich der Cheops-Pyramide, führt in das schöne und große in Fels gehauene »Haus der Ewigkeit« von Mer-es-anch II.[2] Es wurde für sie von einer Königin namens Hetep-her-es errichtet, die nicht mit der gleichnamigen Mutter des Cheops zu verwechseln ist – daraus ersieht man übrigens, daß man bei der Aufstellung ägyptischer Genealogien auf unüberwindliche Hindernisse stößt! Diese Hetep-her-es II. war die Tochter von Cheops, trug folglich den Namen ihrer Mutter und hatte ihre Tochter Mer-es-anch, die dritte Frau dieses Namens und spätere Gemahlin von König Chephren, tief in ihr Herz geschlossen.

Beim Betreten des Grabmals dieser dritten Mer-es-anch verschlägt es dem Betrachter den Atem! Eine einzigartige Vision, ein in Stein gehauenes Ensemble, wie es unseres Wissens nur in diesem Haus der Ewigkeit anzutreffen ist. Aus dem Stein tritt eine Gruppe von zehn stehenden Frauen unterschiedlichen Alters hervor, vom jungen Mädchen bis zur reifen Frau.[3]

Wer zum ersten Mal in jene Zauberwelt eintaucht, hat den Eindruck, daß diese Frauen lebendig sind, daß ihre Augen den Betrachter anblicken und daß sie noch immer Ritualsprüche aufsagen, die für den geordneten Lauf der Welt unerläßlich sind. Und je öfter man an diesem magisch fesselnden Ort verweilt, um so stärker fühlt man sich in seinem ersten Eindruck bestätigt. Diesen innig mit dem Fels verbundenen Statuen wurde auf magische Weise Leben eingehaucht, und sie enthalten noch immer den *Ka*, die unersterbliche Lebenskraft, die sie zu Lichtwesen macht.

Da Mer-es-anch Zugang zum »Akazienhaus« hatte, kann man annehmen, daß sie in Gesellschaft ihrer »Bundesschwestern«

dargestellt ist und daß die Einweihung von der Ältesten über die mittleren Altersstufen zur Jüngsten erfolgt. Übrigens werden zwei Frauen unterschiedlichen Alters in der Geste einer Umarmung gezeigt; die Ältere legt den linken Arm um die Schulter ihrer Schülerin, deren Arm die Taille ihrer Lehrmeisterin umfaßt.

Diese Gruppe von zehn Frauen, auf immer durch die gemeinsame Erfahrung der Unsterblichkeit verbunden, strahlt ein tiefes Gefühl inniger Übereinstimmung aus. Wenn man sie in der Stille dieser Kapelle betrachtet, erkennt man die wahre Tiefe der Ägypterinnen.

Auch in verschiedenen rituellen Szenen wird die »Mutter« Hetep-her-es zusammen mit ihrer »Tochter« Mer-es-anch dargestellt, der sie ihre Weisheit anvertraut. So fahren die beiden Frauen beispielsweise gemeinsam auf einer Barke in die Sümpfe, um dort Lotosblüten zu pflücken. Sie widmen sich nicht nur dem Kult der Götter, sondern bewahren auch den Duft der ersten Morgenröte, als das Leben aus dem Licht hervorging. Auf dieser Barkenfahrt weiht die Mutter die Tochter in das Geheimnis des Lotos ein, aus dem die Schöpfung hervorging.

Unter den im Grab dargestellten Personen befinden sich auch Schreiber. Mer-es-anch selbst trägt einen bemerkenswerten Titel: Priesterin des Gottes Thot, des Schöpfers der heiligen Schrift und Herrn der »Gottesworte«, also der Hieroglyphen. Sie wird somit direkt mit dem Gott der Erkenntnis in Verbindung gebracht. Dies gilt übrigens für mehrere ägyptische Königinnen, wie etwa Bint-Anat, die in einer Szene ihres Grabes (Nr. 71) im Tal der Königinnen von Thot ins Jenseits geführt wird.

Dieses Detail ist wichtig, beweist es doch, daß Mer-es-anch Zugang zum heiligen Wissen und zu den Tempelarchiven hatte, die man »die Manifestation des Sonnengottes« *(ba-u Re)* nannte. Übrigens ist eine Göttin, Seschat, die Herrin des »Lebenshauses«, in dem die Rituale konzipiert und die Pharaonen in die Geheimnisse ihres Amtes eingeführt wurden. Als Hüterin der

Bibliotheken und der kanonischen Schriften führt sie den Griffel mit meisterlichem Geschick; sie benutzt ihn zum Schreiben der Lebensworte, aber auch für die raffinierte Kunst des Schminkens. Mit einem Pantherfell bekleidet und den Kopf von einem siebenstrahligen (manchmal auch fünf- oder neunstrahligen) Stern gekrönt, fertigt Seschat die Annalen der Könige an und schreibt die Namen Pharaos auf die Blätter des Heiligen Baums von Heliopolis. Dieser Göttin, die die Geheimnisse des Tempelbaus kennt, in die sie den König einweiht, untersteht die Hofkanzlei.[4] Im Tempel von Sethos I. in Abydos schreibt Seschat, die »Vorsteherin der Archive der göttlichen Rollen«, das Schicksal Pharaos auf und sagt: »Meine Hand schreibt seine lange Lebenszeit auf, die dem Mund des Sonnengottes (Re) entspringt. Mein Griffel skizziert die Ewigkeit, meine Tinte die Zeit, mein Tintenfaß die zahllosen Feste der Wiedergeburt.«

Mer-es-anch, die in die Mysterien des Thot und die rituellen Schriften eingeweiht wurde, lernte darüber hinaus das gesamte heilige Wissen des Alten Reichs. Mehr als dreitausend Jahre nach ihrem Tod können wir ihr in Begleitung ihrer »Mutter« und ihrer »Schwestern« in einem der spektakulärsten Gräber von Giza begegnen. Die rätselhafte und faszinierende Mer-es-anch zeigt uns, daß die Sphäre der Erkenntnis der ägyptischen Frau uneingeschränkt offenstand.

Königin Chent-ka-u-es – ein vergessener Pharao?

Im Winter 1931–1932 erkundete der ägyptische Ägyptologe Selim Hassan einen Teil der weiträumigen Anlage von Giza, etwa 400 Meter südöstlich der Chephren-Pyramide. Dort, auf dieser von Menschenhand abgeschliffenen Hochebene, findet sich eine beeindruckende Zahl von Meisterwerken: natürlich die drei Pyramiden, aber auch zahlreiche geschmückte Gräber. Man braucht mehrere Tage, um diese »Gräberstraßen« abzugehen, die nichts Schauriges haben, ganz im Gegenteil: diese Stadt der Ewigkeit mit ihren fest gefügten Steinen ist ein Hafen des Friedens und der Stille.

Selim Hassan legte ein imposantes Denkmal frei, einen riesigen Sarkophag, dessen Basis eine Seitenlänge von 40 Metern hat. Zunächst skeptisch, mußte er sich schließlich den Fakten beugen: es handelte sich tatsächlich um einen rechteckigen Sarkophag mit gewölbtem Dach, der auf einem quadratischen Sokkel ruhte, der zum Teil aus dem felsigen Untergrund bestand.

Dem zugleich verwirrten und begeisterten Ägyptologen kam ein ähnliches Monument in den Sinn: das Grabmal des Königs Schepses-kaf (um 2504 bis 2500 v. Chr.), des Nachfolgers von Mykerinos als letzter König der 4. Dynastie. Sein Haus der Ewigkeit in Form eines riesigen Sarkophags wurde im Süden von Saqqara errichtet, fern von der heutigen Tourismuszone. Doch leider wissen wir nichts über diesen Pharao, der nur kurze Zeit regierte.

An der südöstlichen Ecke des Sarkophag-Grabs von Giza, auf den Granitsäulen einer Außenkapelle und einer »Scheintür«, die die Verbindung zwischen dem Sichtbaren und dem Unsichtbaren herstellt, entzifferte Selim Hassan den Namen und die Titel der Eigentümerin: Chent-ka-u-es, »›Die ihre Schöpferkräfte beherrscht‹, Mutter des Königs von Ober- und Unterägypten, Gottestochter, der alles Gute erfüllt wird, das sie ausspricht.« Doch erhebt sich ein gewichtiger Einwand: Kann man aus der Inschrift folgern, daß diese Mutter eines nicht genannten Königs ebenfalls Pharao war?[1]

Seit der Entdeckung ihres Grabmals wurden nur spärliche Informationen über diese Königin zusammengetragen, die jedoch darauf hindeuten, daß sie eine herausragende Rolle spielte. Zweifellos Tochter des Mykerinos, des Erbauers der kleinsten der drei Pyramiden von Giza, erhielt sie ihre Erziehung und Bildung in der Hofschule. War ihre Mutter die anmutige Chamerer-nebti, die Gemahlin des Mykerinos, deren edles Antlitz wir durch eine Statue kennen, die im Museum of Fine Arts in

Boston aufbewahrt wird? Dieses prächtige Werk, das im Taltempel der ausgedehnten Grabanlage des Mykerinos aufgestellt war, zeigt seine Gattin, die neben ihm geht, mit ihrem rechten Arm die Taille des Herrschers umfassend, während ihre linke Hand in einer schützenden Geste auf dem linken Arm ihres Gemahls liegt.

Schepses-kaf, der letzte König der 4. Dynastie, und Chent-ka-u-es, die als »Mutter« der beiden ersten Pharaonen der 5. Dynastie angesehen wurde, ließen sich also Grabmale im selben, ungewöhnlichen Stil errichten. Schepses-kaf verzichtete auf das Symbol der weithin sichtbaren Pyramide, und Chent-ka-u-es tat es ihm gleich. Die ersten Herrscher der 5. Dynastie ließen sich wieder Pyramiden bauen, und zwar in Abusir, unweit von Saqqara.

Wagen wir eine kühne Vermutung: Deuten ihr Grabmal in der Form eines Sarkophags, ihr Totentempel, ihre Stellung als Begründerin einer neuen Dynastie, der Kult, den man ihr nach dem Tod weiht, nicht darauf hin, daß Chent-ka-u-es zu Beginn der 5. Dynastie, zwischem dem Tod des Schepses-kaf und der Thronbesteigung des User-kaf (um 2500–2491), das höchste Amt bekleidete? Die »Schöpfermächte«, über die diese Frau herrschte, waren vielleicht ihre Nachfolger, die sie auf das Regierungsamt vorbereitete, gleich, ob sie ihre geistige oder ihre leibliche Mutter war oder auch beides.

Leider wissen wir nicht, ob es sich tatsächlich so verhielt; doch ist man sich heute weitgehend darin einig, daß Chent-ka-u-es, die große Dame des Alten Reiches, eine seiner herausragenden Persönlichkeiten war.

Die Frauen von Pepi II.

Pharao Pepi II. (um 2278–2184 v. Chr.) ist die zentrale Gestalt der 6. Dynastie: Er stand vierundneunzig Jahre lang an der Spitze des ägyptischen Staates, was die längste Regierungszeit der Geschichte ist! Auch wenn er keine so gewaltige Pyramide wie

Cheops errichten ließ, lebte das Volk unter ihm doch in Wohlstand und Glück.

Als Pepi II. zum Herrscher gekürt wurde, war er erst sechs Jahre alt. Selbstverständlich konnte er die Regierungsgeschäfte in diesem Alter nicht selbst führen. Diese Aufgabe wurde daher einer Frau übertragen, Anch-en-es Meri-Re »Es lebt für sie (König) Meri-Re«, Witwe Pharao Pepis I. Daß sie lediglich als Regentin angesehen wurde, ändert nichts an den Tatsachen; sie nahm die Staatsgeschäfte in die Hand, bis Pepi der Bürde des Amts gewachsen war.

Eine Alabasterstatue, die im Brooklyn Museum aufbewahrt wird, zeigt uns Anch-en-es Meri-Re sitzend, mit einer große Perücke auf dem Kopf und dem Kindkönig auf ihrem Schoß, dem sie mit der linken Hand magnetische Kräfte verleiht. Pepi II. ist aufgrund seiner Größe zweifellos als Kind dargestellt, doch hat er das Gesicht eines Erwachsenen. Denn nach alt-ägyptischer Auffassung ist der Herr der Beiden Länder »vom Ei an« Pharao; die Aufgabe der »Königsmutter« besteht darin, ihn auf magische Weise zum Wachsen zu bringen, »sein Herz zu vergrößern« und ihm seine Pflichten eindringlich vor Augen zu führen.

Pepi II. wurde hundert Jahre alt und hatte nacheinander drei Gemahlinnen, Neith, Iput und Udjebten. Jede der drei Königinnen verkörperte die Göttin Hathor, deren Name »Tempel des Horus« bedeutet und somit den Pharao selbst bezeichnet. Als Herrin der Sterne brachte sie den »Goldhorus« zur Welt, das Meisterwerk der Schöpfung, den König, der auf der Erde die kosmische Mission erfüllen sollte, die sie ihm anvertraute. Man nennt die Königin »Die Horus und Seth erblickt« im selben Wesen, nämlich Pharao, der das Unvereinbare vereint, indem er den Frieden zwischen den beiden feindlichen Brüdern wiederherstellt. Sie ist ferner »diejenige, die die beiden Herren zusammenführt«, eben jenen Horus und jenen Seth, die über den Norden und den Süden des Landes herrschen, dessen Vereinigung unerläßlich ist.

Zweifellos ist der Titel »Freundin (*semeret*) des Horus«[1] zu dieser Zeit nicht mehr den Königsgemahlinnen vorbehalten, sondern kann auch einer »Königstochter«, also einer Würdenträgerin, verliehen werden. Und dies war nicht die einzige Neuerung, die während der langen Regierungszeit Pepis II. eingeführt wurde.

Schon seit langem wurden für die »Königsmütter« und die Großen Königlichen Gemahlinnen, die wie Pharao nach dem Tod in Sterne verwandelt wurden, Pyramiden errichtet. Die Prinzen dagegen wurden mit keinen derart monumentalen Grabmalen bedacht. Die drei Gemahlinnen Pepis II., Neith, Iput und Udjebten, lebten ihr ewiges Leben somit in drei Pyramiden, die in der Nähe der Pyramide des Königs angelegt wurden, die beiden ersten nordwestlich davon und die dritte im Südosten. Jede war mit einem Tempel ausgestattet, in dem Ritualpriester einen Kult für den *Ka* der verstorbenen Königin zelebrierten.

Die Königin Neith, deren Name die gleichnamige Göttin in Erinnerung ruft, war die erste Große Königliche Gemahlin von Pepi II.; obendrein »Gemahlin der Königspyramide«, wurde sie von sämtlichen Würdenträgern des Hofes verehrt. Ihre eigene Pyramide war von einer Mauer umgeben, in die eine einzige Tür gebrochen war, vor der zwei kleine Obelisken standen. Im ersten Raum, dem sogenannten »Löwensaal« wurden Auferstehungsriten vollzogen. Später entdeckte man einen Hof, Kammern, in denen Ritualobjekte und Statuen verwahrt wurden, und das Sanktuar im eigentlichen Sinn, das direkt an die Pyramidenwand grenzt. Ein schmaler Gang führte zur Gruft, in der ein Sarkophag aus rosafarbenem Granit stand, ähnlich dem Pepis II. Die Pyramide von Iput und der Tempel daneben, die beide schlecht erhalten sind, weisen ähnliche Elemente auf, jedoch in anderer Anordnung. Eine Inschrift auf einem Türsturz aus Granit besagt, daß Pharao dieses Denkmal für seine Gattin errichten ließ, die nicht von ungefähr auf den Säulen dargestellt ist. Die Pyramide von Udjebten, die im Unterschied zu den Pyramiden der ersten beiden Gemahlinnen vermutlich nicht königlicher Herkunft ist, war dennoch nicht unbedeutender.[2]

Auch wenn diese drei Bauwerke heute nur noch Ruinen sind, bergen sie doch einen einzigartigen Schatz, der aufgrund der schwierigen Grabungen erst teilweise ans Tageslicht gebracht worden ist: Hieroglyphen-Textspalten, die die vielfältigen Formen der Auferstehung der Seele des Königs und ihre ewige Reise im Jenseits darstellen. Diese *Pyramidentexte*, die in der heiligen Stadt Heliopolis abgefaßt wurden, wurden erstmals im Innern der Pyramide des Unas gefunden, des letzten Pharaos der 5. Dynastie. Und den drei Gemahlinnen Pepis II. wurde gestattet, diese Sprüche, die inhaltlich um Magie und Erkenntnis kreisen, auf die Wände ihrer Gruft schreiben zu lassen. Wie Pepi II. ruhen sie also im Innern eines Lebensbuches, in dem jede Hieroglyphe mit Lebenskraft aufgeladen ist.

Unter dem Vorbehalt, daß keine weitere mit Texten versehene Frauen-Pyramide noch ihrer Entdeckung harrt, ist dies das erste Mal, daß die Gleichsetzung einer Königin mit Osiris in Stein gehauen wurde. Die Pyramidentexte der drei Gattinnen Pepis II. enthalten einerseits Kapitel, die sich in sämtlichen Bauwerken des gleichen Typs finden, und andererseits einzigartige Abschnitte. Das heißt, daß diese drei hohen Damen mit einer originären und unersetzlichen Stimme sprechen. Diese uns so fernen Gestalten, über deren persönliche Geschichte wir nichts wissen, bilden ein hieroglyphisches Dreigestirn, das an der Konkretisierung eines der höchsten Ideale des Alten Ägypten arbeitete: der Überwindung des Todes.

Nitokris, die erste offizielle Pharaonin

Nachdem König Pepi II. im Alter von hundert Jahren gestorben war, wurde Mer-en-Re sein Nachfolger; er regierte jedoch nur kurz, zweifellos weniger als ein Jahr. Daraufhin betritt Nitokris die politische Bühne, die erste Frau, die offiziell als regierender Pharao anerkannt wird, denn ihr Name steht auf einer Königsliste, die von den Ägyptern selbst verfaßt wurde und die unter der Bezeichnung »Turiner Königspapyrus« bekannt ist. Vermutlich gab es weitere Königslisten, die jedoch verschollen sind, und wir wissen, daß schon lange vor Nitokris Frauen die höchste Machtposition innehatten. Dennoch ist sie, nach der gegenwärtigen Quellenlage zu urteilen, die erste Frau, die formell den Titel »König von Ober- und Unterägypten« trug.

Nitokris bestieg den Thron um 2184 v. Chr., und laut den Archiven der Ramessidenzeit regierte sie zwei Jahre, einen Monat und einen Tag; manche Forscher nehmen allerdings eine längere Regierungszeit an, zwischen sechs und zwölf Jahren.[1] Leider ist kein archäologisches Dokument mit ihrem Namen überliefert, so daß wir uns in einer paradoxen Situation befinden: Frühere Königinnen, wie Chent-ka-u-es, haben riesige pharaonische Monumente, aber keinen eindeutig belegten Titel hinterlassen, während für Nitokris zwar ein Titel belegt ist, wir aber kein ihr gewidmetes Denkmal kennen! Da gilt es also noch ein schönes Rätsel zu lösen und ein außergewöhnliches Grabmal zu entdecken (sofern dieses nicht zerstört wurde).

Dem Griechen Eratosthenes zufolge bedeutet der Name Nitokris »Athene ist siegreich«; er war nicht weit von der Wahrheit entfernt, denn Nitokris, auf Ägyptisch *Neit-iqeret*, läßt sich als »Neith (das ägyptische Vorbild der griechischen Athene) ist vortrefflich« übersetzen. Ein weiteres Mal ist die Göttin Neith Beschützerin einer bedeutenden Frau.

Zwar ist die von dem ägyptischen Priester Manetho verfaßte Geschichte der Dynastien verschollen, doch es werden einige Ausschnitte in Werken antiker Autoren zitiert. So werden in einer Schrift des Eusebius folgende Worte über Pharao Nitokris überliefert: »Eine Frau, Nitokris, herrschte. Sie war tapferer als die Männer ihrer Zeit, und sie war, mit ihren rosigen Wangen und ihrem blonden Haar, die schönste aller Frauen. Angeblich erbaute sie die dritte Pyramide.« Einer späten Überlieferung zufolge soll sie darin bestattet worden sein, und ihr Leichnam soll in einem Sarkophag aus blauem Basalt geruht haben.

Bei dieser »dritten Pyramide« könnte es sich um die des Mykerinos handeln, die auf der Hochebene von Giza errichtet wurde, doch fand man dort keinerlei Hinweis auf Nitokris. Dagegen nehmen einige Archäologen an, daß das Monument zur Zeit der Pharaonin restauriert worden ist; die Aufmerksamkeit, die sie diesem großartigen Bauwerk schenkte, erklärt vielleicht den Ursprung der Legende.

Die Schönheit von Nitokris erinnert an die Titel der Königinnen des Alten Reich: »Groß an Liebe, von schönem Antlitz, entzückend, Herrscherin der Anmut, die die Gottheit durch ihre Schönheit, durch ihre bezaubernde Stimme beim Singen erfreut; die den Palast mit dem Duft ihres Parfums erfüllt, Gebieterin aller Frauen, Herrin der Beiden Länder und der Erde bis an ihre äußerste Grenze.« Es handelt sich also um eine rituelle Schönheit, um eine Anmut, die wesenhaft mit dem Amt der Königin von Ägypten und erst recht mit dem der Pharaonin verbunden ist.

Nach einer anderen späten Legende, für die sich in den ägyptischen Quellen keinerlei Anhaltspunkt findet, soll Nitokris die Gemahlin eines Königs gewesen sei, der von Verrätern ermordet wurde. Diese ruchlose Tat erlaubte ihnen allerdings nicht, die Regierungsgewalt an sich zu reißen; daher forderten sie die unglückliche Nitokris auf, das Amt der Herrschers zu übernehmen, damit die legitime Linie nicht unterbrochen würde. Die junge Frau erklärte sich damit einverstanden, sann jedoch insgeheim auf Rache. Sie ließ einen großen unterirdischen Saal erbauen und hielt dort zu Ehren der Verräter ein Festbankett ab, vorgeblich um ihren Sieg zu feiern. Während sie festlich speisten, ließ Nitokris durch eine Leitung den Saal mit Wasser überfluten. Die Verräter ertranken, während Nitokris Selbstmord beging, indem sie sich in eine mit Asche gefüllte Kammer stürzte, in der sie erstickte. Eine dramatische Erzählung aus dem Morgenland, die jedoch historisch in keiner Weise belegt ist.

Die glorreiche Zeit der Pyramiden geht mit der Regierungszeit von Nitokris zu Ende, und es schließt sich eine Epoche innerer

Wirren an, über die wir kaum etwas wissen. Die einsetzende schwere Krise schlägt sich in sozialen und wirtschaftlichen Unruhen nieder, auch wenn die Institution des Pharao nicht in Frage gestellt ist. Niedrige Nilschwemme, plötzliche Klimaänderung, Einfall von Beduinenstämmen, Schwächung der Zentralgewalt, Erstarkung der Gaufürsten, die das Interesse des Staatsganzen hintanstellen? Es wurden zahlreiche Erklärungen vorgebracht, ohne daß wir Gewißheit erlangten. Wir kennen nicht einmal die genaue Dauer dessen, was die Ägyptologen die »Erste Zwischenzeit« nennen, die sich vom Ende des Alten Reiches bis zum Beginn des Mittleren Reiches erstreckt: ein Zeitraum von einhundert bis einhundertneunzig Jahren, in denen Ägyptens Machtstellung geschwächt ist.

Die Regierungszeit der Nitokris war somit die letzte des Alten Reiches, des Goldenen Zeitalters Altägyptens. Etwa fünfhundert Jahre lang errichteten die Pharaonen, die Bauherren der Pyramiden, eine Welt von einzigartiger Macht und Schönheit. Wenn es stimmt, daß ein glückliches Volk keine Geschichte hat, dann gilt dieser Gedanke auch und gerade für das Alte Reich. Könige und Königinnen sprechen über ihr Amt, ihre Rolle als Mittler zwischen den Göttern und den Menschen, über die Praxis der Rituale, die als eine Lehre vom Leben verstanden wird; doch forscht man vergeblich nach Einzelheiten aus ihrem Privatleben oder ihrer persönlichen Geschichte. Abstammungsverhältnisse und Genealogien sind unsicher.

Die Flachreliefs der Grabmale dagegen vergegenwärtigen das Alltagsleben und die Freuden der Monate und Tage in einer Zeit, in der die Geschichte als Fest ritualisiert und aufgefaßt wurde.

Es wäre ungerecht, Nitokris für den Bruch verantwortlich zu machen, der sich jetzt ereignete, denn der Niedergang hat sich während der 6. Dynastie allmählich vollzogen, und während der langen Regierungszeit Pepis II. führten negative Entwicklungen, die sich aufgrund der schlechten Quellenlage kaum näher bestimmen lassen, Ägypten in die Krise.

Die schöne Nitokris bewegte auch weiterhin, jenseits des

Historisch-Faktischen die Gemüter. Sie wurde mit einer gewissen Rhodopis, »der Dame mit rosa Teint«,[2] verwechselt; doch gab es mehrere Rhodopis, die in der Erinnerung orientalischer Erzähler zu einer Figur verschmolzen. Denken wir an die griechische Kurtisane, die in Naukratis, einer Stadt im Delta, geboren wurde; trotz ihres liederlichen Lebenswandels schrieben die Griechen ihr den Bau der Pyramide des Mykerinos zu! Ist sie identisch mit der bezaubernd schönen Rhodopis, in die sich Psammetich I. verliebte, der eine Tochter namens Nitokris zur Gottesgemahlin des Amun in Theben einsetzte, wo sie ein sittenstrenges Leben führte? Wie man sieht, vermischt und vermengt sich alles, doch scheint es, daß die Menschen der Antike die blonden Haare von Nitokris und Rhodopis zutiefst bewundert haben.

Nitokris-Rhodopis war die Hauptfigur einer Legende, die jeder kennt, zumindest als Zeichentrickfilm. Hier nun ihre ägyptische Fassung: Als die junge Frau im Nil badete, schnappte ein Falke (der Vogel des Horus, des Beschützers des Königtums) eine ihrer Sandalen, flog in die Stadt Memphis, in welcher der Pharao residierte, und ließ diese Sandale auf den Schoß des Herrschers fallen. Sich den zarten, wunderschönen Fuß ausmalend, auf den die Abmessungen und die exquisite Ausführung des Gegenstands hindeuteten, ließ er seine Eigentümerin im ganzen Land suchen.

Das Unternehmen war von Erfolg gekrönt, und die Gesandten des Königs brachten die schöne junge Frau an den Hof. Der König verliebte sich augenblicklich in sie und heiratete sie. Nach ihrem Tod genoß dieses Vorbild von Aschenputtel das bemerkenswerte Vorrecht, in einer Pyramide bestattet zu werden.

In den letzten Jahren wurde die Hochebene von Giza stark in Mitleidenschaft gezogen. Die moderne Stadt und die Umweltverschmutzung setzten ihr zu, monströse Gebäude drohen die Gegend zu verunstalten, die magische Aura und die Stille von einst scheinen der Vergangenheit anzugehören.

Allerdings soll derjenige, der sich an einem ruhigen Tag bei Sonnenuntergang in der Nähe der Pyramide des Mykerinos ergeht, im Gold der letzten Sonnenstrahlen eine nackte, sehr schöne Frau erblicken können.

Es ist Nitokris oder, genauer gesagt, der Geist von Nitokris, die Seele der Pyramide, die den Auftrag hat, das Denkmal zu bewachen. Nach der Überlieferung wird jeder verrückt, der ihren Reizen erliegt. Doch wenn jemand ihren Namen kennt, ihr vom Goldenen Zeitalter zu berichten weiß, muß derjenige nicht einfach dem Zauber des weiblichen Pharaos mit den blonden Haaren und den rosafarbenen Wangen erliegen?

Nefru-Sobek – Pharaonin vor der Fremdherrschaft

Um 2060 v. Chr. gelingt es Ägypten, der langen Krise Herr zu werden. Während zweier Dynastien, der 11. und der 12., von 2133 bis 1785 v. Chr., regierten Pharaonen dreier Linien, die Mentu-hotep, die Amen-em-het und die Sesostris[1], ein Land, das zu neuer Blüte gelangte, dessen architektonisches Werk jedoch leider gänzlich verfallen ist. Die Könige des Neuen Reichs benutzten einige sorgfältig zerlegte Denkmäler als Fundamente für ihre eigenen Bauten. Immerhin kann man noch heute den »Weißen Kiosk« Sesostris' I. bewundern, der von dem französischen Architekten Chevrier wiederaufgebaut wurde und im »Freilichtmuseum« von Karnak ausgestellt ist. Eleganz der Geometrie, Schönheit des Kalksteins, Feinheit der Hieroglyphen, Vollkommenheit der in Stein gehauenen Szenen – alles vergegenwärtigt dieses »Klassische Zeitalter« des Mittleren Reiches, das so bedeutende literarische Werke wie die *Geschichte des Sinuhe* hervorbrachte. Dieser regelrechte Spionageroman erzählt die Mission eines ägyptischen Würdenträgers im Ausland und seine Rückkehr in die Heimat.

Monumentale Pyramiden aus riesigen Steinquadern, wie sie

auf der Hochebene von Giza stehen, werden zwar nicht mehr erbaut, doch auf das Symbol wird nicht verzichtet, auch wenn sich die Pharaonen dieser Epoche mit schlichteren Pyramiden begnügen, von denen einige hauptsächlich aus Lehmziegeln gebaut sind. Dennoch zeugt ein Ort wie Lischt, südlich von Kairo, trotz der Zerstörungen an den Grabanlagen der Sesostris von einer Größe, die noch heute spürbar ist.

Man hat in den letzten Jahren versucht nachzuweisen, daß sich die gesellschaftliche und rechtliche Stellung der ägyptischen Frau im Verlauf des Mittleren Reiches verschlechtert habe. Doch die Auswertung der Dokumente beweist, daß sie im Einklang mit den zivilisatorischen Grundsätzen, die schon in der ersten Dynastie aufgestellt wurden, ihre Freiheit und Selbständigkeit behielt.

Das Mittlere Reich erlebte eine 350jährige Epoche des Friedens, die mit der Herrschaft einer Pharaonin, Nefru-Sobek, zu Ende ging.

Von 1790 bis 1785 v.Chr. regiert eine Frau als Pharao. Ihre historische Existenz ist durch ihre Königsnamen und mehrere Denkmäler belegt. Vielleicht war sie die Tochter Amen-em-hets III. und die Schwester oder die Gemahlin seines Nachfolgers, Amen-em-hets IV. Die genaue Dauer ihrer Herrschaft ist unbekannt: fünf Jahre für die einen, drei Jahre, zehn Monate und vierundzwanzig Tage für die anderen, die dem Turiner Königspapyrus folgen.

Der Machtübernahme Nefru-Sobeks, des rechtmäßigen und als solchen anerkannten Pharaos, geht kein innerer Notstand voraus. Ein außergewöhnliches, wenn auch leider verstümmeltes Fundstück, die im Louvre ausgestellte Statue E 27135, zeigt Nefru-Sobek als Frau und König. Von diesem imposanten Werk aus rotem Sandstein ist nur der Torso erhalten; Kopf, Arme und Beine sind verschollen. Was sehen wir? Die Brüste einer Frau, die teilweise von dem langen traditionellen Kleid bedeckt sind, und über diesem Kleid der Schurz des Pharaos! Diese Art von Bekleidung ist einzigartig bei den erhaltenen Pharao-Statuen.

Woher wissen wir, daß es sich um Nefru-Sobek handelt? Aufgrund ihres Namens, der in Hieroglyphen auf den Gürtel geschrieben ist. Über ihrem weiblichen Gewand trug sie also das männliche Gewand des Königs; auf diese Weise verband sie die beiden Naturen und wurde zu einem weiblichen Horus.

Ihr Name wurde auch in den Architrav eines Tempels in Herakleopolis, in Steine des Totentempels Amen-em-hets III. und in weitere Statuen der Königin, die aus dem Nildelta stammen, eingraviert. Diese wenigen Überreste geben Anlaß zu der Vermutung, daß weitere Werke existierten, die heute zerstört oder im Sand begraben oder in Privatsammlungen weggeschlossen sind.

Ließ Nefru-Sobek wie ihre Vorgänger eine Pyramide erbauen? Das ist mehr als wahrscheinlich, und man vermutet, daß sie in Masghuna, südlich von Memphis, stand. Allerdings haben die Grabungen bislang keinen definitiven Beweis dafür erbracht.

Gemäß den Titulaturvorschriften, die seit der 5. Dynastie gelten, trägt Pharao Nefru-Sobek fünf Namen:

Horusname: Geliebte des Sonnengottes (Re).
Herrinnenname[2]: Tochter des Zepters Macht (oder: der Mächtigen), Herrin der Beiden Länder.
Goldhorusname: Mit beständigen Erscheinungen (oder: Die mit den beständigen Kronen).
König von Ober- und Unterägypten (oder Thronname): Sobek ist die Macht (Ka) des Sonnengottes (Re).
Tochter des Sonnengottes (Re; oder Geburtsname): Vollkommene Schönheit (neferu) des Sobek.

Durch ihre Namen definierte diese Pharaonin ihr Regierungsprogramm und ihre geistige Einstellung. Bemerkenswerterweise betont sie ihre Beziehung zum Sonnengott, dessen Macht und Beständigkeit und vor allem eine recht überraschende Tatsache: Sie verkörpert die »vollkommene Schönheit« des Krokodilgottes Sobek, der seinerseits die Macht des Lichts darstellt.

Wer schon einmal ein Krokodil aus der Nähe betrachtet hat,

dem kommt das Merkmal »Schönheit« gewiß nicht als erstes in den Sinn. Dennoch betrachteten die Ägypter Sobek, die Verkörperung der durch das Krokodil symbolisierten schöpferischen Kraft, als einen großen Verführer und Frauenräuber, der freilich auch in der Lage war, Ehebruch zu bestrafen. Dieser bezaubernde Märchenprinz schlang die Damen gierig hinunter, und Nefru-Sobek verwandelte die Aggressivität der Echse zweifellos deshalb in Schönheit, weil sie diese Gefahr bannen wollte. Sie wurde selbst zu einem Krokodil und, wie ihre Titulatur angibt, zum »Sobek des Fayum«.

Das Fayum ist ein kleines Paradies, etwa einhundert Kilometer südwestlich von Kairo gelegen. Die Pharaonen des Mittleren Reiches bemühten sich um die Erschließung dieser Region, vor allem durch große Bewässerungskanäle, die die Gegend in einen riesigen Garten verwandelten, in dem weder gejagt noch gefischt werden durfte. Der Gott der größten Stadt des Fayum, Schedet (das Krokodilopolis der Griechen und das heutige Medinet el-Fayum), war eben dieser Sobek, zu dessen Hauptaufgaben es gehörte, die Sonne vom Grund der Gewässer heraufzuholen, damit sie ihr Licht über die Erde ausgieße und diese fruchtbar mache. Sobek war somit als der »große Fisch«, als Herr der Flüsse und Sümpfe eben jener »Träger des göttlichen Lichtes«, der die Macht verkörperte, aus dem finsteren Ur-Ozean das Leben hervorzuholen und das Land zum Grünen zu bringen.[3] Das waren die Aufgaben, die sich Nefru-Sobek, der Krokodil-Pharao, selbst setzte.

Im Nordosten des Nildeltas ist die Grenze Ägyptens verwundbar. Ein natürlicher Invasionsweg erwies sich für ein Nomadenvolk, die Hyksos[4], das aus plündernden Hirtenstämmen bestand, als unwiderstehlich. Schon seit langem warfen sie einen begierigen Blick auf das fruchtbare Ackerland der Ägypter.

Weshalb fielen sie ausgerechnet um 1785 v. Chr. in Ägypten ein? Zweifellos, weil sich ihnen asiatische Volksstämme anschlossen, vom festen Willen beseelt, die Herrschaft in Ägypten an sich zu reißen. Die Schutzvorrichtungen der Pharaonen erwiesen sich als unzulänglich, so daß der Angriff der Hyksos erfolgreich verlief. Dem Heer von Nefru-Sobek gelang es nicht, die Eindringlinge zurückzuwerfen, die sich im Norden des Landes niederließen und sogar Memphis in ihre Gewalt brachten.

Der Weibliche Horus, Nefru-Sobek,[5] war ein authentischer Pharao, von den alten Königslisten als solcher anerkannt. Sie bekräftigte das Band zwischen weiblichen Herrschern und dem Krokodilgott Sobek, dessen erste Priesterin Chenemet-nefer-hedjet, die Gemahlin Sesostris II., war. Drei weitere bedeutende Frauen werden dieses symbolische Band ebenfalls unterstreichen: Ah-mes-Nefertari, Hatschepsut und Teje.[6]

Wie verliefen die letzten Tage der Herrschaft von Nefru-Sobek, als das Land in eine freie und eine besetzte Zone zerfiel? Wir wissen es nicht. Da wir das genaue Datum des Einfalls der Hyksos noch immer nicht kennen, ist es nicht einmal sicher, daß sie ihnen direkt entgegentreten mußte.

Ah-hotep – Befreierin Ägyptens

Mehr als zweihundert Jahre lang, von 1785 bis 1570 v. Chr., hielten die Hyksos den Norden Ägyptens besetzt. Die Ägyptologen nennen diese Epoche »Zweite Zwischenzeit«; ihre Erforschung ist aufgrund der dürftigen Quellenlage ein schwieriges Unterfangen. Die dynastische Sukzession wird nicht unterbrochen, doch setzt sich kein Herrscher von Format durch. Die Hyksos selbst übernehmen die pharaonische Titulatur, als ob ihnen daran gelegen war, von der einheimischen Bevölkerung anerkannt zu werden. Es gibt zahlreiche »Könige«, die sich in rascher Folge ablösen, ein Stammesoberhaupt jagt das nächste hinfort.

Einige Gaufürsten behalten jedoch ihre Unabhängigkeit; Oberägypten bleibt frei, da die Hyksos es nicht besiegen können. Von der 13. bis zum Ende der 17. Dynastie ist das Land in zwei Hälften gespalten.

Einige arbeiten mit den Besatzern zusammen, andere lehnen ihre Anwesenheit beharrlich ab. Übrigens ist es schwierig, die genaue Natur dieser Besatzung zu bestimmen. Für die einen waren die Hyksos grausame und zerstörungswütige Barbaren; für andere paßten sie sich der ägyptischen Lebensweise an, in der Hoffnung, langfristig anerkannt zu werden. Wie dem auch sei, beliebt waren sie jedenfalls nie.

Kurz vor dem Jahr 1570 v. Chr. wandelt sich die Lage. Eine ungewöhnliche Frau, Ah-hotep, duldet nicht länger die Fremdherrschaft, die Ägypten zugrunde richtet, und beschließt, alle Kräfte aufzubieten, um das Land zu befreien.

Ah-hotep, die Tochter von König Senacht-en-Re und Königin Teti-scheri, die sich möglicherweise als erste für die Befreiung von der Fremdherrschaft stark machte, trägt einen vielsagenden Namen: »Der Mondgott *(Ah)* ist in Frieden.« Das Wort »Mond« ist im Altägyptischen maskulin; und die von magischer Kraft erfüllte »Sonne der Nacht«, die häufig mit einem Stier verglichen wird, ist eine gefährliche Kämpferin. Durch ihren Namen verkündet die Königin ihr politisches Programm: zuerst Krieg *(Ah)*, dann – sobald der Sieg errungen ist – Frieden *(hotep)*.

Ah-hotep ist Thebanerin. Theben, eine kleine Stadt in Südägypten, ist das Sammelbecken des Widerstandes. Der Gatte der Königin, König Seken-en-Re, »Der die Tapferkeit für den Sonnengott steigert«, übernimmt den Befehl über die Befreiungsarmee und greift die Hyksos an.

Wir kennen weder die Zahl der Soldaten, die an diesem Kampf teilnahmen, noch die einzelnen Episoden des Konflikts, der jedenfalls mit dem Tod Seken-en-Res zu Ende ging. Wir wissen dies, weil seine Mumie mehrere tödliche Verletzungen aufweist.

Ah-hotep ist Witwe. Doch bleiben ihr zwei Söhne, Ka-mose und Ah-mose. Dem Eigennamen des Ka-mose, »Der Starke ist geboren«, folgt in der Hieroglyphenschrift ein Krieger, der einen Stab in der Hand hält; dies bedeutet, daß die Königin ihm den Willen einflößte, das Werk seines Vaters weiterzuführen und den Krieg fortzusetzen. Tatsächlich erlahmte die Widerstandskraft nicht, doch tauchte ein neues Problem auf. Die Hyksos, die sich der Entschlossenheit der thebanischen Truppen bewußt waren, versuchten die Nubier zum Aufstand gegen Theben anzustiften. Wenn sich die Nubier mit ihnen verbündeten, würde Theben von zwei Seiten bedrängt werden: von den Hyksos im Norden und von den Nubiern im Süden.

Es gab für die Thebaner nur einen Ausweg: den Angriff. Während Ka-mose nach Norden vorstieß und eine Stadt nach der anderen zurückeroberte, kümmerte sich Ah-hotep um die Befestigung der Südgrenze bei Elephantine. Die Nubier überschritten die Grenze nicht, das geplante Bündnis mit den Hyksos scheiterte.

Ka-mose errang mehrere Siege, aber es gelang ihm nicht, sich der befestigten Hauptstadt der Hyksos, Auaris, in der die letzten Asiaten Zuflucht gefunden hatten, zu bemächtigen. Er kehrte nach Theben zurück, wo er von Ah-hotep empfangen wurde, die während seiner Abwesenheit die Regierungsgeschäfte geführt hatte. Weshalb hat Ka-mose die Belagerung abgebrochen? Vielleicht war er verwundet. Als er die Bühne der Weltgeschichte verließ, war der zweite Sohn Ah-hoteps erst zehn Jahre alt. So nahm die Königin die Bürde der Herrschaft über ein sich stetig ausweitendes Gebiet auf sich, ohne dabei das Endziel aus den Augen zu verlieren: die vollständige Befreiung von Ägypten. Die Namen dieses zweiten Sohns sind vielsagend: »Der große Wandlungen durchmacht. Der Stier in Theben. Der die Beiden Länder zusammenbindet. Der Sonnengott (Re) ist der Herr der Kraft.« Als Ah-mose, »Der vom Mondgott Geborene«, stellte er sich in die Kontinuität der kriegerischen Taten der Königin.

Sobald er alt genug war, um die Befehlsgewalt zu übernehmen und in den Krieg zu ziehen, stieß er in der festen Absicht, Auaris zu erobern und die Hyksos endgültig aus Ägypten zu vertreiben, nach Norden vor. Eine Stele, die der König im Amuntempel von Karnak aufstellen ließ, unterstreicht die schwierige Rolle, die

Ah-hotep spielen mußte, bis sich der Sieg abzeichnete. Zweifellos waren nicht alle Höflinge mit der Fortsetzung des Kampfs einverstanden, und zweifellos mußte die Königin Mut und Autorität aufwenden, um die schwindende Tatkraft neu zu entfachen. Aus dem Text dieser Stele geht hervor, daß sich Ah-hotep wie ein echter Pharao verhielt, Entschlüsse eigenständig faßte und Ägypten mit fester Hand regierte: »Gebt Preis der Herrin des Landes, der Fürstin der Länder, der ... mit hohem Namen in jedem Fremdland, die den Plan für die Menge machte, die Frau des Königs und Schwester des Königs – er lebe, sei heil und gesund – die Tochter eines Königs und Mutter eines Königs, die herrliche; die die Dinge kennt, die Ägypten band, sie sammelte seine (d. i. Ägyptens) Beamten, sie schützte es, sie sammelte seine Flüchtlinge, und umfaßte seine Auswanderer; sie beruhigte Oberägypten und entfernte seine Rebellen, die Königliche Gemahlin – sie lebe.«[1]

Kann man aus diesen Zeilen folgern, daß Ah-hotep eine Truppenerhebung im Süden niederschlug und eine Art Putsch vereitelte? Die Meinungen in dieser Frage gehen auseinander, doch hat es den Anschein, als sei sie eine echte Heerführerin gewesen, die sich um ihre Soldaten kümmerte und sie anfeuerte. Sie begeisterte die Zauderer, schmiedete ihre Truppen zusammen und nahm Deserteure wieder in ihr Heer auf.

Man kann sich die Freude von Ah-hotep vorstellen, als sie vom Fall der Stadt Auaris erfuhr. Ihr Gemahl war im Krieg gefallen, ihr ältester Sohn, Ka-mose, war vor dem entscheidenden Sieg gestorben, ihr zweiter Sohn, Ah-mose, hatte soeben ganz Ägypten befreit und die Beiden Länder wiedervereinigt. Er wurde der erste Pharao einer neuen, der 18. Dynastie.

Ah-hotep und Ah-mose begnügten sich nicht mit der Einnahme der Bastion der verhaßten Besatzungsmacht, vielmehr setzte der König den fliehenden Truppen des Feindes bis weit in den Norden nach, vielleicht sogar bis zum Euphrat. Ebensowenig vergaß er die gefährlichen Bestrebungen des Feindes, einen militärischen Pakt zu schmieden, was beinahe den Erfolg gefährdet hätte: Nach der Vertreibung der Hyksos stieß Ah-mose einen nubischen Duodezfürsten, den man der Kollaboration mit dem Feind überführte, von seinem Thron.

Von der Nilmündung bis nach Nubien herrschte einzig Pharao.

Bislang war Memphis, »die Waage der Beiden Länder« – an der Stelle gelegen, wo das Niltal ins Delta einmündet –, die bedeutendste Stadt des pharaonischen Ägypten gewesen. Die herausragende Stellung dieser von dem berühmten König Djoser gegründeten Hauptstadt war unangefochten gewesen.

Doch war Ägypten nicht von einem Herrschergeschlecht befreit worden, das aus Theben stammte? Ah-hotep ergriff die Gelegenheit und pries die Vorzüge von Waset, »der Stadt des *Was*-Zepters (das die Göttinnen halten)«, wie der Sakralname von Theben lautete. Die »Stadt mit den hundert Toren«, die Homer bewunderte, wird von einer Frau symbolisiert und gelangte durch eine Frau zu Ruhm. Auf Betreiben von Ah-hotep wurde Theben zur Hauptstadt eines freien Ägypten, das wieder Herr seines Schicksals war.

Als Ah-hotep, diese entschlossene und tatkräftige Frau, im Alter von achtzig Jahren starb, stand sie bei Hof wie beim einfachen Volk in hohem Ansehen. Denn war sie nicht die Befreierin, die unbeugsame Heldin, die dem Heer den notwendigen Mut eingeflößt hatte, um die Besatzungsmacht zu vertreiben?

Ihr Sohn Ah-mose leitete die Beisetzungsfeierlichkeiten; die Königin wurde in einem Grab in Dra Abu el-Naga bestattet, einem Sektor der Nekropole in Theben-West.[2] Der französische Ägyptologe Auguste Mariette legte die Grabstätte im Jahre 1859 frei und hatte das Glück, einen Schatz erlesener Schmuckstücke zu finden, darunter einen Armreif aus massivem Gold, der mit Lapislazuli eingelegt ist; er verkündete die Anerkennung von Ah-mose als Pharao. Ein weiteres Kleinod ist ein Armband aus Perlen, die auf Goldfäden aufgezogen sind, und das aus Bändern von Gold, Lapislazuli, Karneol und Türkis besteht. Wenn die Königin den Armbandverschluß einrasten ließ, verknüpfte sie

Hieroglyphen, die Ah-mose als »vollkommenen Gott, von Amun [also dem Gott von Theben] Geliebten« auswiesen. Zitieren wir auch ein Diadem, das die Geiergöttin Nechbet darstellt, die zugleich die mythische Mutter und die Fähigkeit, einem Pharao die Titulatur und den Namen zu geben, verkörpert: Hatte die Königin Ägypten nicht zwei Könige geschenkt, Ka-mose und Ah-mose?

Drei erstaunliche Objekte unterstreichen die kriegerische Gesinnung der großen Königin. Ein Dolch mit Goldklinge, eine Axt mit einem goldüberzogenen Stiel aus Zedernholz, auf dem dargestellt ist, wie der König zusammen mit Sphinx und Greif seine Widersacher besiegt, und drei goldene Fliegen, mit denen normalerweise Generäle und Soldaten für ihre Tapferkeit im Feld ausgezeichnet wurden.

Soviel wir wissen, hat keine andere ägyptische Königin diese höchste militärische Auszeichnung erhalten, die der Pharao tapferen Soldaten verlieh. Ah-mose erkannte also an, daß Ah-hotep die treibende Kraft des Befreiungskrieges gewesen sei. Die Königin hatte ihr Projekt, nämlich die Kraft des Mondgottes für den siegreichen Kampf gegen die Hyksos und die Wiederherstellung des Friedens aufzubieten, zum Erfolg geführt. Sie verdiente diese drei Goldfliegen, die ihre unbeugsame Tapferkeit und ihr entschlossenes Beharren in allen Schicksalsprüfungen symbolisieren.

Ah-mes Nefertari – Gottesgemahlin

Nach dem flüchtigen Eindruck zu urteilen, den uns die Geschichte vom Charakter Ah-hoteps vermittelt, war sie nicht die Frau, die das Geschick Ägyptens in unfähige Hände gelegt hätte. Sie konnte Vertrauen haben zu ihrem Sohn, Pharao Ah-mose, der von 1570 bis 1546 v. Chr. regierte; doch war die Wahl einer Großen Königlichen Gemahlin nicht minder entscheidend. Sie fiel auf eine ebenso außergewöhnlich Persönlichkeit wie Ah-hotep, Ah-mes Nefertari, deren Name soviel bedeutet wie »Geboren vom Mondgott, die Schönste der Frauen«.[1]

Ah-mes Nefertari hatte als Herrscherin über Beide Länder und »Königsmutter« den Rang eines Pharaos. Sie überlebte ihren Gatten, nachdem sie an allen wichtigen Beschlüssen, die während seiner Regierungszeit gefaßt wurden, beteiligt worden war, sie amtierte während der Kindheit Amenophis' I. (1551–1524) als Regentin des Reichs und starb in hohem Alter zu Beginn der Regierungszeit Thutmosis' I. (1524–1518), nachdem sie dessen Krönung beigewohnt hatte. Mit ihr haben wir erneut eine jener außergewöhnlichen Königinnen vor uns, für die Ägypten berühmt ist.

Stammte sie aus bescheidenen Verhältnissen, wie aus einer Inschrift hervorgeht, auf die wir noch zurückkommen werden? Das ist durchaus möglich, denn Reichtum und »Adel« waren im Alten Ägypten keine zwingenden Kriterien für die Wahl einer Königin. Ah-mes Nefertari wurde vermutlich in Theben geboren, wo sie auch aufwuchs; die religiöse Aufwertung dieser Region beweist ihre Verbundenheit mit der Heimat.

Wie eine Reihe anderer Königinnen übte sie für einige Jahre die Herrschaft aus, so lange wie Amenophis I. – der erste Pharao, der den Namen Amun in seinen Geburtsnamen aufnimmt – noch zu jung war, um sein Amt zu versehen. Ah-mes Nefertari führte zudem bemerkenswerte Neuerungen ein, deren Auswirkungen noch mehrere Jahrhunderte nach ihrem Tod, als in Theben die Dynastie der Gottesgemahlinnen herrschte, zu spüren waren. Doch beschreiben wir zunächst ihre Verbundenheit mit dem Ahnenkult.

Eine in der Kapelle von Königin Teti-scheri in Abydos entdeckte Stele läßt uns einem Zwiegespräch zwischen Pharao Ah-mose und seiner Großen Königlichen Gemahlin, Ah-mes Nefertari, beiwohnen. Der König hegte eine große Bewunderung für seine Großmutter Teti-scheri, eine Thebanerin, die unter der Besatzung der Hyksos gelebt und als erste den Keim der

Auflehnung gesät hatte. Er wünschte, daß ihr Andenken in Ehren gehalten würde und bat Ah-mes Nefertari, dafür Sorge zu tragen.

Was sollte für Teti-scheri getan werden? Ihre Kapelle in Abydos sollte unterhalten, das Becken, aus dem die Ritualpriester frisches Wasser für die täglichen Trankopfer schöpfen würden, ihr Garten und ihre Bäume sollten gepflegt, ihre Opfertische sollten »zum Grünen gebracht« werden, also täglich mit Nahrungsmitteln versehen werden, und ihre Seele sollte an den bedeutenden Festen teilnehmen.

Für die ordnungsgemäße Ausführung dieser Aufgaben mußte geeignetes Personal ernannt werden, das mit Feldern und Herden auszustatten war.

Das Königspaar weihte Teti-scheri einen Kult mit hohem Stellenwert, weil es Teti-scheri als Ahnin einer neuen Dynastie ansah, die Ägypten seinen einstigen Glanz zurückgegeben hatte. War die Verehrung der Vorfahren nicht das solide Fundament für die Zukunft?

Im dritten Pylon des Karnaktempels, der mit alten Steinen gefüllt war, wurden die Bruchstücke einer Stele entdeckt, die man wieder zu einem Ganzen zusammenfügen konnte. Die Mühe zahlte sich aus, denn der Text enthüllt uns eine seltsame Geschichte: die große Affäre der Regierungszeit von Ah-mes Nefertari.

Wir erfahren, daß die Königin den Titel einer »Zweiten Dienerin Gottes« in der Hierarchie des Karnaktempels trug. Ist sie stolz darauf? Nein, sie verzichtet darauf. Weshalb dieser überraschende Entschluß? Weil der König ihr im Gegenzug die nötigen materiellen Ressourcen für die Schaffung einer neuen religiösen und ökonomischen Institution, der »Gottesgemahlin«, die von der Königin begründet wird, anbietet.

Woraus bestand das ihr zugewiesene Vermögen? Aus beweglichen und unbeweglichen Dingen, die die Domäne der Gottesgemahlin bilden sollten, Liegenschaften, Gold, Silber, Bronze, Gewändern, Getreide, Salben. Der Text der Stele liefert eine überraschende Information: Die Königin wird reich, während sie zuvor arm war. Symbolische Begebenheit oder Anspielung auf die Vergangenheit der Herrscherin?

Der König ließ für die Gottesgemahlin einen Palast errichten und eine Eigentumsurkunde zu ihren Gunsten ausfertigen. In ihrem Amt trug Ah-mes Nefertari ein eng tailliertes Gewand, das bis zu den Knöcheln herabfiel, und dessen Träger die Brüste zum Teil bedeckten – ein klassisches Gewand, wie es schon die Priesterinnen des Alten Reiches getragen hatten. Eine kurze Perücke, mit einem Haarband zusammengeschnürt, schmiegte sich eng um den Kopf. Hinzu kamen zwei lange Federn, die den traditionellen Haarschmuck der Königinnen, die »Geierhaube«, das Symbol der Mütterlichkeit in ihrer geistigen Dimension, abrundeten. Diese beiden langen Federn verkörperten das Ur-Paar, Schu und Tefnut,[2] die beiden Augen des Schöpfers, die beiden Göttinnen der Wiedergeburt, Isis und Nephthys. Dank ihrer konnte die Gottesgemahlin bis zur Spitze des Himmelszelts blicken und Ma'at erkennen, die zeitlose Weltordnung.

Ah-mes Nefertari übernahm die Leitung eines Kollegs für Priesterinnen und Priester, die ihr bei der Erfüllung ihrer Hauptaufgabe beistehen sollten: durch ihre Liebe die Energie des Gottes Amun erhalten, auf daß die Liebe des Gottes Ägypten ernähre. Vom Standpunkt der ägyptischen Staatsideologie aus war dieser magische Akt von entscheidender Bedeutung. Denn die Energie der Gottheiten wurde als eine lebenswichtige Tatsache angesehen, ohne die das Land nicht in Harmonie mit dem Unsichtbaren leben konnte.

Der Tod der großen Königin zu Beginn der Regierungszeit des Thutmosis I., um 1524 v. Chr., war ein bedeutendes Ereignis; sie hatte ihre Zeit und die Menschen so nachhaltig geprägt, daß ihr Andenken nicht verblaßte. Etwa siebzig Skarabäen mit ihrem Namen, versetzbare Stelen, auf denen sie dargestellt ist, Statuetten nach ihrem Ebenbild, zahlreiche Ritualobjekte, wie die Sistren, die ihr geweiht sind, die Präsenz der Königin in etwa fünfzig gemalten Szenen in thebanischen Gräbern ... Diese große Zahl von Zeugnissen beweist, daß es einen echten Kult zu Ehren von Ah-mes Nefertari gab. Nachdem ihre Mumie in einen riesigen Sarkophag gelegt worden war, der in das Grab in Theben-West, bei Dra Abu el-Naga, überführt wurde, begann für die Königin im Himmel wie auf der Erde ein neues Leben.

Ah-mes Nefertari wurde als Schutzheilige der thebanischen Nekropole verehrt und erfreute sich mehrere Jahrzehnte lang großer Beliebtheit. Weshalb diese Inbrunst? Weil sie sich um die Erhaltung der Gräber bemüht und die – von Thutmosis I. in die Tat umgesetzte – Idee gehabt hatte, eine Bruderschaft zu gründen, die für die Errichtung und Restaurierung der »Häuser der Ewigkeit« zuständig sein sollte. Die in dem Dorf Deir el-Medine angesiedelten Handwerker empfanden eine tiefe Dankbarkeit gegenüber der Königin, die sie in den Rang einer Schutzgöttin erhoben.

Unweit des Grabes der Ah-mes Nefertari wurde ihr Tempel errichtet, »der mit dem festen *(menset)* Standort«, am Rand des Fruchtlandes. Ein solches Bauwerk war gewöhnlich dem Pharao vorbehalten, und wir kennen nur wenige Ausnahmen. Auch dies ist also ein Beweis für die hohe Wertschätzung, die dieser großen Königin entgegengebracht wurde. Ihr Sanktuar glich einem auf die Erde versetzten Ausschnitt aus dem Jenseits, in dem man mit Freuden wandelte. Ah-mes Nefertari, die in einer Lichtbarke fuhr, lebte im Paradies, das den Gerechten vorbehalten war. Bei einem Sommerfest durchquerte die auf einem Schlitten gezogene Barke der Königin die thebanische Nekropole und empfing die Huldigung der Hohen wie der Niedrigen.

Ein Text, der unter dem Titel »Ritual Amenophis' I.« bekannt ist, inspirierte die Ausschmückung der thebanischen Tempel. Die Königin kommt nicht nur darin vor, sondern hat vermutlich an seiner Konzeption, ja sogar der Abfassung mitgewirkt.

Die gleiche Hypothese gilt für einen grundlegenden Text, »Das tägliche Ritual«, dessen vollständigste Fassung im Tempel von Abydos erhalten ist. Es beschreibt die Riten, die Pharao jeden Tag beim Erwachen der Gottheit im Naos des Tempels, seinem Allerheiligsten, das nur er betreten durfte, vollziehen mußte.

Die Ritualvorschriften wurden von den Adepten der Lebenshäuser verfaßt. Als Gottesgemahlin hatte Ah-mes Nefertari Zugang zu diesen Häusern und sie war eingeweiht in die Hieroglyphenschrift, jene Zeichen voller Strahlkraft, in denen sich die Worte der Gottheiten verkörperten. Die ganze ägyptische Geschichte hindurch haben Frauen an der Niederschrift von Texten mitgearbeitet, die in den Gottesdiensten verwendet wurden. Ah-mes Nefertari war zweifellos eine dieser Verfasserinnen liturgischer Schriften.

Mehrere Darstellungen der großen Königin versetzten die Betrachter in Erstaunen, denn danach scheint sie von schwarzer Hautfarbe gewesen zu sein. War Ah-mes Nefertari nubischer Abkunft? Die Entdeckung ihrer Mumie, die nach einer Serie von Plünderungen der Königsgräber während der Herrschaft der letzten Ramessiden aus ihrem Grab in Dra Abu el-Naga geholt und in der Cachette von Deir el-Bahari in Sicherheit gebracht worden war, verschafft uns zumindest eine Gewißheit: Ah-mes Nefertari ist hochbetagt gestorben und hat helle Haut besessen. Leider zerfiel der Leichnam, als er mit Luft in Kontakt kam.

Weshalb sind einige Statuen der Königin aus bituminiertem Holz, also von schwarzer Farbe? Weshalb ist sie in einigen gemalten Szenen ebenfalls als Schwarze dargestellt? In der ägyptischen Symbolik steht Schwarz für die Idee der Wiedergeburt, des alchimistischen Prozesses, den die Seele durchläuft, um im Jenseits zu neuem Leben zu erwachen. Entspringt das Leben nicht dem schwarzen Schlamm, den das Hochwasser auf den Ufern des Nil ablagert? Schwarz, die Farbe des schakalköpfigen Gottes Anubis, dessen Aufgabe es ist, die Auferstandenen auf den schönen Pfaden des Jenseits zu geleiten, wird weder mit Tod noch mit Zerstörung in Verbindung gebracht, sondern mit einem fruchtbaren Nährboden, der reich an schöpferischen Möglichkeiten ist und auf dem eine neue Form der Existenz gedeiht.

Ah-mes Nefertari nimmt insoweit die schwarzen Madonnen

vorweg, die einst in großer Zahl in den Kathedralen und Kirchen des Abendlands standen; diese Statuen – die vage an Isis erinnern, wie sie das Gotteskind Horus trägt – sind ebenfalls Nachfahren einer ägyptischen Königin, die zur Göttin der Auferstehung wurde.

Königin Hat-schepsut

Hat-schepsut ist einer der Stars der ägyptischen Geschichte. Selbst wenn ihr Name in unseren Ohren fremdartig klingt, schien sie eine derart außergewöhnliche Lebensgeschichte gehabt zu haben, daß sich die Einbildungskraft nicht weniger Romanciers (und auch mancher Ägyptologen!) ihrer bemächtigte, um sie in eine vom Ehrgeiz zerfressene Intrigantin, ein männermordendes Ungeheuer, einen weiblichen Machiavelli im Lendenschurz zu verwandeln, die den zarten Thutmosis III. verfolgte, bevor sie dann selbst von dem rachedurstigen Pharao verfolgt wurde. Auch soll sie hin und wieder Höflinge aus dem Weg geräumt haben, um ihre Herrschaft über das Reich zu festigen. Kurz, eine lange Liste von Ruchlosigkeiten im reinsten Stil einer Katharina von Medici. Doch in Ägypten herrschten andere Wertvorstellungen, und wir begehen einen fatalen Irrtum, wenn wir die Schandtaten unserer eigenen Geschichte in diese alte Kultur hineinlesen.

Die »Akte Hat-schepsut« umfaßt eine Reihe von Dokumenten[1], die uns erlauben, einige Episoden ihres abenteuerlichen Lebens zu rekonstruieren. Im Gegensatz zu einer weitverbreiteten Vorstellung war Hat-schepsut, die zunächst Große Königliche Gemahlin und dann Regentin war, weder die erste noch die einzige Pharaonin. Vielmehr fügt sie sich in eine Linie von Herrscherinnen ein, deren politische Machtfülle für die Ägypter nichts Anstößiges hatte. Hat-schepsut überstrahlt die Regentinnen und Pharaoninnen, die ihr vorangingen, nur deshalb, weil sie so lange regierte und weil ihre Regentschaft durch eine große Zahl archäologischer Funde bezeugt ist.

Das Persönlichkeitsbild Hat-schepsuts entspricht vollkommen dem pharaonischen Ideal und liefert keinerlei Anhaltspunkte für eine romantische oder auch frivole Sicht ihrer Person, wenn man die Quellen gründlich studiert.

Die große Königin Ah-mes Nefertari starb, wie wir hörten, zu Beginn der kurzen Herrschaft Thutmosis' I. (1524 bis 1518 v. Chr.). Dies bedeutete einen Übergang vom kämpferischen Mondgott Ah zum Mondgott Thot, der als Dolmetscher der Sonne, Re, aufgefaßt wurde. Thot ging in die Komposition des Eigennamens der vier Könige mit Namen Thutmosis, »Der von Thot Geborenen«, ein.

Man nimmt an, daß Thutmosis I. der Vater Hat-schepsuts war. Ein Feldzug führte ihn nach Vorderasien, zweifellos ging es darum, mögliche Unruhestifter von Angriffen auf das Delta abzuschrecken. Dies war übrigens eine der Obsessionen der Herrscher des Neuen Reichs: die Nordost-Grenze befestigen, die Region Syrien und Palästina kontrollieren, ein schützendes Glacis zwischen den nördlichen Grenzen Ägyptens und potentiellen Eindringlingen bewahren.

Dennoch war es eine friedliche Epoche. Thutmosis machte sich die geniale Begabung des außergewöhnlichen Baumeisters Ineni zunutze, um Karnak, das damals nur aus einem schlichten Tempel bestand, baulich zu erweitern. Karnak sollte nach und nach zu einer heiligen Stadt gewaltigen Ausmaßes werden, in der Amun, der verborgene Urschöpfer, die Sanktuarien anderer Gottheiten empfing. Ein gigantisches Projekt: es ging darum, Theben, der Stadt, welche die barbarischen Hyksos besiegt und die Beiden Länder wiedervereinigt hatte, eine Dimension zu geben, die der des alten Memphis entspräche.

Als Thutmosis I. die Welt der Sterblichen verließ, um sich zu seinen Brüdern, den Göttern, zu gesellen, war Hat-schepsut eine junge Frau von fünfzehn Jahren – nach Ansicht der einen – oder zwanzig Jahren, nach Meinung der anderen. Sie wurde die Große

Königliche Gemahlin Thutmosis' II., über dessen Herrschaft nach wie vor wenig bekannt ist; so sind sich die Historiker nicht einmal über die Länge seiner Regierungszeit einig, für die zwischen drei[2] und vierzehn Jahren angesetzt werden!

Nun betritt ein junger Knabe, Thutmosis III., die Bühne. Er setzt die Linie der »Söhne des Thot« fort. Über seine Abstammung haben wir keine Gewißheit. Man hat behauptet, er sei der Sohn Thutmosis' II. und einer »Konkubine«, so sehr verfälschen unsere Phantasien, die sich an den osmanischen Harems entzünden, die Zustände im Alten Ägypten. Als Thutmosis II. starb, dürfte Thutmosis III., der designierte Pharao, zwischen fünf und zehn Jahre alt gewesen sein – zu jung, um die Regierungsgeschäfte allein zu führen.

Was geschah in dieser Zeit: Palastintrigen, ruchlose Verschwörungen, finstre Machenschaften? Traditionsgemäß wurde die Große Königliche Gemahlin, im vorliegenden Fall: Hat-schepsut, aufgefordert, die Regentschaft zu übernehmen. »Sein Sohn[3] trat an seine Stelle als König der beiden Länder, er herrschte auf dem Throne dessen, der ihn erzeugt hatte. Seine Schwester, das Gottesweib Hat-schepsut, sorgte für das Land, die beiden Länder lebten nach ihren Plänen ...« Der Baumeister Ineni fährt fort: »Man diente ihr, indem in Ägypten in Demut war; der vortreffliche Same des Gottes, der aus ihm kam, das Vordertau Oberägyptens, der Landepflock der Südvölker, das vortreffliche Hintertau Ägyptens war sie, eine Herrin des Befehlens, deren Pläne vortrefflich waren; die die beiden Länder beruhigte, wenn sie redete.«[4]

Vergessen wir nicht die rituellen Ämter Hat-schepsuts: Sie ist Gottesgemahlin des Amun, »Gotteshand«[5] und »diejenige, die Horus und Seth sieht«.

Die Regentin ließ ihr »Haus der Ewigkeit« an einem eigentümlichen Ort anlegen: in der Felswand eines schwer zugänglichen Wadis, in die ein schmaler Korridor gebrochen wurde, dessen Eingang nach seiner Zuschüttung unkenntlich sein sollte. Doch

Hat-schepsut konnte nicht ahnen, wie hartnäckig neuzeitliche Plünderer ans Werk gehen würden, die nach mühseligen Kletterpartien schließlich ihre Grabstätte entdeckten.

Im Grab der Regentin stand ein Sarkophag mit dem Namen Hat-schepsuts: »Gebieterin aller Länder, Königstochter, Königsschwester, Gottesgemahlin, Große Königliche Gemahlin, Herrin der Beiden Länder«. Die Königin bat die Himmelsgöttin Nut, sich mit ihr zu vereinen und ihr einen Platz unter den unvergänglichen Sternen zu schenken.

Das Schicksal der Witwe Thutmosis' II. schien demnach vorgezeichnet zu sein: die Regentschaft antreten und dann Pharao Thutmosis III. Platz machen, sobald dieser zur Übernahme der Regentschaft fähig wäre.

Ein ägyptischer Pharao ist seinem Wesen nach von ewiger Jugend, und es wäre falsch, in den sakralen Statuen Porträts zu sehen, und erst recht, nach Maßgabe unserer Kriterien psychologische Schlüsse ziehen zu wollen. Wie es sich geziemte, schufen die Bildhauer das symbolische Bild einer Hat-schepsut, die für alle Zeiten in göttlicher Schönheit und Jugend erstrahlen sollte. Dennoch hat man versucht, ein charakteristisches Porträt der Königin[6] anzufertigen: Mandelaugen, eine lange gerade und schmale Nase, fast glatte Wangen, kleiner Mund, schmale Lippen, zierliches Kinn. Eine sehr schöne Frau von katzenhafter Anmut, deren Gesicht von einem sanften Lächeln erhellt wurde. Kurz, eine ideale Hat-schepsut, deren Weiblichkeit nicht durch die Bürde des Herrscheramts spröde wird. Übrigens ist es nicht der Mensch Hat-schepsut, der in Stein verkörpert wird, sondern ihr *Ka*, der unsterbliche Teil ihres Wesens, der das Altern und den Tod besiegt hat.

Am neunundzwanzigsten Tag des zweiten Monats der Winterzeit im zweiten Jahr der Herrschaft von Thutmosis III. ereignete sich eine unerhörte Begebenheit: Das Orakel des Gottes Amun, im großen Hof des Tempels von Luxor, prophezeite Hat-schepsut, daß sie in Zukunft herrschen werde, ohne indes einen genauen Zeitpunkt für ihre Thronbesteigung anzugeben.[7] Vermutlich verneigte sich die Statue des Gottes, die in feierlicher Prozession getragen wurde, vor der Königin, und ein Priester sprach die Worte, die den Willen des Herrn der Götter wiedergaben.

Wie kam es zu dieser Entscheidung? Wir wissen es nicht. Sie ist um so erstaunlicher, als Hat-schepsut nicht schon zu diesem Zeitpunkt, sondern erst fünf Jahre später, im siebten Jahr der Regierungszeit Thutmosis' III., gekrönt wurde. Obgleich ihr Name in den bislang gefundenen Listen der Pharaonen nicht aufgeführt ist, wissen wir aus anderen Quellen gut über sie Bescheid, und es ist zweifelsfrei erwiesen, daß sie als Pharao regiert hat.

Hat die schreckliche Hat-schepsut den armen Thutmosis III. zum Schweigen gebracht? Hat sie ihn in ein Verlies werfen lassen? Gewiß nicht. Einerseits zählt sie die Jahre der Herrschaft Thutmosis' III. als eigene Regierungsjahre, ohne ein »Jahr eins« ihrer Machtübernahme zu verfügen, und aus diesem Grund schreibt ihr die Überlieferung eine Regierungszeit von einundzwanzig Jahren und neun Monaten zu, während sie in Wirklichkeit offenbar nur etwa fünfzehn Jahre (1498–1483 v. Chr.) regierte. Andererseits bezog Hat-schepsut Thutmosis III. in mehrere Amtshandlungen ein, wie etwa die Ausbeutung von Steinbrüchen oder die Einweihung von Sanktuarien. Im 12., 16. und 20. Jahr sieht man Hat-schepsut und Thutmosis III. zusammen – beide als Pharao. Sie bilden demnach ein Paar, das nicht aus Mann und Frau, sondern aus zwei Herrschern besteht; wie wir noch sehen werden, vereint Hat-schepsut, der weibliche Pharao, in sich die gegensätzlichen Eigenschaften von Mann und Frau.

Es steht fest, daß sich zwei Regierungszeiten, die von Thutmosis III. und die von Hat-schepsut, überlagerten – eine Konstellation, die im Verlauf der Geschichte Ägyptens mehrfach auftritt. Doch in diesem Fall dauerte die gemeinsame Regentschaft besonders lange. Die Hypothese eines Konflikts zwischen Hat-schepsut und Thutmosis III. ist jedenfalls unhaltbar.

Vom zweiten bis zum siebten Jahr ereignet sich nichts Besonderes. Doch dann, im siebten Jahr der Regierung Thutmosis' III., geht in Erfüllung, was das Orakel des Amun geweissagt hatte: Königin Hat-schepsut wird Pharao.

Pharao Hat-schepsut

Ein Pharao ist weder ein Opportunist noch ein gewöhnlicher Politiker; er wird nicht von Menschen gewählt, sondern von den Göttern geformt, und zwar, wie die Ägypter zu sagen pflegten, »vom Ei an«. Im Wesen eines ägyptischen Königs überlagern sich ein vergänglicher Mensch, über den die Texte schweigen, und eine symbolische, unsterbliche Persönlichkeit, über die man uns wortreich ins Bild setzt.

Aus diesem Grund läßt Hat-schepsut, die im siebten Jahr der Herrschaft von Thutmosis III. zum Pharao gekürt wurde, ihre Neugeburt als Monarch verkünden. Die Schilderung dieser Geburt ist in die Steine des Hat-schepsut-Tempels gehauen, sie ist also nicht für die Menschen, sondern für die Gottheiten bestimmt, auf daß sie den neuen Pharao seines Amtes als würdig befinden.

Um diese für uns so verwirrende Episode zu beschreiben, erfanden die Wissenschaftler den Begriff der »Theogamie«, also der Hochzeit mit einem Gott. Die Flachreliefs im Tempel von Deir el-Bahari, dieses bedeutendsten Bauwerks Hat-schepsuts, erzählen uns folgende Geschichte.

Ah-mose, die Große Königliche Gemahlin Thutmosis' I., hält sich in ihrem Palast auf; als der Gott Thot sie erblickt, freut er sich. Der Herr der heiligen Wissenschaften begibt sich zu Amun und teilt ihm mit, daß er soeben diejenige gefunden habe, die Amun suche. Amun, der Verborgene, ist zugleich Re, das geoffenbarte Licht; unter seinem Namen »Amun-Re« vereint er in sich die göttliche Schöpferkraft, die zugleich das Geheimnis des Lebens und seine strahlendste Erscheinung zum Ausdruck bringt. Nachdem er seinen aus zwölf Gottheiten bestehenden Rat konsultiert hat, beschließt Amun-Re, einen neuen Pharao zu zeugen. Der Gott nimmt die Gestalt von Thutmosis I. an und betritt das Zimmer, in dem die Königin schläft. Sie wird durch den betörenden Duft, den ihr göttlicher Königsgemahl verbreitet, geweckt. Die Wohlgerüche des Landes Punt, jener fernen Gegend, in der die Weihrauchbäume wachsen, durchziehen den Palast.

Durch den Anblick der Königin in glühender Leidenschaft entbrannt, geht Amun-Re auf sie zu und schenkt ihr sein Herz und sein Verlangen. Sie freut sich, seine göttliche Schönheit zu sehen, seine Liebe geht ein in ihren Leib. Gott und Königin vereinigen sich.

Amun-Re spricht: »Die mit Amun vereint ist, Hat-schepsut, ist der Name deiner Tochter, die ich in deinen Leib gepflanzt habe … Sie wird dieses herrliche Königtum in diesem ganzen Land ausüben.« Der Gott schenkt seiner Tochter die Eigenschaften, die man als Herrscher braucht: Schöpferkraft, ein klares Urteilsvermögen und die Fähigkeit, sein Volk zu höchster Blüte zu führen.

Es kommt der Augenblick der Geburt. Der Gottkönig steht der Großen Königlichen Gemahlin bei; er überreicht ihr den Lebensschlüssel und befiehlt dem widderköpfigen Töpfergott Chnum, auf seiner Drehscheibe Hat-schepsut zu formen, »zusammen mit ihrem *Ka*«, mit anderen Worten in ein und demselben Wesen das Unsterbliche mit dem Sterblichen zu verbinden, die unzerstörbare Energie mit dem Individuum, das sie verkörpern soll. Der Töpfer formt aus dem Fleisch Amun-Res, einem abstrakten und leuchtenden Material, zwei Kinder, den menschlichen Herrscher und seinen *Ka;* dem neuen Wesen werden alles Leben, alle Macht, alle Beständigkeit und alle Freude zuteil. Hat-schepsut wird Wohlstand um sich verbreiten, über Ägypten und über die Fremdländer herrschen, keiner Weihgabe ermangeln, Gerechtigkeitssinn besitzen, über alle Gottheiten erhoben werden und als Horus auf dem Lichtthron erscheinen.

Unterstützt von den Gottheiten, den Grundkräften der Welt und den Schutzgeistern der Geburt, führt Chnum sein Werk erfolgreich zu Ende. Darum kann Thot der Königin verkünden, daß Amun-Re glücklich sei und der Augenblick der Niederkunft gekommen sei. Zusammen mit Heket, der froschköpfigen Göttin der Veränderungen und Verwandlungen, geleitet Chnum die Königin in einen speziellen Raum mit einem großen Bett.

Alle magischen Vorkehrungen wurden getroffen, damit die Geburt Hat-schepsuts ohne Zwischenfall abläuft. Mes-chenet, die den »Geburtsstein« und zugleich das Schicksal des Kindes verkörpert, spricht eine Zauberformel, die das Neugeborene vor Leid und Unheil bewahrt.

Als Amun-Re seine Tochter sieht, geht er frohen Herzens auf sie zu; die Göttin Hathor reicht ihm Hat-schepsut, das Kind des Sonnengottes. Er umarmt und küßt es. Die Himmelskuh stillt den Säugling und überträgt Hat-schepsut die Energie, die ihr ewige Jugend bescheren wird. Die Gottheiten überbringen ihre Glückwünsche, so wie gute Feen, die die künftige Königin mit allen erforderlichen Vorzügen überhäufen.

Wer anders als Hathor hätte die Amme Hat-schepsuts sein können? Sie duftet lieblicher als alle anderen Gottheiten, und sie ist die himmlische Mutter, die die regierende Königin jeden Tag wie eine neue Sonne wiedergebären wird. Hat-schepsut wird durch Amun und Re gereinigt, zahllose Feste der Wiedergeburt werden ihr versprochen.

Amun stellt seine Tochter den Gottheiten Ober- und Unterägyptens vor, die ihre Schönheit bewundern. »Liebt sie!«, sagt er ihnen, »seid zufrieden mit ihr.« Ist sie nicht das lebendige Abbild Amuns, seine Stellvertreterin auf Erden? Ist sie nicht aus des Gottes ureigenem Leib entstanden?

Nach Ausweis der Flachreliefs des Tempels in Deir el-Bahari erfolgte die Krönung der regierenden Königin unmittelbar im Anschluß an ihre Geburt. Das Orakel des Amun, das im zweiten Jahr der Herrschaft Thutmosis' III. verkündet wurde, ging im siebten Jahr in Erfüllung.

Das Krönungsritual fand vermutlich in der ältesten heiligen Stadt des Landes, Heliopolis, statt, wo Hat-schepsut vom Schöpfergott Atum, der alle Formen des Seins in sich umfaßt, als legitimer Pharao anerkannt wurde. Amun befürwortete diese Krönung, die auf magische Weise in sämtlichen Tempeln zelebriert wurde, auf daß Hat-schepsut keiner göttlichen Kraft ermangele. Horus und Seth setzten dem neuen König von Ober- und Unterägypten die Krone auf, Thot und Seschat schrieben ihren Namen in die Annalen und auf den Lebensbaum.

Ausgerüstet mit einem Ruder und einem Steuer, führte Hatschepsut den rituellen Lauf aus, der ihre Besitznahme des gesamten ägyptischen Staatsgebiets und darüber hinaus des Raumes, der von der Umlaufbahn der Sonne begrenzt wird, versinnbildlichte. Anschließend empfing sie »die Embleme des Sonnengottes«, also Szepter, Kronen und ihr Ornat.

Daraufhin unternahm Hat-schepsut eine »Rundreise durch Ägypten«, die sie in jede große Stadt führte, auf daß sie von den lokalen Gottheiten anerkannt würde, mit denen sie sich vereinigen wollte, um so zum Bindeglied zwischen den vielfältigen Erscheinungen des Heiligen zu werden.

Schließlich mußte sie noch vor dem Hof erscheinen, der nach altem Brauch die Erhebung eines weiblichen Pharaos auf den »Thron der Lebenden« durch Akklamation bestätigte.

Man kann die Namen, die einem Pharao zu Beginn seiner Herrschaft gegeben werden, in ihrer Bedeutung gar nicht hoch genug einschätzen, denn sie definieren sein Wesen und zugleich sein spezifisches Regierungsprogramm.

Seit der fünften Dynastie trägt Pharao, wie wir gesehen haben, fünf Namen.

Als weiblicher Horus ist Hat-schepsut »Reich an Schöpferkraft *(useret kau)*«; als König, der von »den beiden Herrinnen« (Geier und Kobra) beschirmt wird, ist sie »Blühend an Jahren *(wadjet renput)*«; als Goldhorus ist sie »Die mit göttlichen Erscheinungen *(neteret chau)*«; als König von Ober- und Unterägypten trägt sie den Namen »Die Ordnung ist die Macht des

Sonnengottes *(Ma'at-ka-Re)*; und als Tochter des Sonnengottes (Re) ist sie »Die Amun umfängt *(chenemet Imen)*, die erste der Ehrwürdigen *(hat schepsut)*«.

Dieser letzte Name, Hat-schepsut, ist der bekannteste; er wird auch mit »Die Edelste der Damen« übersetzt. Das Wort *schepset*, »ehrwürdig, edel«, dient zur Bildung des Namens einer Göttin, die das Schicksal verkörpert, das als weiblicher Schutzgeist gegen das Böse aufgefaßt wird.

Einige Analytiker bewerten den Beginn der Herrschaft Hatschepsuts als eine Art Revolution, die von der »Usurpatorin« angezettelt worden sei, und malen sich aus, daß finstere Verschwörungen zur Ausschaltung von Thutmosis III. geführt hätten. Die Quellen beweisen freilich, daß diese überaus romantischen Fabeln jeglicher Grundlage entbehren.

Weder Revolution noch Säuberung, noch Bürgerkrieg, noch Usurpation ... Sondern lediglich eine Frau, die als Pharao anerkannt wird und die, gemäß dem Wunsch des Amun, »im ganzen Land das segensreiche Königsamt ausübt«. Thutmosis III. wird weiterhin in gewisse Riten und Amtshandlungen einbezogen; im Schatten Hat-schepsuts lernt er sein Metier als König.

Hat-schepsut – die weibliche Sonne

Als Große Königliche Gemahlin war Königin Hat-schepsut mit Thutmosis I. verheiratet; als Pharao mußte sie wieder ein königliches Paar bilden. Doch Hat-schepsut heiratete nicht. Verstieß sie damit gegen die Grundregel der Institution des Pharao, wonach dieser von einem Herrscher und einer Großen Königlichen Gemahlin verkörpert werden muß?

Keineswegs! Offenbar haben alle männlichen Pharaonen zusammen mit einer solchen rituellen Gemahlin regiert, während die weiblichen Pharaonen »ledig« geblieben sind. Da sie durch die Erhebung zum »König« zugleich »Mann« geworden waren, waren sie ihre eigene Gemahlin und bildeten in sich das Königspaar.

Hat-schepsut ist eine »Goldfrau«, eine »vollkommene Frau mit Goldgesicht«, »die weibliche Sonne (*Rait*)[1]«, die nach Ausweis der Texte mit der Ma'at (der Weltordnung) gleichgesetzt wird, die zusammen mit ihrem Vater, dem Schöpfergott, leuchtet. Nun geht aber Ma'at in den Thronnamen von Hat-schepsut ein: Ma'at-ka-Re. Als Re, der Sonnengott, aus dem uranfänglichen Chaos hervorging, öffnete er die Augen im Innern eines Lotos; eine flüssige Absonderung fiel auf den Boden und verwandelte sich in eine schöne Frau, die »Gold der Götter«, Hathor die Große, genannt wurde. Hat-schepsut wird mit ihr gleichgesetzt, sie wird zum ehrwürdigen weiblichen Horus, zur weiblichen Sonne, zur Strahlenden, die die Finsternis erhellt und glänzt wie Gold; durch ihren Blick ist sie die Erleuchterin.

Aus welchen Personen setzte sich der Hofstaat zusammen, als Hat-schepsut die Macht übernahm? Alte Diener von Thutmosis' I., die sie behielt, erfahrene Schreiber, Reiche, Arme, Fremde, Soldaten. Unabhängig von ihrem Rang bekleideten sie zivile und zugleich sakrale Ämter; anders gesagt: sie verweilten kürzere oder längere Zeit im Tempel, um sich in regelmäßigen Abständen aus materiellen Daseinsnöten zu lösen und sodann mit größerer Klarheit und höherem Anspruch zu ihrer Arbeit zurückzukehren.

Zu ihnen gehört Hapu-seneb, Hoherpriester des Amun und Wesir, der in die Mysterien der Neunheit eingeweiht war. Die Texte berichten uns, daß er auf der Erde für Ma'at – Gerechtigkeit und Ordnung – gesorgt habe.

Hapu-seneb hat zu Beginn der Regierungszeit Hat-schepsuts eine wichtige Rolle gespielt; er überwachte die zahlreichen Baustellen, vor allem in Theben. Er leitete die Kolonne von Handwerkern, die das »Haus der Ewigkeit« der Pharaonin im Tal der Könige in den Fels trieb.

Sen-en-mut war nach der großen Zahl der archäologischen

Zeugnisse, die seinen Namen tragen und seinen Aufstieg schildern, ein enger Vertrauter Hat-schepsuts.[2] In vielen Büchern wird er als Geliebter Hat-schepsuts und Vater ihrer Tochter Nefru-Re dargestellt. Aber was wissen wir mit Sicherheit über ihn?

Offenbar stammt Sen-en-mut, dessen Name soviel bedeutet wie »der Bruder der Mutter«, aus bescheidenen Verhältnissen; er war Offizier, was nicht unbedingt heißt, daß er an Feldzügen teilgenommen hat. Hat-schepsut machte ihn zum Erzieher und »Ziehvater« ihrer Tochter Nefru-Re. Mehrere Plastiken zeigen ihn als Träger des Kindes; es handelt sich dabei in erster Linie um sogenannte »Würfelhocker«, das sind kubische Steinblöcke, aus denen die Köpfe des Erziehers und seines Zöglings herausragen. Mindestens vierundzwanzig Mal erhielten die Bildhauer den Befehl, Sen-en-mut darzustellen, dessen Standbilder in den Tempeln aufgestellt wurden.

Er trug zahlreiche Titel: Einziger Freund, Diener der Ma'at, Der die Geheimnisse des Amun und des Sanktuars kennt, Vorsteher des Hauses des Pharaos, Der die Mysterien des Morgenhauses kennt, Leiter aller Bauarbeiten des Pharaos, verantwortlich für die Speicher, Felder, Herden und Gärten des Amun. Über diese bedeutende Persönlichkeit mit den umfassenden Zuständigkeiten wird berichtet, sie habe segensreiche Worte für den König gesprochen, ihre Rede sei aufrichtig gewesen, sie habe geschwiegen, wenn es notwendig war, und die Staatsgeheimnisse sorgsam gehütet.

Es steht außer Frage, daß Sen-en-mut der Vertraute Hatschepsuts und einer ihrer wichtigsten Minister war. Er genoß bemerkenswerte Vorrechte: zwei Grabmale, ein prächtiger Quarzitsarkophag, zahlreiche Statuen. Sen-en-mut ist sogar im Innern des Tempels der Hat-schepsut in Deir el-Bahari dargestellt, wenngleich auf diskrete Weise, denn sein – in groben Umrissen skizziertes – Gesicht war verdeckt, wenn die Tür zum Sanktuar geöffnet wurde. Bei geschlossener Tür verehrte Sen-en-mut in andachtsvoller Stille die Seele seiner Herrscherin.

Sen-en-mut leitete die Bauarbeiten in Karnak, Luxor und

Hermonthis, aber den größten Ruhm erwarb er sich mit dem Tempel in Deir el-Bahari, »dem erhabensten aller Bauwerke«, auf das wir später eingehen werden. Bis heute unbeantwortet ist die Frage, weshalb ihm zwei Gräber gewährt wurden, eines in Schech Abd el-Qurna (Nr. 71) und ein zweites in Deir el-Bahari (Nr. 353).[3] Letzteres enthält Himmelskarten und astronomische Darstellungen. Verweisen diese, abgesehen von ihrer symbolischen Bedeutung – der Aufnahme der Seele Sen-en-muts in den Kreis der unvergänglichen Sterne –, auf die wissenschaftlichen Kenntnisse des Baumeisters?

Die Umstände und den Zeitpunkt des Todes von Sen-en-mut kennen wir nicht; seine Mumie wurde bislang nicht gefunden. Die Phantasie hat diese Lücke gefüllt: Fiel er vielleicht in Ungnade und verlor all seine Ämter? Kein Dokument stützt diese Mutmaßung. Es gibt keinen Hinweis darauf, daß sich Hat-schepsut mit Sen-en-mut überworfen hätte, und eine einfachere Erklärung für sein Verschwinden aus dem öffentlichen Leben ist schlicht sein Tod.

Nach Ansicht mehrerer Historiker hatte Hat-schepsut nur eine Tochter, Nefru-Re, »die Vollkommenheit des Sonnengottes«. Vielleicht wünschte ihre Mutter, daß sie den Rang einer Großen Königlichen Gemahlin erlangte und, mehr noch, daß sie sich mit Hilfe ihres Erziehers Sen-en-mut auf das Amt des Königs vorbereitete.[4]

Als Hat-schepsut zur Pharaonin gekürt wurde, übertrug sie das Amt der »Gottesgemahlin« auf ihre Tochter, die außerdem die Titel »Königstochter« und »Regentin des Süd- und des Nordlandes« trug. Nefru-Re bekleidete religiöse Ämter und scheint nicht aktiv an politischen Entscheidungen mitgewirkt zu haben.

Nach dem 16. Lebensjahr verlieren sich die Spuren von Nefru-Re, was darauf hindeutet, daß sie jung starb. Die Persönlichkeit der Tochter Hat-schepsuts bleibt ein diffuser Schatten, der sich kaum in die Geschichte eingeschrieben hat.

Eine der vornehmsten Pflichten eines Pharaos bestand darin, Tempel – Gotteshäuser – zu bauen. So konnten die Götter auf der Erde ihren Wohnsitz nehmen und die geistige und soziale Entfaltung der menschlichen Gemeinschaft fördern. Hat-schepsut verstieß nicht gegen dieses ungeschriebene Gesetz; während ihrer gesamten Regierungszeit ließ sie an mehreren Orten, vor allem in Theben, Hermonthis, Kom Ombo, El-Kab, Kusae und Hermopolis, der Stadt Thots, Sakralbauten errichten oder restaurieren. In Elephantine verkündete sie: »Ich habe diesen großen Tempel erbaut aus Kalkstein aus Tura, seine Tore aus Alabaster von Hatnub, seine Torpfosten aus asiatischem Kupfer.«

Zwischen Karnak und Luxor ließ sie kleine Altäre errichten, die bei Prozessionen als Stationen für die heilige Barke dienten. Im Innern des Tempels von Karnak ließ sie Obelisken aufstellen – ein wichtiger Vorgang, auf den wir später noch ausführlich eingehen werden.

Es gibt eine relativ unbekannte Stätte, der das besondere Interesse der Hat-schepsut galt: der Speos Artemidos bei Beni Hasan in Mittelägypten. Hier befand sich ein kleines, aus dem Felsen gebrochenes Sanktuar, das einer Löwengöttin namens Pachet geweiht war. Nach der Überlieferung soll der Speos Artemidos jedoch von den Hyksos, den barbarischen und ruchlosen Besatzern, zerstört worden sein.

Sich über die Jahre und die historische Wahrheit hinwegsetzend, behauptete Hat-schepsut, sie selbst habe die Besatzer verjagt, um diesen außergewöhnlichen Ort, einen Berg, auf dem die Götter sprachen, zu befreien. So stiftete sie im ganzen Land Frieden und Eintracht und verbürgte sich für die wiedererlangte Freiheit; um sie zu erhalten, kümmerte sie sich um den guten sittlichen und materiellen Zustand ihres Heeres, das imstande sein sollte, gegen die Kräfte der Finsternis zu kämpfen.

Eben jene Löwengöttin Pachet konnte, als ihre gefährliche Kraft gebändigt und in den Dienst des Lichts gestellt worden war, die gefährlichen Dämonen der östlichen Wüste zurückwerfen und sie sogar in Schutzgötter verwandeln. In ihrem Sanktuar, in dem die göttliche Energie gebündelt wurde, vollzog Hat-schepsut jene große »Staatsmagie«, die darin bestand, die zerstörerischen Kräfte ausfindig zu machen, unerschrocken auf sie einzuwirken und sie in schöpferische Kräfte »umzudrehen«.

Wenn die Löwin Pachet nicht durch Riten besänftigt worden wäre, dann wären heftige Regenfälle über der Region niedergegangen und hätten reißende Ströme gebildet, die Schlamm und Kies mit sich geführt und alles verwüstet hätten, was ihnen in den Weg gekommen wäre. Im Herzen der Menschen hätten böse Leidenschaften Haß, Gewalt und Habgier entfacht.

Hat-schepsut restaurierte den Tempel der Löwin, setzte die Rituale wieder ein, gewährleistete den »Fluß der Opfergaben«, füllte das Sanktuar mit Gold, Silber, Tuch und kostbarem Geschirr, ließ Statuen aufstellen und verschloß den Tempel mit bronzeverkleideten Akazientüren. Das »Gotteshaus des Tales« war fortan geschützt gegen jeglichen feindlichen Einfall nach dem Vorbild der Hyksos, jener »finstren Gestalten, die das Licht nicht kannten«.

Ein Text im Speos Artemidos enthüllt uns eines der Hauptanliegen Hat-schepsuts: »Mein Geist sinnt über die Zukunft«, bekennt sie, »das Herz Pharaos muß an die Ewigkeit denken. Ich habe die Ma'at vergrößert, die er [d. i. Re] liebt, denn ich weiß, daß er von ihr lebt.«

Schon im achten Jahr ihrer Herrschaft, kurz nach ihrer Krönung, begann Hat-schepsut ihr großes Werk, den Tempel von Deir el-Bahari in Theben-West. Sie beschloß, das Monument teilweise in eine Felswand hauen zu lassen, die von dem »Gipfel« gekrönt wurde, dem höchsten Punkt des Gebirges auf diesem Westufer des Nils und dem Wohnsitz der Göttin des Schweigens. Diese natürliche Pyramide, die zum Teil von Menschenhand gestaltet wurde, beherrscht das Tal der Könige und der Königinnen.

Deir el-Bahari ist »das Millionenjahrhaus« der Hat-schepsut, der Ort, an dem ihr *Ka* zusammen mit dem ihres Vaters, Thutmosis' I., kultisch verehrt wurde, und zugleich die Wohnstätte des Amun, des Verborgenen, und der Hathor, der Göttin der göttlichen Liebe. In diesem Sanktuar wird die von den Gottheiten geschützte Seele der Hat-schepsut fortwährend zu neuem Leben erweckt.

Was von der Anlage erhalten ist, vermittelt dem Besucher noch heute einen Eindruck von der ursprünglichen Erhabenheit, auch wenn einige mißlungene Restaurationen berichtigt werden müßten. Einst war dies eine Stätte von überwältigender Pracht, davon ist jedoch nichts mehr erhalten; vor dem Tempel erstreckten sich mit Bäumen bepflanzte Gärten und Wasserbekken, die für angenehme Kühlung sorgten. Es war die Pforte zu einem echten Paradies, die durch zwei steinerne Löwen, welche »Gestern« und »Morgen« versinnbildlichten, markiert wurde.

Am selben Ort stand bereits ein Gebäude, das die Könige mit Namen Mentu-hotep im Mittleren Reich errichtet hatten; Hat-schepsut stellte sich folglich in eine Tradition, die den sakralen Charakter des Ortes erkannt hatte. Aus diesem Grund diente der Steilhang als Rückwand für das innerste Sanktuar und vermittelte so ein außerordentliches Gefühl für Vertikalität und Aufstieg zum Göttlichen.

Der Widmungstext, den Hat-schepsut selbst aussprach, blieb erhalten: »Ich habe ein Denkmal für meinen Vater Amun errichtet, Herr des Throns der Beiden Länder, ich habe dieses gewaltige Millionenjahrhaus, das ›Allerheiligstes‹ heißen soll, aus schönem und makellosem weißem Kalkstein aus Tura gefertigt, an diesem Ort, der Ihm seit Anbeginn geweiht ist.«

Hat-schepsut leitete das große Gründungsritual des Tempels. Sie legte die »Gründungsbeigaben« – Holzhämmer, Scheren, Ziegelformen, ein Sandsieb, Schnur usw. – in einen kleinen Graben. Sobald die Werkzeuge der Steinhauer mit Sand bedeckt waren, erfüllten sie, für immer verborgen, im Unsichtbaren weiterhin ihre Funktion. Hat-schepsut schlug die symbolischen

Pflöcke ein, um das Areal des Tempels abzustecken, und spannte dazwischen das Seil, um so ihrem im Herzen gefaßten Plan Ausdruck zu geben.

Es sollte ihr eine der größten Freuden ihrer Regierungszeit bereiten, erstmals den von Bäumen gesäumten Aufweg hinaufzugehen, der zum Sanktuar führte; Weihrauchduft hing in der Luft. Immer wenn Riten zelebriert wurden, die unheilvolle Mächte vertreiben sollten, fuhren kleine Barken auf den mit Wasser gefüllten T-förmigen Becken.

Jenseits dieser grünen Oase wurde das Hauptmerkmal der Tempelanlage in Deir el-Bahari sichtbar, ihre Gliederung in Terrassen, die von Pfeilerhallen rhythmisch aufgelockert wurden. Der Blick schweift nach oben, zur höchstgelegenen Terrasse mit dem in Fels getriebenen Sanktuar.

Dort wurden mehrere Götter kultisch verehrt: Amun, der Herr des Tempels; der Sonnengott Re; Anubis, der Führer der Gerechten auf den Pfaden des Jenseits, und Hathor. In dem Hathor geweihten Heiligtum sieht man, wie die kuhgestaltige Göttin die Spitzen der Finger Hat-schepsuts leckt; auf diese Weise überträgt sie die göttliche Energie und die Fähigkeit zur Wiederauferstehung auf die Königin. Ein anderes Bild zeigt Hathor in gleicher Gestalt beim Stillen der regierenden Königin, der durch die Sternenmilch, die sie einsaugt, ewige Jugend zuteil wird.

Auf der obersten Terrasse ist Hat-schepsut als Osiris dargestellt; sie geht durch die Pforten des Todes, um als die neue Sonne wiedergeboren zu werden, die im Heiligtum des Re verehrt wird.

Im Tempel von Deir el-Bahari sind auch die denkwürdigen Ereignisse während der Regierungszeit Hat-schepsuts verewigt. In der unteren Pfeilerhalle wohnen wir dem Transport der für den Tempel von Karnak bestimmten Obelisken, den Ritualen der Papyrusernte und der Wildjagd in den Sümpfen bei; im mittleren Portikus sind die Episoden der Expedition ins Lande Punt und das Mysterium der göttlichen Geburt und Krönung vergegenwärtigt. Und wir sehen auch, wie Hat-schepsut und Thutmosis III. ihren Vorfahren Thutmosis I., Thutmosis II. und der Königin Ah-mose huldigen. Hier ist eine ganze Verwandtschaftslinie für die Ewigkeit versammelt.

Ein ägyptischer Tempel ist ein lebendiges Wesen und erhält einen Namen. Deir el-Bahari wurde *Djeser-djeseru* genannt, was wir mit »das Allerheiligste« übersetzt haben, möglich wäre auch »das Allererhabenste« oder das »Allerherrlichste«. Der Ausdruck *djeser*, der auch in den Namen von Djoser, dem großen Pharao der 3. Dynastie, einging, hat die Grundbedeutung von »heilig«, wobei darin die Vorstellung mitschwingt, daß eine heilige Stätte von der weltlichen Sphäre geschieden und gegen die Außenwelt abgeschirmt ist.

Noch lange nach dem Tod Hat-schepsuts galt Deir el-Bahari als ein Ort, an dem sich das Heilige offenbart. In dem tief in den Fels getriebenen Sanktuar pflegte man das Andenken zweier großer Weiser, des Amenophis, Sohn des Hapu, und des Im-hotep, Wesir Djosers, Baumeister, Magier und Arzt. Die Kranken kamen und baten Im-hotep um die Heilung von Krankheiten an Seele und Körper; einige blieben bis zur vollständigen Genesung im Tempel. Besuchen wir nicht auch heutzutage diese Stätte, um jene Harmonie zu finden, die Hat-schepsut zu erschaffen wußte?

Hat-schepsut und das Land Punt

Die Regierungszeit Hat-schepsuts gehört zu den friedlichsten Epochen des pharaonischen Ägypten. Vielleicht intervenierte die Königin zu Beginn ihrer Herrschaft in Nubien; doch handelte es sich dabei gewiß um eine Polizeiaktion gegen einen unbotmäßigen Stamm, der rasch wieder zur Vernunft gebracht wurde. Nubien war befriedet. Hat-schepsut herrschte über ein vereintes und friedliches Ägypten sowie über die Gebiete, die ihr Vater Thutmosis I. unterworfen hatte. Kein Konflikt im Norden, kein Aufstand im Süden.

Dennoch stellte sie sich in symbolischer Überhöhung als Feldherr dar, der siegreich gegen die Erbfeinde Libyen und Syrien kämpfte. Als Abbild des Sonnengottes auf Erden mußte sie wie jeder Pharao die Finsternis abwehren, die von den Völkern verkörpert wurde, die nicht gemäß der Ma'at lebten. Aus diesem Grund ist die Herrscherin in Deir el-Bahari in Gestalt eines Löwen und eines Greifs dargestellt; sie streckt neun Feinde nieder, die die Gesamtheit der Mächte des Bösen versinnbildlichen. Nubier, Libyer, Asiaten und Beduinen werden auf magische Weise unterworfen.

Die Außenpolitik Hat-schepsuts zielte offenbar darauf ab, potentielle Gegner durch Worte und Riten zu bannen.

Gemäß der Tradition sandte Hat-schepsut weiterhin Facharbeiter zur Türkisgewinnung in den Sinai; unter dem Schutz einer Kompanie Soldaten und der Wüstenpolizei brauchten sie sich nicht vor Überfällen durch Nomaden zu fürchten.

Der Gott Amun sprach zu seiner Tochter, in ihrem Herzen; er beauftragte sie, die Salben für den Gottesleib zu vermehren und diese im weit entfernten »Gottesland« Punt zu beschaffen. Die Forderung wurde präzise formuliert: »Punt im Innern seines Tempels errichten, die Bäume aus dem Land des Gottes zu beiden Seiten seines Heiligtums und in seinem Garten pflanzen.«

Hat-schepsut begibt sich nicht persönlich auf die Reise; ihr Geist leitet die Expedition. Wo liegt Punt? Lange Diskussionen zwischen Ägyptologen und Geographen, die keineswegs abgeschlossen sind, ergaben, daß dieses Eldorado sich irgendwo an der Somaliküste befunden haben dürfte. Doch Punt gehört vor allem zur symbolischen Geographie des Alten Ägypten; für den gesamten dynastischen Zeitraum sind Expeditionen in diese Gegend bezeugt, ihr Ziel war es, wohlriechende Stoffe und feine Essenzen zu beschaffen, die für die rituellen Handlungen in den Tempeln unverzichtbar waren.

Diese Expedition hatte eine so große Bedeutung, daß Hat-schepsut einzelne Episoden der Reise in ihrem Totentempel in

Deir el-Bahari darstellen ließ. Sen-en-mut organisierte den Proviant; Djehuti, der Vorsteher des Gold- und Silberhauses (Schatzmeister), gab seine Erlaubnis und die materiellen Mittel, und Nehesi, der Siegelbewahrer (Kanzler), wurde mit der Leitung des Expeditionskorps betraut, das aus zweihundertzehn Mann bestand. Die fünf für die Überfahrt erforderlichen Schiffe wurden im Hafen der Stadt Kosseïr gebaut und segelten zur Westküste des Roten Meeres.

Amun stand ihnen als Führer bei, damit sie sich nicht verirrten. Die Texte schweigen sich über die Reiseroute aus und berichten lediglich, daß die Seefahrer Punt nach einer glücklichen Fahrt erreichten. Hatten sie vielleicht eine Statuengruppe mitgenommen, die Amun und Hat-schepsut darstellte und alle Gefahren abzuwenden vermochte?

Als Nehesi das Land Punt erblickte, erlag er seinem Zauber. Die Landschaft war überwältigend: Dattelpalmen, Dumpalmen, Weihrauchbäume. Die Einheimischen wohnten in Pfahlhütten, die sie über Leitern erreichten, und schienen friedlich zu sein. Dennoch ergriff Nehesi einfachste Vorsichtsmaßnahmen; als er seine Aufwartung machte, nahm er eine kleine Eskorte mit, die freilich nicht besonders einschüchternd gewirkt haben dürfte, da die ägyptischen Soldaten Geschenke, Halsbänder, Armreifen, Perlen und Lebensmittel mitbrachten.

Sie wurden herzlich empfangen. Die Herrscherfamilie von Punt und die Würdenträger verneigten sich vor den Gesandten Hat-schepsuts. Kühe, Esel und Affen wohnten diesem Schauspiel bei. Pa-rehu, der König von Punt, trug einen Lendenschurz; sein Auftreten war würdevoll. Wie die meisten seiner Landsleute hatte er einen spitzen Kinnbart. Doch was soll man zu seiner Gemahlin, der unglücklichen Iti sagen? Diese fettleibige Frau mit aufgetriebenen Hüften und mißgebildetem Körper litt offensichtlich an einer schweren Krankheit, die sie jedoch nicht davon abgehalten hatte, zwei Söhne und eine Tochter zur Welt zu bringen.[1]

Die »Vornehmen von Punt« verbargen nicht ihr Erstaunen: Wie war es den Ägyptern gelungen, diese Gegend zu erreichen, deren Lage fremden Menschen unbekannt war? Waren sie etwa über die Himmelspfade gekommen, hatten sie den See- oder den Landweg eingeschlagen? Der Bericht enthält keinerlei geographische Angaben.

In einem eigens errichteten Pavillon feierte man ein Festmahl, bei dem verschiedene Fleisch- und Gemüsesorten, Früchte, Wein und Bier aufgetragen wurden. Bedeutsames Detail: Die Bewohner von Punt verehrten Amun, und Amun hatte soeben Hathor besucht, die Herrin dieses sagenumwobenen Landes. Die Opfergaben der ägyptischen Seefahrer waren für diese Göttin bestimmt. Was sich in jenem fernen Land zutrug, war daher symbolisch als Begegnung zwischen zwei großen Gottheiten aufzufassen.

Nach Abschluß der Festlichkeiten galt es, an die Rückkehr zu denken. Die Männer Nehesis beluden die Schiffe mit Myrrhe, Elfenbein, kostbaren Hölzern, Antimon, Leopardenfellen, Säkken mit wohlriechendem Gummi, Säcken voll Gold, Bumerangen und Weihrauchbäumen, deren Wurzeln sie sorgfältig in feuchte Matten eingeschlagen hatten. Auch Affen und Hunde, die zweifellos in Ägypten gutherzige Besitzer fänden, wurden an Bord genommen.

Im Zentrum der Siedlung Punt wurde eine Statue, die Hatschepsut und Amun verkörperte, aufgestellt. So wäre der große Gott von Theben immer an der Seite Hathors, der Herrscherin des Weihrauchlandes.

Während die Schiffe beladen wurden, wandte sich ein Träger an einen Gefährten und beschwerte sich: »Du lädst mir viel zu viel auf!« Doch der Streit war rasch verflogen, und die Rückreise verlief genauso angenehm wie die Hinfahrt.

Bei ihrer Ankunft in Theben war die ganze Stadt in festlicher Stimmung. Menschenmassen strömten zu den Kais, es wurde gesungen und getanzt. Nehesi wurde für seine treuen Dienste mit vier goldenen Halsketten ausgezeichnet.

Doch das Wesentliche waren die Weihrauchbäume und die anderen Schätze aus Punt. In Gegenwart des Gottes Thot und der Göttin Seschat, die ein Verzeichnis der Produkte anlegten, maß Hat-schepsut persönlich das frische Olibanum mit einem Scheffel aus Feindgold. Sie nahm ein wenig Balsam und trug ihn auf ihre Haut auf; der herrliche Wohlgeruch verbreitete sich über den ganzen Körper der regierenden Königin, ihre goldbraune Haut glich purem Gold, sie glänzte wie ein Stern. Gold, Elektrum, Silber, Lapislazuli und Malachit wurden gewogen und Amun dargebracht.

Hat-schepsut pflanzte eigenhändig die Weihrauchbäume, deren Duft die Säle des Tempels von Deir el-Bahari erfüllte. Was Amun befohlen hatte, war ausgeführt worden. Hinfort würde sich das sagenumwobene Land Punt hier, im Sanktuar des Millionenjahrhauses von Hat-schepsut, befinden.

Vom Fest zum Jenseits: Das Schicksal Hat-schepsuts

Die Geburt des neuen Jahres wurde mit einem großen Fest gefeiert; an diesem Tag wurden dem Pharao Geschenke dargebracht. In dem thebanischen Grab Nr. 73 ist Hat-schepsut unter einem Baldachin sitzend dargestellt. Sie erhält prächtige Halsketten, eine Sänfte, Tische, Wagen, Vasen, einen Wedel, einen Naos, ein Bett und Statuen, die sie in Gesellschaft von Gottheiten verewigen. Indem die Würdenträger dem Pharao auf diese Weise huldigten, beförderten sie auf magische Weise den Wohlstand Ägyptens.

Beim »Schönen Fest vom Wüstentale« verließ der Gott Amun seinen Tempel in Karnak, um sich auf das Westufer zu begeben, wo er in den Millionenjahrhäusern Quartier nahm. Er machte eine ausgedehnte Rast in Deir el-Bahari, wo ihn Hat-schepsut in Empfang nahm. Sie überreichte ihm herrliche Blumensträuße, welche die Schönheit der Schöpfung und die Üppigkeit eines Lebens, das den Tod besiegt hat, versinnbildlichten. In der Abenddämmerung entzündete Hat-schepsut vier Fackeln; als Trägerin des Lichts, die die Finsternis erleuchtet, führte sie eine feierliche Prozession an. Die Fackeln, Symbole der Stützen des Himmelszelts, erhellten Becken, die mit Milch gefüllt waren. Einige Eingeweihte nahmen an der rituellen Fahrt der Gottesbarke auf einem beleuchteten See teil. Im Morgengrauen wurden die Fackeln in der Milch gelöscht.

Bei diesem Fest traten die Lebenden mit den Toten in Verbindung; in den Kapellen der Gräber brachte man den Ahnen Opfergaben dar und hielt Festmahle ab, an denen die Seelen der Verstorbenen teilnahmen. Hat-schepsut leitete während ihrer Regierungszeit jedes Jahr diese Feierlichkeiten, die Ausgelassenheit mit Ernst verbanden.

Die »Rote Kapelle« der Hat-schepsut, die aus roten Quarzitblöcken erbaut wurde, welche heute im »Freilichtmuseum« der Tempelanlage von Karnak ausgestellt sind, war mit Szenen geschmückt, die verschiedene Ereignisse der Regierungszeit Hat-schepsuts festhielten, darunter das Fest der Ipet, der Göttin der geistigen Fruchtbarkeit. In diesem günstigen Augenblick wurde der *Ka* Pharaos erneuert; und der Pharao konnte die göttliche Energie durch den Leib Ägyptens strömen lassen. Die »Rote Kapelle« hieß eigentlich »Ort des Herzens Amuns«, und mit dem Herzen Amuns stand das Herz Hat-schepsuts in Verbindung.

Die Texte unterstreichen die enge Bindung Hat-schepsuts an ihren Vater Amun; der Gott sprach mehrfach direkt mit ihr und gab ihr Verhaltensanweisungen. Diese Worte des Gottes richteten sich unmittelbar an den vitalen Wesenskern, das Herz, das in der Hieroglyphenschrift durch die Abbildung eines Säugetierherzens wiedergegeben wird. Nachdem Hat-schepsut den Willen ihres himmlischen Vaters erkannt hatte, gab sie ihm sinnfälligen Ausdruck, indem sie mehrere Obelisken für ihn errichten ließ.[1] Sie tat, was ihr irdischer Vater, Thutmosis I., getan hatte.

Die Verwirklichung eines solchen Vorhabens war keine Kleinigkeit, mußte doch ein gewaltiger Monolith von über 300 Tonnen Gewicht im Granitbruch von Assuan aus dem Felsen gehauen, sodann nach Karnak transportiert und dort aufgestellt werden. Es bedurfte sieben Monate Arbeit, um zwei Obelisken zu errichten.

Sen-en-mut überwachte die Bauarbeiten und beaufsichtigte den Transport, für den eigens zwei riesige Schiffe von je 90 Meter Länge gebaut werden mußten. Jeder Kahn wurde von drei Gruppen aus zehn Barken gezogen; an der Spitze des Zuges lotete ein Fachmann die Tiefe des Nils mit einer Stange aus, um Sandbänken auszuweichen. Sen-en-mut verfolgte das Manöver von der komfortablen Kajüte des Admiralsschiffes aus. Dank der Geschicklichkeit der ägyptischen Seeleute verlief der Transport ohne größere Zwischenfälle.

Nach Ausweis der Bildreliefs im Tempel von Deir el-Bahari gab es bei der Ankunft der Obelisken in Theben »ein Fest im Himmel«; »Ägypten frohlockte beim Anblick dieses Monuments«. Schon beim Anlegen der Schiffe wurden Opferriten ausgeführt, die jubelnde Menschenmassen umrahmten: Ein Posaunenbläser ging an der Spitze einer Schar von Bogenschützen, die aus jungen Rekruten aus dem Süd- und dem Nordland bestand. Um nicht nachzustehen, spielten Matrosen Tamburin. Es war ein festlich gestimmter, ausgelassener Zug, der sich zum Amun-Tempel bewegte.

Im Innern des Heiligtums waren Lärm und Ausgelassenheit verboten; Seeleute und Soldaten machten dem Baumeister, den Ritualpriestern und den Technikern Platz, die mit der Aufstellung des Obelisken betraut waren. Hat-schepsut nahm die beiden steinernen Pfeiler in Empfang und bestaunte ihre vollkommene Gestalt.

Die Gegenwart der Obelisken vertrieb alle zerstörerischen Kräfte, sie beschützten den Tempel, indem sie negative Schwingungen von ihm fernhielten und das schöpferische Licht auf ihn hin lenkten. Sie erinnerten darüber hinaus an den Urstein, der am Anfang der Zeit als Sockel der Schöpfung diente.

Auf Befehl der Herrscherin hatte der Schatzmeister Djehuti

der Schatzkammer zwölf Scheffel Elektrum (mit Silber gemischtes Gold) entnommen, mit dem die Spitze der Obelisken verkleidet wurde. Die großen Pfeilermale ragten als Stein gewordene Sonnenstrahlen weit in den Himmel hinein und erhellten die Beiden Länder.

In den rosa Granit des Obelisken ließ Hat-schepsut folgende großartigen Worte einmeißeln[2]: »Ich habe diese (Obelisken) errichtet aus liebvollem Herzen zu meinem Vater Amun, nachdem ich zum ersten Mal sein Allerheiligstes betreten und seine vortreffliche Macht erfahren hatte. Ich vergaß nichts von dem, was er angeordnet hatte, denn Meine Majestät weiß, daß er göttlich ist. Ich handelte aber nach seinem Befehl, denn er ist es, der mich leitet. Ich hätte nicht an Bauarbeiten gedacht ohne sein Zutun. Er war es, der die Anweisungen gab. Ich schlief nicht wegen seines Tempels, ich vernachlässigte nicht, was er befohlen hatte. Mein Herz war Sia in bezug auf meinen Vater, denn ich war ja in seine Herzenswünsche eingetreten. Ich vernachlässigte nicht die Stadt des Allherrn, sondern ich habe ihr mein Antlitz zugewandt, denn ich wußte, daß Karnak der Horizont auf Erden ist, die prächtige Treppe des ersten Males (der Urzeit), das Auge des Allherrn, sein Lieblingsplatz, der seine Schönheit hochhebt und die, die nach ihm sind, sammelt.«

Im 20. Jahr der Herrschaft Hat-schepsuts wurde im Hathor-Tempel auf der Halbinsel Sinai eine Stele errichtet. Thutmosis III. hatte selbst die Expedition geleitet, die Türkise nach Ägypten bringen sollte; auf der Stele ist er zusammen mit Hat-schepsut dargestellt, die, sofern die Inschrift richtig entziffert wurde, damals noch am Leben war.

Für das 21. Jahr dagegen ist der Name Hat-schepsut kein einziges Mal belegt. Und im 22. Jahr seiner Herrschaft, die folglich nicht durch die Regierung der Pharaonin unterbrochen wurde, herrscht Thutmosis III. allein. Zweifellos war Hat-schepsut gestorben, doch berichtet kein Dokument von ihrem Ableben. Das ist nicht ungewöhnlich für das Alte Ägypten. Nur selten

Sarkophag Tut-anch-Amuns. Geflügelte Göttinnen beschützen den Sarkophag und fächeln dem auferstandenen Pharao die Luft des Lebens zu.

erwähnen die Texte die Geburt und den Tod eines Pharaos, und wenn sie es tun, dann auf symbolische Weise.

Der Tod Hat-schepsuts löste keinerlei Wirren aus; nach einer langen Wartezeit und einer außergewöhnlichen Vorbereitung auf die Ausübung der Herrschaft sollte sich Thutmosis III. als einer der bedeutendsten Monarchen der ägyptischen Geschichte erweisen.

Das Grabmal der Königin Hat-schepsut war in die Felswand getrieben worden, die das Westtal zwischen dem Tal der Könige und dem Tal der Königinnen beherrscht. In diesem Westtal werden die Pharaonen Amenophis III. und Eje, der Nachfolger Tut-anch-Amuns, beerdigt werden.

Dieses erste Grab Hat-schepsuts, das 67 Meter über der Talsohle und 40 Meter unterhalb des Gipfels der Felswand liegt, bot einen spektakulären Anblick. Doch was soll man erst von der zweiten Grabstätte, der des Pharaos Hat-schepsut, die die

Nummer 20 auf der Liste der Gräber im Tal der Könige trägt, sagen![3] Unweit des Grabmals ihres Vaters, Thutmosis' I., erreicht das der Hat-schepsut eine Tiefe von 97 Metern und beschreibt einen halbkreisförmigen Bogen von einer Länge von etwa 124 Metern! Muß man darin den ersten Abschnitt einer Spirale sehen, die das Symbol eines neuen Lebens ist? Dieser außergewöhnliche »Jenseitsweg«, der längste im Tal der Könige, endet in einer Gruft, die zwei Sarkophage beherbergte. Der erste, den Hat-schepsut für sich selbst vorgesehen hatte, nahm die Mumie ihres Vaters, Thutmosis' I., auf, der seine letzte Grabstätte verließ, um in der seiner Tochter zu ruhen. Der zweite Sarkophag, der von Pharao Hat-schepsut, wurde aus rotem Sandstein gefertigt. Der Deckel dieses im Ägyptischen Museum in Kairo aufbewahrten Sarkophags hat die Form einer Kartusche, die den Königsnamen enthält; im Innern der Kartusche vereinigt sich die Himmelsgöttin Nut mit der Königin, um sie unter den Sternen zu neuem Leben zu erwecken. Die handwerkliche Ausführung ist bemerkenswert: jede Seite ist vollkommen glatt, ebenmäßig und parallel zu der ihr gegenüberliegenden Seite, bei einer Abweichung von höchstens einem Millimeter! Einer der in den Sandstein gehauenen Texte berichtet, das Antlitz Hat-schepsuts habe das Licht empfangen und ihre Augen seien für die Ewigkeit geöffnet worden.

In zahlreichen Werken, darunter einigen, die als seriös gelten, liest man, der rachsüchtige und fanatische Thutmosis III. habe den Namen und die Darstellungen Hat-schepsuts ausmeißeln lassen, um das Andenken dieser Herrscherin, die ihn allzu lange von der Macht ferngehalten habe, auszulöschen. Kurz, eine düstere politische Abrechnung…, die jedoch nichts mit der ägyptischen Wirklichkeit zu tun hat! Thutmosis III. führte keine oppositionelle Fraktion gegen die Mehrheitspartei Hat-schepsuts an. Erinnern wir uns daran, daß er bei mehreren Amtshandlungen einbezogen wurde, daß Hat-schepsut ihn nicht »ausschaltete« und daß man ihn als Pharao in Deir el-Bahari, dem bedeutendsten Heiligtum Hat-schepsuts, den Gottesdienst zelebrieren sieht.

Als Thutmosis III. Alleinherrscher wurde, unternahm er keine Säuberungsaktion; die hohen Beamten, die Hat-schepsut gedient hatten, behielten ihre Ämter. Eigentlich gibt es keinen Beweis für den »Haß«, den Thutmosis III. gegen Hat-schepsut empfunden haben soll. Und was ist mit dem Aushacken der Darstellungen Hat-schepsuts? Sie sind nicht zu leugnen. Doch die Bilder und die Namen der regierenden Königin wurden an versteckten bzw. schwer zugänglichen Stätten ausgemeißelt und an sichtbaren und leicht zugänglichen Orten unbeschädigt gelassen! Thutmosis III. verschonte die bemerkenswertesten Bilder Hat-schepsuts; so ist der *Ka* der regierenden Königin in der Pfeilerhalle von Deir el-Bahari, die der Reise nach Punt geweiht ist, unbeschädigt. Durch seine bloße Anwesenheit macht er Hat-schepsut unsterblich. Zudem hat Thutmosis III. nicht vor dem 42. Jahr seiner Regierungszeit, also mehr als zwanzig Jahre nach dem Tod der Herrscherin, mit der sehr begrenzten Auslöschung des Namens und Bildes von Hatschepsut begonnen.

Thutmosis III. verfolgte offenbar die Absicht, seine Herrschaft mit der der beiden ersten Thutmosis zu verbinden, um so eine durchgehende Abstammungslinie der »Söhne des Thot« zu konstruieren. Und vergessen wir auch nicht, daß seine Große Königliche Gemahlin Merit-Re Hat-schepsut hieß, als ob das Andenken der Pharaonin durch den Königinnamen selbst bewahrt bleiben sollte.

Heute kann man mit Fug und Recht behaupten, daß die »Rache« des Thutmosis nur in der Phantasie einiger Ägyptologen stattfand. Ausmeißelung, Verbergung, begrenzte Auslöschung entsprechen magischen Strategien, die wir noch immer nicht auf völlig befriedigende Weise erklären können.

König Salomo bewunderte Ägypten. Er bewunderte es so sehr, daß er sich bei Regierung des Staates Israel vom Beispiel der pharaonischen Herrschaft leiten ließ.[4] In den »Sprichwörtern« und den Weisheitstexten, die er verfaßte, sowie im *Hohelied*, das ihm zugeschrieben wird, spürt man den Einfluß der ägyptischen Kultur. Hatte der gutaussehende Salomo nach der Überlieferung nicht eine Tochter des Pharaos geheiratet?

Eine einzige Frau erwies sich als ebenso klug wie Salomo und unterzog seine Intelligenz einer schweren Prüfung: die berühmte Königin von Saba, die aus einem fernen, sagenumwobenen Land stammte. Sie verführte ihn, nahm seinen Samen in sich auf, verließ Israel und brachte einen Sohn zur Welt, den Begründer einer Dynastie, den die Äthiopier als ihren Stammvater betrachteten.

War Hat-schepsut vielleicht das Vorbild für die Königin von Saba?[5] Schönheit, Intelligenz, Weisheit, Liebreiz, magische Kräfte... Gaben nicht diese Eigenschaften der Königin und Pharaonin ihr die Fähigkeit, über Ägypten zu regieren? Die verführerische Königin von Saba war vielleicht der letzte Traum Hat-schepsuts.

Teje, strahlende Königin

Thutmosis III. herrschte vierundfünfzig Jahre, von 1504 bis 1450 v. Chr. Auf ihn folgten Amenophis II. (1453–1419), der vierte und letzte Vertreter der Linie der Thutmosis (1419–1386), und Amenophis III., der siebenunddreißig Jahre lang ein reiches, glückliches und strahlendes Ägypten regierte. An der Seite des Herrschers ein Weiser, Amenophis, Sohn des Hapu, der in so hohem Ansehen steht, daß der Pharao einen Tempel für ihn erbauen ließ, in dem sein *Ka* verehrt wurde. Bis in die letzten Tage der ägyptischen Kultur wird das Andenken Amenophis', Sohn des Hapu, im Sanktuar von Deir el-Bahari verehrt, wo er neben Im-hotep sitzt.

Von den zahlreichen Meisterwerken aus der Zeit Amenophis III. ist der Tempel von Luxor zweifellos das imposanteste: Feinheit der Flachreliefs, Klarheit der Säulen, wunderbare Synthese von Stärke und Anmut. Das Licht der Herrschaft leuchtet uns aus jedem Stein entgegen.

Pharao verkörpert sich, um es noch einmal zu sagen, in einem Königspaar, und Amenophis III. wählte mit sicherem Gespür eine außergewöhnliche Gemahlin, Teje.

Die junge Frau gehörte nicht der Königsfamilie an. Vermutlich wurde sie im mittelägyptischen Achmim geboren (dem Panopolis der Griechen). Diese Stadt stand unter dem Schutz des Gottes Min, des Garanten für Fruchtbarkeit und die beständige Erneuerung der Natur. Ihr Vater Juja war Min-Priester, Vorsteher der Gespanne und Aufseher der Pferdeställe; er kümmerte sich mit großer Sorgfalt um die Pferde, die den Elitetruppen des ägyptischen Heeres vorbehalten waren. Brachte Juja dem König das Reiten bei? Nach seiner hervorragend erhaltenen Mumie zu urteilen, war der Vater der künftigen Königin ein hochgewachsener Mann von großer körperlicher Kraft. Seine Gemahlin Tuja war Aufseherin des Harims des Min; sie leitete somit eine zugleich religiöse und wirtschaftliche Institution.[1] Als Trägerin des uralten Titels »Zierde des Königs« hatte sie zweifellos Zugang zum Hof und nahm an Festen und Ritualen teil, denen der Pharao und sein Nachfolger beiwohnten.

Bei welcher Gelegenheit begegnete der künftige Amenophis III. der jungen Teje? Wir wissen es nicht. Daß er eine Frau heiratete, die nicht zum Kreis der höchsten Persönlichkeiten des Hofes zählte, stellte kein Problem dar. Anläßlich der Vermählung wurden Skarabäen aus Fayence angefertigt, die etwa zehn Zentimeter lang waren, auf denen folgende Worte zu lesen sind: »Pharao und die große königliche Gemahlin Teje, sie lebe! Der Name ihres Vater ist Juja, der Name ihrer Mutter ist Tuja. Teje ist die Gemahlin eines starken Königs, dessen Südgrenze bis Kari (im Sudan) reicht, dessen Nordgrenze bis Naharina (in Vorderasien) reicht.«

Diese kleinen Objekte wurden in sämtliche ägyptischen Verwaltungsbezirke und sogar zu fremden Völkern verschickt, um die Herrschaft des neuen Königspaares bekanntzugeben. Da die ägyptische Post gut funktionierte, verbreitete sich die Neuigkeit in Windeseile.

Teje liebte ihre Eltern sehr, wie man schon daraus ersieht, daß sie ihre Namen unbedingt auf dem Skarabäus erwähnen wollte. Sie verbrachten ihren Lebensabend in der Nähe der Königin, die auch ihren Bruder Anen nicht vergaß, der hohe Ämter in der Priesterschaft des Amun und des Re-Atum bekleidete und einer der Vertrauten des Pharaos wurde.

Es ist immer problematisch, im Zusammenhang mit der ägyptischen Kunst das Wort »Porträt« zu benutzen, da die Bildhauer, »Die das Leben schenken«, sich vornehmlich um die Darstellung des *Ka* eines Menschen, seiner unvergänglichen Energie, und nicht seiner körperlichen Individualität bemühten. Allerdings kann man in manchen Fällen – bei Vorstudien, Entwürfen oder Werken nicht-offiziellen Charakters – einen Eindruck von der wirklichen Physiognomie der einen oder anderen hochstehenden Persönlichkeit gewinnen.

Im Fall der Königin Teje vermitteln uns vielleicht zwei kleine Köpfe ein authentisches Porträt. Der bekannteste wurde in einem Sanktuar in Serabit el-Chadim im Sinai gefunden; er ist 7 Zentimeter hoch und 5 Zentimeter breit und wurde aus Steatit, einem grünen Schieferstein[2], gehauen. Sagen wir es ganz offen: Dies ist nicht das Gesicht einer weichherzigen Frau. Die Augen sind schmal, die Backenknochen stehen hervor, die Lippen sind hart zusammengepreßt und das Kinn ist klein und spitz. All dies unterstreicht ihre Willenskraft und ihr hochmütiges, herrschsüchtiges Wesen.

Das zweite »Porträt« wurde in Medinet Gurob im Fayum gefunden; es handelt sich um einen kleinen, 11 Zentimeter hohen Kopf aus Eibenholz, der im Ägyptischen Museum von Berlin[3] aufbewahrt wird. Die gleiche Unbändigkeit, die gleiche Entschlossenheit, die gleiche innere Kraft. Offenkundig eine Frau von großem Machtwillen.

In der letzten Ruhestätte des Cheru-ef (thebanisches Grab Nr. 192), deren Reliefs zu den vollkommensten Meisterwerken der ägyptischen Kunst zählen, ist Königin Teje als die Goldgöttin Hathor dargestellt, die an der rituellen Wiedergeburt des

Königs mitwirkt. Sie bietet ihm ihren magischen Schutz an und verheißt ihm eine Herrschaft von Millionen Jahren, während Priesterinnen dieses Freudenfest mit Tänzen und Gesängen feiern. Gemeinsam mit ihrem Sohn Amenophis IV., der sich noch nicht in Echnaton umbenannt hatte, bringt die Königin den Gottheiten, vor allem dem Schöpfergott Atum, Opfergaben dar. Der künftige Pharao huldigt außerdem Re, dem Gott von Heliopolis, und seinen eigenen Eltern, Amenophis III. und Teje, beiden nicht mehr als Individuen, sondern als unsterblichem Königspaar.

Bei der rituellen Wiederbelebung des Pharaos tritt Teje als Hohepriesterin auf, die in die Mysterien der Hathor eingeweiht ist. Sie trägt das Halsband der Wiedergeburt und auf dem Kopf eine Uräuskrone, die von zwei Federn und einer Sonnenscheibe überragt wird. Teje wohnt dem Höhepunkt des Rituals bei: der Aufrichtung des Pfeilers der »Dauer *(djed)*«, der die Auferstehung des Osiris versinnbildlicht.

Die Königin Teje wurde an allen herausragenden Ereignissen der Regierungszeit beteiligt und »leitet Ober- und Unterägypten«. Zahlreiche amtliche Urkunden tragen den ausdrücklichen Vermerk: »Unter der Majestät König Amenophis III. und der Großen Königlichen Gemahlin Teje«. Und ein Text im Grab des Cheru-ef enthält folgenden bedeutsamen Hinweis: »Sie gleicht Ma'at (der Weltordnung), die Re (den Sonnengott) begleitet, und sie befindet sich daher im Gefolge Deiner Majestät (des Pharaos).« Die Königin ist als irdisches Abbild der Ma'at zugleich die unzerstörbare Harmonie des Kosmos und der immaterielle Sokkel, auf dem die ägyptische Gesellschaft errichtet ist.

Das Königspaar ließ im fernen Sudan zwei Tempel erbauen, den einen in Soleb, zum Zweck der fortwährenden Erneuerung des königlichen *Ka*, den anderen in Sede-inga, in dem die Königin mit ihrer magischen Kraft das Fortleben der Seele Pharaos sicherstellte. Diese beiden Heiligtümer prägen als untrennbare Einheit das Bild des Königspaares und nehmen so die symbolische Programmatik der Tempel von Abu Simbel für Ramses II. und Nefertari vorweg.

Es ist viel über die Vergnügungssucht Amenophis' III., seine zahllosen Frauen, seinen orientalischen Müßiggang geschrieben worden, wobei man Phantasien auf Ägypten projizierte, die nichts mit der altägyptischen Wirklichkeit zu tun haben. Nehmen wir ein konkretes Beispiel: Im zehnten Jahr seiner Herrschaft vermählt sich Amenophis III. mit Giluchepa, der Tochter des König von Mitanni, einem vorderasiatischen, vordem feindlichen Reich. Diese diplomatische »Heirat« diente dazu, den Frieden zu besiegeln und in Zukunft Streitigkeiten zu vermeiden. Es wurden Skarabäen hergestellt, die die Titulatur Amenophis' III. und Tejes trugen, die beide hierdurch die Notwendigkeit dieses politischen Aktes verkündeten. Teje mußte nicht gegen eine fremdländische Geliebte kämpfen, denn Giluchepa nahm, wie die anderen »diplomatischen Gemahlinnen« des Neuen Reichs, einen ägyptischen Namen an und lebte am Hof.

Teje hielt sich die meiste Zeit über in der herrlichen Stadt Theben auf, der Hyksos-Bezwingerin, die durch eine Frau mit Bogen, Pfeilen und weißer Keule symbolisiert wurde. Theben mit den grünen Gärten, den zahllosen Wasserbecken, den großen, von Bäumen umsäumten Villen, den prachtvollen Tempeln, in denen die Gottheiten wohnten. Theben, die Königin der Städte und die Gebärmutter der Welt. Theben, wo man sich bei den Banketten gegenseitig an Eleganz überbieten wollte und wo man glückliche Tage verlebte.

Teje verfügte über eine leistungsfähige Verwaltung, das »Haus der Königin«, das in das »Haus des Pharaos« eingegliedert war. Was wir heute »Palast« nennen, war damals ein Gebäudekomplex, der zugleich sakralen und weltlichen Charakter hatte und in dem Priester und Beamte nebeneinander lebten. Im »Haus der Königin« gab es Werkstätten, die von Handwerkern, Bäkkern, Bierbrauern, Tischlern und Goldschmieden bevölkert waren, Speicher, eine Schatzkammer, medizinische Behandlungsräume und Laboratorien. Die Herrscherin traf sich mit ihren Haushofmeistern und ihren Vorarbeitern, achtete auf die ordnungsgemäße Verwaltung ihres Vermögens und benahm sich wie eine echte Unternehmerin.

Im elften Jahr seiner Herrschaft, am ersten Tag des dritten Monats der ersten Jahreszeit – also Ende September –, befahl der König, einen See zu Ehren der Großen Königlichen Gemahlin Teje anzulegen. Als Ort wurde Djaruha, nördlich der Stadt Achmim, aus der die Eltern der Königin stammten, ausersehen.

Die Abmessungen des Sees waren recht beeindruckend: Er hatte eine Länge von 3700 Ellen (fast 2 Kilometer) und eine Breite von 700 Ellen (365 Meter). Auch in diesem Fall wissen wir dank der »Ausgabe von Skarabäen«, dem bevorzugten Nachrichtenmedium der damaligen Zeit, von diesem Ereignis. Die ägyptischen Ingenieure und ihre Arbeiter gingen so geschickt ans Werk, daß die feierliche Eröffnung des Sees... fünfzehn Tage später stattfand, was unmöglich erscheint.

Bei dieser Gelegenheit fuhr die Königsbarke, die zweifellos mit Gold überzogen war, auf dem See und leuchtete wie tausend Blitze. Diese Barke trug den vielsagenden Namen »Aton strahlt«. Aton ist der ägyptische Name für die Sonnenscheibe. Aton ist jener Gott, den der Pharao Echnaton einige Jahre später in seinen Namen aufnehmen und für den er eine neue Hauptstadt erbauen sollte.

Handelte es sich wirklich um einen Lustsee, der die Königin zerstreuen sollte? Mitnichten. Wie Jean Yoyotte gezeigt hat, wollte der König ein Bewässerungsbecken anlegen, um den Ertrag des Fruchtlandes zu verbessern. Durch Schließen der durch die Dämme führenden Kanäle hatten die Techniker einen künstlichen »See« angelegt, dessen Wassermassen ausgereicht haben dürften, um den Boden gut aufzuweichen und seine Bestellung zu erleichtern. Die eigentliche Öffnung dieses Bekkens bestand darin, die Kanäle zu durchstechen, damit das Wasser abfließen konnte. Zuvor hatte die rituelle Fahrt mit der Barke »Aton strahlt« dem Becken einen sakralen Charakter verliehen und die Erde fruchtbar gemacht. Die Königin hatte ein weiteres Mal ihre göttliche Aufgabe erfüllt.

Nachdem Teje mehrere Jahre lang glücklich gelebt hatte, wurde ihr eine furchtbare Prüfung auferlegt: der Tod Amenophis' III.

Auf einen Gedenkskarabäus ließ sie folgende bewegende Inschrift gravieren: »Die große königliche Gemahlin Teje hat dieses Dokument aufgesetzt, das ihr gehört, für ihren inniggeliebten Bruder, den Pharao.« Dieser inniggeliebte Bruder, mit dem sie Ägypten weise regiert hatte, war in den Schönen Westen gegangen und hatte sie allein an der Spitze des Staates zurückgelassen.

Zwei Kinder kamen als Thronfolger in Betracht. Ein Mädchen, Sat-Amun, »die Tochter Amuns«, und eine Junge, der dazu berufen war, der vierte in der Linie der Amenophis' zu werden. Doch beide waren jung und unerfahren.

Teje mußte die Prüfung meistern und die Regierungsgeschäfte übernehmen. In einem Brief schrieb der König von Mitanni, Tuschratta, an die Königin: »Du kennst alle Worte, die ich mit deinem Gemahl wechselte. Nur du kennst sie.« Tatsächlich war Teje die einzige Person, die sämtliche Staatsgeheimnisse kannte und das ägyptische Staatsschiff zu steuern wußte. Dieses Wissen gab sie an ihre Kinder weiter; der junge Amenophis IV. und seine Gemahlin, Nofretete, waren ihre gelehrigen Schüler.

Die Spuren der Tochter der Königin, Sat-Amun, verlieren sich bald. Zweifellos verfügte sie über eine große Domäne und eine herausragende Stellung am Hof. Doch sie verschwand aus den amtlichen Urkunden, sei es aufgrund eines vorzeitigen Todes, sei es, weil sie der Bürde der Macht entsagte.

So rückte ein neues Königspaar, Amenophis IV. und Nofretete, in den Mittelpunkt, freilich nicht ohne einen Skandal auszulösen. Nach einem »traditionellen« Regierungsbeginn änderte Amenophis IV. seinen Namen, das heißt sein religiöses und politisches Programm, und nannte sich fortan Echnaton, »Der dem Aton wohlgefällig ist«, wobei er bewußt mit der Konnotation »glänzend« im Worte *Ach* spielte. Da Aton ein Gott war, der keinen eigenen Kultort auf ägyptischem Staatsgebiet besaß, gründete Echnaton für ihn im mittelägyptischen Tell el-Amarna eine Stadt, Achet-Aton, die »Lichtung des Aton«. Der Hof zog um, und Theben verlor an Bedeutung. Beachtlich ist, daß kein Bürgerkrieg ausbrach, noch beachtlicher freilich: Echnaton selbst legte die Grenzen seiner »Erneuerung« in Raum und Zeit fest: Das Gebiet des Gottes Aton wurde durch Marksteine in Form von Stelen eingegrenzt; zeitlich sollte die Vormachtstellung des Aton nach dem Tod des Königs zu Ende gehen.

Welche genaue Rolle spielte Teje bei dem, was man zu Unrecht eine »Revolution« genannt hat? Es wäre zweifellos überzogen, sie als die treibende Kraft anzusehen, doch widersetzte sie sich auch nicht. Wie hätte sie als Witwe auch gegen den Willen des Königs aufbegehren können? Offenbar stand sie ihrem Sohn weiterhin nahe und diente als Bindeglied zwischen Theben und der Hauptstadt des Gottes Aton, wo sie in einem Palast wohnte, den ihr Sohn für sie hatte erbauen lassen. Theben war nicht zu einer menschenleeren Stadt geworden, und Teje mußte ziemlich viele Reisen unternehmen, um die Bande zwischen den Städten des Amun und des Aton aufrechtzuerhalten.

Wenn sich Teje in der neuen Hauptstadt aufhielt, wurden Festmahle zu ihren Ehren veranstaltet. Nofretete empfing sie herzlich, Echnaton nahm sie mit zum Tempel des Aton. In dem großen Hof, der von den lebenspendenden Sonnenstrahlen überflutet wurde, hielt der König seine Mutter an der Hand; würdevoll und gelassen verharrten sie in stiller Andacht. Dies beweist nicht nur ihre gegenseitige Zuneigung und Wertschätzung, sondern auch, daß sich Echnaton in eine dynastische Kontinuität stellte, deren Garantin die Königin-Mutter war, und daß er die Institution des Pharao in keiner Weise veränderte.

Alarmiert Teje, die bestens über die internationale Politik unterrichtet ist, Echnaton, als sich das Ansehen Ägyptens zu trüben beginnt? Der König, der ganz von der Verwirklichung seiner Sonnenmystik in Beschlag genommen wurde, nahm beunruhigende Meldungen aus den Fremdländern einfach nicht zur Kenntnis. Als seine Mutter im achten Jahr seiner Herrschaft starb, hinterließ sie eine Lücke, die nicht geschlossen werden konnte.

Wo wurde Teje begraben? Starke Indizien deuten auf das Grab Nr. 55 im Tal der Könige hin, eine schlichte Grabstätte ohne Reliefverzierung, die typisch für Personen ist, die keine Pharaonen waren, aber dennoch das bemerkenswerte Privileg genossen, an diesem einzigartigen Ort ihre letzte Ruhestätte zu finden.

Dieses Grab enthielt Objekte, die den Namen Amenophis III. und Teje trugen. Nach Aussage eines der Ausgräber war das Grab mit einem Schlitten für die Mumie, einem Sarg, Amuletten, Parfumphiolen und mehreren seltenen Kunstgegenständen ausgestattet ..., die jedoch leider zerstört worden seien, als man sie aus der Gruft herausholen wollte! Unveröffentlichte Aufzeichnungen und wenig zuverlässige Grabungsberichte vereiteln auch weiterhin die Lösung des Rätsels. Sollte das Grab Nr. 55 ursprünglich die Mumie von Teje beherbergen und diente es dann als Versteck für die Mumie Echnatons, bevor es in der Ramessidenzeit aufgegeben wurde? Plausible Hypothesen, aber eben bloß Hypothesen.

Das Andenken der großen Königin überdauerte; Totenstiftungen in Theben und in Mittelägypten veranstalteten Gedenkfeiern für sie, und man weihte ihr einen Kult. Als Große Königsgemahlin eines weisen und wohltätigen Herrschers, als Königin des Übergangs zwischen der glänzenden Epoche Amenophis' III. und dem religiösen Experiment Echnatons hatte Teje ihrer Zeit ein unauslöschliches Gepräge verliehen.

Nofretete – Gemahlin der Sonne

Wer hat beim Durchblättern eines Buches oder einer Zeitschrift noch nicht das wunderschöne Antlitz Nofretetes gesehen[1], und wen haben so viel Anmut, Schönheit und Erhabenheit nicht berückt? Es fehlen einem die Worte, um diese Frau von strahlender Hoheit, deren Lächeln von einem inneren Licht beseelt ist, das die Jahrtausende überdauert hat und uns im Herzen anrührt, zu beschreiben. »Glänzend an Antlitz,« heißt es im Text einer Grenzstelle der Stadt des Aton, »fröhlich geschmückt mit der Doppelfeder, Herrin des Glücks, versehen mit allen Tugenden, die, an deren Stimme man sich labt, Dame voller Anmut, groß an Beliebtheit, deren Gefühle den Herrn der Beiden Länder erfreuen.«

Zwei Porträts sind erhalten geblieben. Das erste, heute im Ägyptischen Museum in Kairo, wurde von dem Engländer Pendleburry bei der Grabungskampagne 1932–1933 in Tell el-Amarna entdeckt; dieser in Stein gehauene Kopf mit nicht eingelegten Augen sollte auf eine Statue gesetzt werden. Das Werk strahlt eine wunderbare geistige Kraft aus; eine Frau, die ganz vom Wesen des Lichts durchdrungen scheint, ist in die stille Betrachtung des Gottes versunken, der jenseits der sichtbaren Welt existiert. Keine Inschrift erlaubt uns, die Figur zweifelsfrei als Nofretete zu identifizieren, auch wenn sich die Kunsthistoriker darin einig sind, daß es sich um die Gemahlin Echnatons handelt.

Die berühmte Büste, die im Ägyptischen Museum von Berlin aufbewahrt wird, ist eine kleine, 50 Zentimeter hohe Skulptur. Sie wurde am 6. Dezember 1912 von einem deutschen Team unter Leitung von Ludwig Borchardt gefunden. Der Fundort ist bemerkenswert: die Werkstatt des Bildhauers Thutmosis. Dieses faszinierende Meisterwerk ist in Wirklichkeit nur ein unvollendetes Modell, das zurückgelassen wurde, als der Künstler wieder nach Theben zurückkehrte. Die eigentümliche Krone, die Nofretete auf den amarnischen Flachreliefs trägt, erlaubt uns, sie mit Sicherheit zu identifizieren. Die Feinheit des Halses, die Klarheit des Gesichts und das Mienenspiel, in dem sich Sanftmut mit innerer Ruhe verbindet, zeugen von dem Genie des Bildhauermeisters und von der Schönheit der Königin.

Der Name Nofretete bedeutet »Die Schöne ist gekommen«. Einige Ägyptologen vermuteten, die Königin sei fremdländischer Abstammung, doch das ist nicht der Fall. Ihr Name ist typisch ägyptisch und bezieht sich, wie wir noch sehen werden, auf ihre göttliche Funktion.

Nofretete, die Tochter Amenophis' III. und der Teje? Nichts belegt diese zweite Hypothese. Da kein Text die Namen der Eltern der Großen Königlichen Gemahlin Echnatons angibt, ist es am vernünftigsten, davon auszugehen, daß sie eine Dame des Hofes war, vielleicht die Tochter eines hochstehenden Würdenträgers wie Eje, der sich nach dem Tod Tut-anch-Amuns zum Pharao aufschwingt. Und nichts verbietet uns anzunehmen, daß Echnaton eine sehr schöne, wenn auch mittellose junge Frau heiratete.

Nur eines wissen wir mit Sicherheit: Die Amme Nofretetes hieß Teje, nicht zu verwechseln mit Teje, der Großen Königlichen Gemahlin Amenophis' III. Diese Teje ist die spätere Gemahlin Ejes.

Der Name »Nofretete«, genauer: *Nefret-iti*, bedeutet, wie schon gesagt, »Die Schöne ist gekommen«. Diese »Schöne« ist die ferne Göttin, die, nachdem sie die Schöpfersonne verlassen hat, in die nubische Wüste gezogen ist. Ohne sie sind die Beiden Länder zu Unfruchtbarkeit und Verwüstung verdammt. Dank des Eingreifens der Gottheiten, vor allem Thots und Schus, kehrt die ferne Göttin nach Ägypten zurück, und der Natur und allen Lebewesen wird das Glück wieder hold sein.

Nofretete ist die Verkörperung der Göttin, die kommt bzw. eigentlich zurückkommt, um den Pharao mit ihrer Liebe zu überhäufen, auf daß er strahlt wie eine Sonne. Zugleich Hathor, die himmlische Liebe, und Ma'at, die unwandelbare Ordnung, erschafft sie das Licht neu und beschützt den König, der dazu berufen ist, das Licht auf Erden erstrahlen zu lassen.[2] Das war übrigens die wichtigste Aufgabe aller ägyptischen Königinnen.

Da während der Regierungszeit Echnatons der Aton-Kult im Zentrum des religiösen Lebens stand, nannte sich Nofretete auch »Vollkommen ist die Vollkommenheit Atons«, und um ihretwillen ging die Sonnenscheibe auf. Wenn sie unterging, loderte Atons Liebe zu ihr doppelt so hell. Im großen Aton-Tempel standen Statuen der Göttin Nofretete, zu der man betete, auf daß sie die Beiden Länder weiterhin ergrünen ließ.

Echnaton, der die Macht des Aton-Lichtes herausstellen wollte, ließ die Osiris-Mysterien zur Bedeutungslosigkeit verkommen. Allerdings mußten die Auferstehungsriten auch weiterhin vollzogen werden, insbesondere mußten die vier Göttinnen, die an den Ecken des königlichen Sarkophags aufgestellt waren (darunter Isis und Nephthys), die magischen Litaneien rezitieren. Nofretete nahm ihren Platz ein.

Die Anbetungsszene im Grab des Ipi zeigt, gemäß der Ikonographie der Amarna-Zeit, den König, die Königin und ihre Tochter bei der gemeinsamen Verehrung einer vergöttlichten Sonne, deren Strahlen in Händen auslaufen, die Leben spenden. Bemerkenswertes Detail: Nofretete hält Aton ein Tablett entgegen, auf dem eine Kartusche mit den eingeschriebenen Namen des Gottes und eine kleine Statuette stehen; diese Statuette stellt eine sitzende Königin dar, die ein Gebet an diese göttlichen Namen richtet, eine Königin, die niemand anderer ist als ... Nofretete selbst! Offenkundig ist Nofretete hier als Göttin dargestellt. Sie ist die weibliche Sonne, die Leben spendet.

In einigen Inschriften folgt auf den Namen des Königs nicht sein Vorname, sondern der Name der Königin, als ob sie zu zweit nur einen Namen bildeten, ein königliches Wesen, dessen beide Elemente untrennbar waren.

Keine sakrale Handlung konnte ohne Nofretete vollzogen werden. Das Königspaar setzte sich aus zwei Persönlichkeiten zusammen, die vor Gott Aton ebenbürtig waren; König und Königin richten die gleichen Gebete an ihn, bringen ihm die gleichen Opfergaben dar, spenden ihm den gleichen Weihrauch. Diese Anbetungsszenen finden sich in großer Zahl und geringer Variation. Sie schmückten die Wände von Tempeln und Gräbern und stellten die symbolische »Programmatik« der Amarna-Zeit dar.

Gewöhnlich erschien der Pharao allein auf seinem Wagen.

Echnaton dagegen umarmt in seiner neuen Hauptstadt Amarna vor aller Augen zärtlich seine schöne Gemahlin unter den Strahlen der Sonne. Auf dem Wagen befindet sich noch eine weitere Person: eine der Töchter des Königspaares, die, während sich ihre Eltern umarmen, nur Augen hat für die Pferde, deren Köpfe mit großen bunten Federn geschmückt sind.

Als das Königspaar noch in Theben wohnte, nahm Nofretete an der feierlichen Einsetzung des Wesirs Ra-mose teil und zeigte sich am »Erscheinungsfenster«, um den hohen Würdenträger zu beglückwünschen. In der Stadt Atons empfing Nofretete, neben ihrem Gemahl thronend, die Botschafter Kleinasiens und Nubiens, die dem Pharao ihre Tribute darbrachten.

Kann man annehmen, daß Nofretete mehr als nur eine Königin war und allein regierte? Ihre eigentümliche Krone, die große Ähnlichkeit mit der roten Krone Unterägyptens hat, scheint dafür zu sprechen. Als Hohepriesterin des Gottes Aton verfügte Nofretete über einen eigenen sakralen Raum, »Schatten des Re« genannt. Vermutlich leitete der König den morgendlichen Kult und die Königin den abendlichen. Nofretete konnte selbständig Rituale leiten und Aton allein Opfergaben darbringen.

Die Königin genoß zudem das bemerkenswerte Vorrecht, sich auf ihrem eigenen Wagen fortbewegen zu dürfen, der, wie der des Königs, mit einem Bogen und Pfeilen ausgerüstet war. Auf einem Steinblock, der im Museum of Fine Arts in Boston aufbewahrt wird, ist ein noch erstaunlicheres Detail festgehalten: An Bord einer Königsbarke packt die gekrönte Nofretete einen Gegner am Schopf und schlägt ihn mit einer Keule. Auf diese Weise versinnbildlicht sie den Sieg der Ordnung über das Chaos. Normalerweise führt nur der herrschende Pharao diese rituelle Geste aus, die auch auf einem Steinblock in Karnak dargestellt ist.

Nach Ansicht einiger Ägyptologen berechtigt diese Kette von Indizien zu der Annahme, daß Nofretete wie Hat-schepsut eine Pharaonin war. Die Hypothese würde zur Gewißheit, wenn es gelänge zu beweisen, daß die Königin Echnaton überlebte und ihren Namen wechselte, um als »Semench-ka-Re« allein zu regieren. Doch die Quellenlage ist zu spärlich und zu widersprüchlich, als daß man gegenwärtig eine definitive Schlußfolgerung ziehen könnte.

Dem Königspaar lag viel daran, seine getreuen Anhänger zu belohnen; die betreffenden Persönlichkeiten fanden sich vor dem Königspalast ein, an dessen Erscheinungsfenster sich Nofretete und Echnaton, beide mit Krone, zeigten. Nofretete beging diese Festlichkeit manchmal auch allein; einmal zeichnete sie eine Frau aus, Meret-Re, die bei dieser Gelegenheit übrigens nicht von ihrem Gatten begleitet wurde. Die Dame Meret-Re, »die vom Sonnengott Geliebte«, putzte sich zu diesem Anlaß heraus: eine große und lange Perücke, die von einem Salbkegel überragt wurde, ein sorgfältig geschminktes Gesicht, ein langes, durchsichtiges Kleid, das ihre reizvollen Formen erahnen läßt. Sie wird von mehreren Dienerinnen und Dienern begleitet, die Gefäße, Blumen und Musikinstrumente tragen. Der Ort, an dem sich dieses Ereignis abspielt, ist von berückender Schönheit, denn der Palast der Königin liegt inmitten eines mit Bäumen und Weinstöcken bepflanzten Gartens. Eine der Dienerinnen trinkt im Schutz der Wand, die ihre Gefährtinnen bilden, als sie sich vor Nofretete niederwerfen, verstohlen einen Kelch Wein. Kinder, die sich unbemerkt Zutritt zu der Zeremonie verschafft haben, die trotz ihres protokollarischen Charakters nichts Frostiges hat, werden von einem Aufseher, der einen Stock trägt, zurechtgewiesen. Nachdem Meret-Re ein goldenes Halsband erhalten hat, wird sie von einem Verwandten, der ihr die Hand reicht, nach Hause geleitet, gefolgt von ihren Freundinnen.

Der Höhepunkt des Aton-Kults war die Preisung des Lichts durch die Königsfamilie. Im riesigen Hof des großen Aton-Tempels weihten der König und die Königin Nahrungsmittel, die auf einem großen Altar lagen, zu dem man über eine Rampe gelangte, als Opfergaben. Echnaton und Nofretete standen auf einer

Grab des Rai. Eine elegante Thebanerin mit einem Salbkegel auf dem Kopf.

Art Podest nebeneinander, umgeben von ihren Töchtern, hohen Würdenträgern, Ritualpriestern und Hofdamen. Alle anwesenden Personen waren in tiefe Andacht versunken und empfingen in ihrem Herzen die Erleuchtung durch die Sonne.

Szenen, die in einer für die ägyptische Kunst völlig ungewöhnlichen Weise dargestellt sind, erlauben uns, am Privatleben der Königsfamilie teilzunehmen. Wir sehen, wie Nofretete einer ihrer Töchter die Brust gibt, wie sie sich das Kinn von einer anderen streicheln läßt, ihre Kinder auf dem Schoß hält, während sie selbst auf dem Echnatons sitzt. Wir wohnen auch einem Mahl bei, das die königliche Familie einnimmt, die sich übrigens sehr freizügig kleidet.

Echnaton und Nofretete möchten deutlich zum Ausdruck bringen, daß sie dank der Kraft, die ihnen der Gott Aton Tag für Tag schenkt, eine glückliche, heitere, strahlende Familie sind. Sie präsentieren ein ideales Vorbild, gegründet auf der Verehrung des Lichtes. Das ist übrigens der Grund, warum die kleinen Mädchen in Kulthandlungen einbezogen werden.

Das Paar hatte sechs Töchter: drei vor dem sechsten Jahr der Herrschaft, die vierte zwischen dem sechsten und dem neunten Jahr und die letzten beiden zwischen dem neun und zwölften Jahr. Es wird ausdrücklich erwähnt, daß eine jede die Tochter der Großen Königlichen Gemahlin Nofretete ist.

Kurz nach dem zwölften Jahr der Regierungszeit sollte das Königspaar von einer grausamen Schicksalsprüfung heimgesucht werden: dem Tod Maket-Atons, ihrer zweitgeborenen Tochter. Für diese Familie, die ihren innigen Zusammenhalt als mustergültiges Beispiel für die Wohltaten Atons ausgab, war dies ein tiefes Trauma. Sie mußten die Totenriten zelebrieren und das Begräbnis in der Familiengruft durchführen; eine Szene zeigt Echnaton und Nofretete vor dem Totenbett in Tränen aufgelöst.

Das schöne Gebäude, welches das Sonnenpaar errichtet hatte, bekam durch den Tod Maket-Atons Risse, die sich nicht mehr kitten ließen. Nofretete war tief betrübt über diesen Verlust. Starb sie kurze Zeit später?

Einige Ägyptologen, die die Darstellungen der jungen Mädchen veristisch interpretierten, waren der Ansicht, daß ihr länglicher Schädel der ästhetische Ausdruck einer Krankheit war. »Ästhetisch« ist das Schlüsselwort: in einigen Szenen sind *sämtliche* Personen mit der gleichen Mißbildung dargestellt. In Amarna gefundene Skulpturen zeigen uns dagegen »klassische« Gesichter. Daher entbehrt die Annahme einer Pathologie jeglicher Grundlage.

Sechs Töchter ... und kein Sohn? Einige Wissenschaftler würden Tut-anch-Amun, dessen Eltern unbekannt sind, gern zum Sohn von Echnaton und Nofretete machen. Bislang gibt es allerdings keinen eindeutigen Beleg für diese Hypothese.

Über den Tod Nofretetes wurden – manchmal unter dem Deckmantel einer »seriösen« Ägyptologie – phantasievolle Romane geschrieben. Man sprach von einem Zerwürfnis zwischen Echnaton und Nofretete, von ihrer Isolierung in einem Palast der Sonnenstadt, von ihrem Machtantritt an der Spitze einer Oppositionspartei und so weiter.

Wir wissen nicht, wann und unter welchen Umständen Nofretete starb. Wir können allenfalls vermuten, daß sie vor Echnaton verstorben ist.

Eine der Töchter des Sonnenpaares, Merit-Aton, vermählte sich symbolisch mit ihrem Vater, aber genügt diese Tatsache als Beweis für das Ableben Nofretetes? Denn Merit-Aton, »die Geliebte des Aton«, galt schon zu deren Lebzeiten als drittes Glied der Dreifaltigkeit, das aus Vater, Mutter und Kind bestand. Merit-Aton nimmt an zahlreichen Zeremonien teil; hinter ihrer Mutter gehend, betätigt sie ein Sistrum, um unheilvolle Einflüsse fernzuhalten. Sie besaß eine eigene Villa in der Sonnenstadt, schien für die höchsten Ämter bestimmt zu sein und erhielt den Titel einer »Großen Königlichen Gemahlin«. Doch plötzlich verschwand sie von der öffentlichen Bühne, ohne daß wir wissen, ob sie jung gestorben ist oder ob sie beschlossen hatte, sich aus dem politischen Leben zurückzuziehen.

Es gibt noch ein weiteres Rätsel: Der Name Nofretetes findet sich teilweise in dem Namen Semench-ka-Res wieder, des ephemeren Herrschers, den Echnaton kurz vor seinem Tod zum Mitregenten einsetzte. Handelt es sich um Nofretete, die unter einem anderen Namen zum Pharao erhoben wurde, oder um einen symbolisch erneuerten Echnaton oder um einen Würdenträger der Sonnenstadt, der als Nachfolger ausersehen wurde?

Wo wurde Nofretete bestattet? Vermutlich in dem großen Grab, das für die Königsfamilie bestimmt und ziemlich weit von der Hauptstadt entfernt, in der Wüste angelegt worden war. Die Archäologen fanden es geplündert und verwüstet vor.

Ist die Mumie, die im Grab Nummer 55 im Tal der Könige lag, die Nofretetes? Die Namen wurden unkenntlich gemacht, das Gesicht wurde herausgemeißelt. Handelt es sich um Echnaton, um Semench-ka-Re, um die Königin Teje oder um Nofretete? Eine Fülle von Fragen, die weiterhin ihrer Beantwortung harren.

Nofretete, die Gemahlin der Sonne, zieht uns weiterhin in ihren Bann. Denkt man beim staunenden Betrachten ihrer Porträts nicht zwangsläufig an ihre wohlklingende Stimme, die die Allmacht des Lichtes pries?[3]

Die Grosse Königliche Gemahlin Tut-anch-Amuns

Im nördlichen Palast der Sonnenstadt lebte ein junges Paar, das aus einer der Töchter Nofretetes, Anch-es-en-pa-Aton, »Sie lebt für Aton«, und dem Prinzen Tut-anch-Aton, »Lebendiges Abbild des Aton«, bestand. Sie genossen das Wohlleben am Hof und machten sich keine Gedanken über die Bürde des Herrscheramtes. Echnaton und Nofretete regierten – weshalb sich also Sorgen um die Zukunft machen?

Doch die Ereignisse überschlugen sich. Nach dem Tod Echnatons wurde die junge Anch-es-en-pa-Aton Garantin der Legitimität der Herrschaft, und ihr noch halbwüchsiger Gemahl wurde zum Pharao gekürt. Die Zeit der Sorglosigkeit und der Zerstreuungen nahm ein plötzliches Ende. Nachdem das Experiment der »Aton-Religion« beendet war, mußten sie die Sonnenstadt verlassen und nach Theben zurückkehren. In kurzer Zeit wurde die Hauptstadt Echnatons aufgegeben, bald war sie menschenleer.

Wichtigstes Zeichen für diesen Wandel war, daß das Königspaar seine Namen wechselte. Tut-anch-*Aton* wurde zu Tut-anch-*Amun*, Anch-es-en-pa-*Aton* wurde zu Anch-es-en-*Amun*. Anders gesagt, die Herrschaft Atons war beendet; der König und die Königin verehrten erneut Amun, den Herrn von Theben. Schon im ersten Jahr der Regierungszeit kündigte sich der Wandel an: eine in Berlin aufbewahrte Stele zeigt, wie Tut-anch-*Aton* den Gott *Amun* anbetet.

Was Echnaton auf magische Weise, durch Änderung seiner Titulatur, getan hatte, macht Tut-anch-Amun auf gleiche Weise wieder rückgängig. Dieser alles andere als »unbedeutende König« leitete eine neue Ära der ägyptischen Geschichte ein.

Die Rückkehr nach Theben verlief friedlich. Kein Bürgerkrieg, kein Blutbad unter den Anhängern Atons, keine Zerstörung der Sonnenstadt, die erst sehr viel später (während der Regierungszeit Ramses' II.) dem Erdboden gleichgemacht wird. Es war lediglich der Übergang von einer Herrschaft zur nächsten, die Rückkehr zu Amun nach einem Umweg über Aton in einem Land, das weder Dogmatismus noch geoffenbarte und aufgezwungene Wahrheiten kannte.

Tut-anch-Amun und seine Große Königliche Gemahlin hatten nicht die Zeit, jung zu sein; sie mußten herrschen und die Pflichten ihres Amtes auf sich nehmen.

Kein dramatischer Vorfall trübte die neunjährige Regierungszeit Tut-anch-Amuns (1334 bis 1325 v. Chr.). Bekanntlich wurde seine letzte Ruhestätte – das einzige nicht ausgeraubte Grab im Tal der Könige – im Jahre 1922 nach einer langen (von Lord Carnarvon finanzierten) Suche von Howard Carter entdeckt. Dieses sorgfältig versteckte Grab barg eine unglaubliche Fülle an

Meisterwerken, darunter eine kleine vergoldete Kapelle, deren Szenen die Rolle veranschaulichen, die die Große Königliche Gemahlin spielte.[1]

Anch-es-en-Amun war von großer Schönheit. Eine fein gearbeitete, geflochtene Perücke schmückte das kunstvoll geschminkte Gesicht mit schwarz umrandeten Augen; sie trug eine Uräus-Schlange auf der Stirn, Ohrringe, eine mehrreihige Halskette und ein langes weißes Kleid, das bis zu den Sandalen herabfiel. Die Große Königliche Gemahlin war die Verführung selbst.

Dennoch sind die Szenen, auf denen sie abgebildet ist, keine bloßen Darstellungen ihrer Anmut, denn die hieroglyphischen Texte bezeichnen sie als »die große Magierin«, die durch ihre Ritualhandlungen dem König die Kraft gibt, die dieser zum Regieren braucht. Auf den Wänden dieses goldenen Naos erneuert sie in alle Ewigkeit die Krönungsriten, die das Königspaar während Millionen von Jahren vollziehen wird.

Die Große Königliche Gemahlin spielt das Sistrum für Tut-anch-Amun, überreicht ihm gebundene Blumensträuße, füllt seinen Weinkelch, hängt ihm eine Auferstehungskette um den Hals, cremt seine Haut mit einer Erneuerungssalbe ein, begleitet ihn bei der Jagd und fischt Geschöpfe des Jenseits, die die Gestalt von Vögeln und Fischen annehmen. Wie man sieht, ist die Königin sehr rührig; eine Szene zeigt jedoch, wie sie zu Füßen des Königs auf einem Polster sitzt, den linken Ellbogen auf den Schoß ihres Gemahls gestützt. Sie wendet sich zu ihm um, und nimmt mit der rechten Hand die Flüssigkeit auf, die aus einer Phiole rinnt, die der Monarch zu ihr neigt.

Es sind Schu und Tefnut, das Ur-Paar, das Leben und Licht weitergibt. Jede Geste der Königin ist Ausdruck einer Staatsmagie, die seit den ersten Dynastien gepflegt wurde.

Tut-anch-Amun starb jung, zweifellos vor seinem 25. Lebensjahr. Seine Witwe war ratlos. Sollte sie die Alleinherrschaft antreten und Pharaonin werden, oder sollte sie einen neuen Herrscher heiraten?

Da beging die Königin eine unerhörte Tat, die man als Verrat betrachten könnte. Statt einen der Adligen des Hofs als Pharao auszuersehen, schrieb sie einen erstaunlichen Brief an den mächtigen hethitischen König Schuppiluliuma, der sich nichts sehnlicher wünschte, als die Beiden Länder zu erobern und sich ihrer Schätze zu bemächtigen. Dieses Dokument wurde im hethitischen Staatsarchiv verwahrt. Der entscheidende Abschnitt lautet folgendermaßen: »Mein Gatte ist tot, und ich habe keinen Sohn. Die Leute sagen, du hättest viele Söhne. Wenn du mir einen deiner Söhne schickst, wird er mein Gatte werden, denn ich will keinen meiner Diener nehmen, um ihn zu meinem Gatten zu machen.«

Der Hethiter-König bezweifelte die Echtheit des Briefs. Er witterte eine Falle und schickte deshalb einen Gesandten nach Theben, mit dem Auftrag, die wahren Hintergründe in Erfahrung zu bringen. Anch-es-en-Amun, die allmählich die Geduld verlor, schrieb einen zweiten Brief und beteuerte, daß sie es ehrlich meine: »Hätte ich einen Sohn, würde ich mich dann, zu meiner eigenen Schande und zu der meines Landes, an ein fremdländisches Reich wenden?«

Der Hethiter-König begann zu träumen. Die Beiden Länder durch eine simple Heirat erobern? Er beschloß, das Risiko einzugehen und sandte einen seiner Söhne, den künftigen Pharao – wie er hoffte –, nach Ägypten.[2]

Am Hof waren die Vorstöße der jungen Königin nicht unbemerkt geblieben. Zwei Männer waren auf der Hut: General Harem-hab, der Oberbefehlshaber des Heeres, und der alte Weise Eje, der bereits drei Pharaonen hatte kommen und gehen sehen und als »graue Eminenz« die Verwaltung leitete. Solange diese undurchsichtige Affäre im Stadium des Austauschs von Briefen blieb, griffen sie nicht ein. Doch als die Eskorte des hethitischen Prinzen aufbrach, schritten sie zur Tat.

Der hethitische Prinz gelangte nicht bis zur Grenze, zweifellos weil er aus dem Weg geräumt wurde. Die Warnung war brutal und unmißverständlich: Kein Hethiter würde jemals den ägyptischen Thron besteigen.

Anch-es-en-Amun vermählte sich mit Eje, der, nachdem er mehreren Pharaonen gedient hatte, mit Unterstützung Har-em-habs nun selbst Pharao wurde. Übrigens hatte Eje auch die Beisetzungsfeierlichkeiten Tut-anch-Amuns geleitet. Seine Ehe mit der jungen Witwe war rein theologischer Natur.

Was wurde aus der Gemahlin Tut-anch-Amuns, nachdem sie wieder geheiratet hatte? Wir wissen es nicht. Für uns bleibt sie die große Magierin des Königs mit der Goldmaske, die ewig junge Königin, die ihm für immer das Leben schenkt.

Die sanfte Königin Mut-nedjmet

Die Dame Mut-nedjmet, Schwester der Königin Nofretete, verlebte glückliche und stille Tage in der Sonnenstadt. Sie heiratete dort den General Har-em-hab, der nichts von einem alten Haudegen oder einem Krieger hatte, der sich unbedingt mit dem Feind schlagen wollte. Als königlicher Schreiber, hochgebildeter Schöngeist und Rechtsexperte war Har-em-hab einer derjenigen, die für die äußere Sicherheit Ägyptens verantwortlich waren.

Har-em-hab ließ sich ein prächtiges »Haus der Ewigkeit« in Saqqara errichten, dessen Flachreliefs seine militärischen Taten und seine Leistungen bei der Aufrechterhaltung der öffentlichen Ordnung rühmen. Echnaton und Nofretete vertrauten dem Leiter des Generalstabs, der sich dessen würdig erwies. Die Laufbahn Har-em-habs schien vorgezeichnet zu sein, seine Gemahlin Mut-nedjmet würde eine große Dame am Hof werden und in Prunk und Luxus leben.

Der Tod Echnatons beendete das »Aton-Experiment« und führte zu einer tiefgreifenden Umwälzung des Status quo. Der Hof kehrte nach Theben zurück, Tut-anch-Amun wurde Pharao, Har-em-hab blieb einer der starken Männer des Regimes, und die Schwester Nofretetes eine exponierte Persönlichkeit.

Nach dem Tod Tut-anch-Amuns bestieg jedoch nicht der General den Thron, sondern ein altgedienter Beamter, Eje, der allerdings nur kurze Zeit regierte (1325–1321 v. Chr.).

Nun schlug die Stunde Har-em-habs, dessen Name soviel bedeutet wie »Horus ist im Fest«. Er sollte achtundzwanzig Jahre lang die Geschicke des Landes leiten und den Anstoß zu einer bedeutende Rechtsreform geben. Indem er juristische Mißstände behob, stellte er die Gerechtigkeit wieder her und wurde so zu einem bedeutenden Pharao. Welche Rolle spielt dabei Mut-nedjmet?

Bekleidete Mut-nedjmet nach dem Tod König Ejes das Amt einer Regentin?[1] Wenn diese Hypothese zuträfe, hätte sie vor der Einsetzung Har-em-habs als Pharao allein regiert. Wie dem auch sei, jedenfalls trug sie die Titel »Große Erbfürstin *(repatet weret)*« und »Herrscherin Ober- und Unterägyptens« und wohnte den Krönungsfeierlichkeiten ihres Gemahls bei.

Ungewöhnliches Detail: Auf einem Fundstück aus der Regierungszeit Tut-anch-Amuns, der »Restaurationsstele« (so genannt, weil sie die Rückkehr der Regierung nach Theben anzeigt), wurde der Name der Gemahlin Tut-anch-Amuns durch den Mut-nedjmets ersetzt! Handelte es sich um einen magischen Akt, der das Andenken einer Königin auslöschen sollte, die sich mit einem hethitischen Prinzen vermählen wollte?

In der Gruppenstatue der Krönung, heute im Ägyptischen Museum von Turin, hat Mut-nedjmet die gleiche Größe wie ihr Gemahl. Auch wenn Har-em-hab eine große Machtfülle besaß, konnte er nicht ohne eine Große Königliche Gemahlin regieren, die seiner Herrschaft die symbolische Legitimation verschaffte.[2]

Mut-nedjmet heißt soviel wie »Mut, die Sanfte, die Gefällige, die Hübsche *(nedjmet)*«. Die Hieroglyphe, mit der diese Begriffe bezeichnet werden, ist die Schote eines Johannisbrotbaums, die für den Gaumen der alten Ägypter von einer lieblichen Süße war. Als Trägerin des Namens »Mut« in seiner positiven, glückbringenden Bedeutung verkörperte die Königin die Große Mutter, die Uralte, die die Beiden Länder verwaltet.[3]

Das Wort *Mut* bedeutet »Mutter«; als Gattin des Amun ist Mut die ideale Mutter des Pharaos, die eine herausragende Stellung bei seiner eigentlichen Geburt, der Krönung, einnimmt. Übrigens trägt die Göttin mitunter die Doppelkrone, um das Licht hervorzubringen, dessen irdischer Repräsentant der Pharao ist.

Im *Papyrus Insinger* aus dem 1. Jahrhundert n. Chr. heißt es: »Das Werk von Mut und Hathor ist das, was ihre Aufgabe unter den Frauen darstellt.« Als Sinnbild der schöpferischen Weiblichkeit war Mut die Schutzgöttin der glücklichen Geburt.

Doch sollte man auch nicht das andere Gesicht der Göttin vergessen, deren Name durch eine Geier-Hieroglyphe bezeichnet wird. Einerseits hielten die Ägypter das Geierweibchen für eine vorbildliche Mutter, andererseits ernährte es sich als Aasfresserin von totem Fleisch und bezog daraus in einem Akt alchimistischer Wandlung seine Lebenskraft. Es ist kein Zufall, daß das Wort *Mut* synonym mit einem anderen Ausdruck ist, welcher »Tod« bedeutet. Tatsächlich erscheint die große Mutter auch in Gestalt einer schreckenerregenden Löwin oder einer Kobra, die sich an der Stirn Pharaos aufbäumt, um seine Feinde zu vernichten. Auf dem Gesicht Muts tanzt eine Flamme, wenn es erforderlich ist, vermag sie die Finsternis zu vertreiben, sie zu töten.

In Karnak war Mut die Herrscherin eines weiträumigen heiligen Bezirks, zu dem auch der Ischeru genannte Kultsee gehörte, an dem die gefährliche Löwin Sachmet ihren Durst stillte; man mußte sie durch Riten besänftigen, um ihre Wut in glückbringende Energie zu verwandeln. Hier befand sich die Gebärmutter der Welt, mit deren Hilfe Mut die Lebensformen hervorbrachte, die in Einklang mit Ma'at, der Weltordnung, standen. Das »Mut-Ritual« zielte ja gerade auf die Bewahrung der Ordnung der Ma'at, welche die Menschheit aus Unwissenheit, Bequemlichkeit oder Gewalttätigkeit ständig zu zerstören trachtet.

Auf den Schultern Königin Mut-nedjmets lastete also eine große Verantwortung. Als Verkörperung der sanften und mütterlichen Seite Muts bestand ihre Aufgabe darin, der Welt einen neuen Horus zu schenken, einen neuen Pharao, der Ägypten in Frohlocken versetzen sollte: Har-em-hab.

Nach seiner Krönung zum Pharao ließ sich Har-em-hab im Tal der Könige ein »Haus der Ewigkeit« errichten. Sein prächtiges Grab in Memphis diente vielleicht als letzte Ruhestätte für seine Große Königliche Gemahlin, die angeblich früh verstorben ist. Neben ihrer Mumie – der einer etwa vierzigjährigen Frau – finden sich die sterblichen Überreste eines mißgebildeten Embryos. War Har-em-hab ungefähr im dreizehnten Jahr seiner Regierungszeit Zeuge der Fehlgeburt, an deren Folgen die Königin starb?

Die Anekdote ist ergreifend, aber Vorsicht ist geboten. Das Alter der Mumie – und sogar ihre Identität – sind fraglich. Angenommen, es handelt sich tatsächlich um Mut-nedjmet, dann hätte der Embryo einen symbolischen Wert und würde auf ihre Funktion als Repräsentantin der Göttin Mut auf Erden verweisen, als Große Mutter, die in dieser und der anderen Welt ständig neues Leben gebiert.

Mitunter wird Har-em-hab – nicht ohne Grund – als der eigentliche Begründer der 19. Dynastie betrachtet, welche mit Sethos I. und Ramses II. die wohl bekanntesten Pharaonen hervorbrachte. War Mut-nedjmet, indem sie die Aufgabe erfüllte, die ihr durch ihren Namen auferlegt war, nicht deren eigentliche Ahnherrin?

Königin Tuja
Gemahlin Sethos' I. und Mutter Ramses' II.

Nach dem Tod Har-em-habs kürte ein Rat der Weisen einen alten Wesir zum Herrscher Ägyptens. Dieser Wesir, der aus seinem beschaulichen Leben im Ruhestand herausgerissen wurde, nahm einen Namen an, der Berühmtheit erlangen sollte: Ramses. Der erste Herrscher einer langen Linie, die elf Könige mit dem Namen Ramses umfassen sollte, regierte nur zwei Jahre (1293–1291 v. Chr.). Sein Nachfolger war ein Pharao von besonderem Format, Sethos I.

Seine dreizehnjährige Regierungszeit war ein wirkliches Goldenes Zeitalter. Er dämmte die Bedrohung durch das Hethiterreich ein, indem er die gefürchteten Krieger aus dem anatolischen Hochland dazu zwang, in ihren Stellungen zu verharren, und befriedete das von Unruhen erschütterte Protektorat Syrien-Palästina. Das architektonische Werk, das mit seinem Namen verknüpft ist, nötigt einem ungläubige Bewunderung ab: Der große Osiristempel in Abydos, dessen Flachreliefs hervorragend erhalten sind, die größte Grabanlage im Tal der Könige, die mit den wichtigsten »Büchern« über die Auferstehung der Seele des Königs geschmückt ist, das »Millionenjahrhaus« in Qurna auf dem Westufer von Theben und ein großer Teil des gewaltigen Hypostyls (Säulenhalle) von Karnak.

Sethos I. war wirklich von der Kraft des Gottes Seth erfüllt, die in der Energie von Blitz und Gewitter zum Vorschein kam. Seine gut erhaltene Mumie flößt uns Achtung ein; Autorität und Würde sind die hervorstechendsten Merkmale eines Gesichts, dessen Hoheit der Tod und die Jahrtausende keinen Abbruch getan haben.

Nur eine Frau mit einer starken Persönlichkeit konnte als Große Königliche Gemahlin an der Seite eines solchen Pharaos bestehen. Dies traf auf Tuja zu, die auch Mut-Tuja genannt wurde, um, wie bei Mut-nedjmet, ihre Rolle als »Große Mutter« hervorzuheben. Mut-nedjmet hatte einen neuen Horus, ihren Gemahl Har-em-hab, geformt; Tuja schenkte dem »Sohn des Lichts«, Ramses II., das Leben, der siebenundsechzig Jahre regierte.[1]

Tuja, die Hüterin des Geistes der pharaonischen Herrschaft, erlebte den letzten Zenit der ägyptischen Macht. Nach dem Tod Ramses' II. begann eine lange Phase des Niedergangs, den die Pharaonen trotz gewaltiger Anstrengungen lediglich verlangsamen konnten.

Tuja überlebte ihren Mann um mindestens zweiundzwanzig Jahre und hatte in den ersten zwanzig Jahren der Herrschaft ihres Sohnes, Ramses' II., großen Einfluß bei Hof. Eine im Museo Gregoriano des Vatikan aufbewahrte Kolossalstatue zeigt sie als fast drei Meter große, stolze Frau. Überlebensgroße Statuen waren nicht den Männern vorbehalten, und man kennt mehrere Beispiele für Steinkolosse wie Nefertari in Abu Simbel oder Merit-Amun, eine Tochter Ramses' II., deren acht Meter hohes und etwa vierzig Tonnen schweres Standbild in jüngster Vergangenheit in Achmim ausgegraben wurde.

Ramses II. verehrte seine Mutter aus tiefstem Herzen. Zahlreiche Statuen und Flachreliefs sind ihr gewidmet und bewahren ihr ein feierliches Andenken. Sie wird häufig zusammen mit dem Pharao, mit seiner Gemahlin und mit seinen Kindern dargestellt. An der Nordseite seines »Millionenjahrhauses« in Theben, des Ramesseums, ließ Ramses II. für Tuja ein kleines Sanktuar aus Sandstein errichten, dessen Säulenkapitelle das Gesicht der Göttin Hathor darstellten; das Bauwerk verherrlichte die Königinmutter und ihre theologische Funktion.

In diesen Tempel, der auch Nefertari gewidmet war, der Großen Königlichen Gemahlin Ramses' II., wurde eine Serie von Bildern eingraviert, die aus Sicht des Königs besonders bedeutungsvoll gewesen sein müssen. Dort sah man die auf einem Bett sitzende Königsmutter Tuja und den Gott Amun-Re, der sich in diese sehr schöne Frau mit schmaler Taille und elegantem Gesicht verliebt hatte. »Wie erfrischend ist mein Tau«, spricht der Gott, »mein Duft ist der des Gotteslandes, mein Wohlgeruch ist der des Landes Punt. Meinen Sohn werde ich zum Pharao küren.« Wir begegnen hier wieder dem Thema der göttlichen Geburt des Pharaos, das bereits andere Herrscher wie Hatschepsut und Thutmosis III. aufgegriffen hatten.

Die im ganzen Land verehrte Tuja wurde zum vollendeten Symbol der zugleich diskreten wie tatkräftigen Königinmutter und setzte die Tradition der Staatsfrauen, die zu der Größe Ägyptens mit beitrugen, fort. Eine 1,5 Meter hohe Statue, die im Ägyptischen Museum von Kairo ausgestellt ist, verdient es, hier erwähnt zu werden. Sie wurde in Tanis gefunden, einer archäologischen Stätte im Nildelta, und stammt wahrscheinlich aus dem prächtigen Palast der Stadt Pi-Ramesse, ebenfalls im Nildelta gelegen, eines der architektonischen Meisterwerke der Baumeister von Ramses II. Es ist keine »Originalarbeit«, sondern eine Statue aus dem Mittleren Reich, die die Bildhauer des Ramses »wiederverwendeten« und umgestalteten. Obgleich das Volumen des Körpers, die Haartracht und andere Details verändert wurden, behielt das Gesicht der fernen Königin aus der 12. Dynastie seine ursprüngliche Gestalt, auch wenn die Statueninschrift Tuja nennt.

Es handelt sich dabei nicht, wie oft in Unkenntnis der ägyptischen Symbolik geschrieben wird, um eine »Usurpation«, sondern um eine symbolische Einbeziehung der Vergangenheit, die wiederauflebt und vergegenwärtigt wird. Tuja ist zugleich sie selbst und alle Königinnen vor ihr. So personifiziert sie die Kontinuität der Stellung einer Großen Königlichen Gemahlin in der Zeit und durch die Dynastien hindurch.

Eine der herausragenden Episoden in der langen Regierungszeit Ramses' II. war der Krieg gegen die Hethiter. Dieses kriegerische Volk aus Anatolien wollte die ägyptischen Protektorate an sich reißen, die Verteidigungslinie zerstören, welche die Pharaonen des Neuen Reiches aufgebaut hatten, und die Beiden Länder erobern, deren Reichtümer so verlockend waren. Die Konfrontation war unvermeidlich, und ihr Höhepunkt war die Schlacht von Qadesch im fünften Regierungsjahr. Der junge König wäre beinahe ums Leben gekommen, doch dank des übernatürlichen

Eingreifens seines Vaters Amun, der auf seinen Hilferuf inmitten des Kampfgetümmels reagierte und seinen Sohn nicht im Stich ließ, gelang es Ramses, die Hethiter zurückzuschlagen.

Ein Sieg? Wohl eher eine Art »Unentschieden«. Die etwa gleich starken Heere der Ägypter und Hethiter verharrten in ihren Stellungen, während Spionagetrupps beider Seiten verschiedene Sabotageakte verübten.

Es gab nur eine Lösung, auch wenn sie unerreichbar schien: die Suche nach Frieden. In dieser Hinsicht war der Einfluß Tujas vermutlich entscheidend. Im einundzwanzigsten Jahr der Regierungszeit ihres Sohnes war es ihr vergönnt, unter den Augen der Gottheiten beider Länder der Verkündung des Nichtangriffs- und Beistandsabkommens zwischen Ägyptern und Hethitern beizuwohnen. Die Kraft des gegebenen Wortes war so groß, daß das Abkommen nie gebrochen wurde. Mehr als dreißig Jahre mehr oder minder offener Konfrontationen gingen zu Ende, und es begann eine Ära des Friedens im Nahen Osten.

Tuja verfaßte eigenhändig ein Glückwunschschreiben an die hethitische Königin, die sich ebenfalls für ein Ende der Feindseligkeiten eingesetzt hatte. Dem Brauch gemäß besiegelte man den Frieden durch einen Austausch von Geschenken.

Vermutlich starb Tuja, kurz nachdem sie das Glück dieses Friedensschlusses genossen hatte, der so schwer zu erreichen gewesen war. Die mehr als sechzigjährige Königin wurde in einem Grab im Tal der Königinnen (Nr. 80) beigesetzt, das kunstvoll dekoriert und mit einer Fülle prunkvoller Grabbeigaben ausgestattet wurde. Leider wurde diese Jenseitsanlage geplündert und verwüstet. Einer der Deckel der Kanopenkrüge, in denen die Eingeweide der Königin aufbewahrt wurden, blieb jedoch, wie durch ein Wunder, erhalten; darauf ist das von einer schweren Perücke umrahmte Gesicht Tujas abgebildet. Ihr sanftes Lächeln verzaubert. Diese kleine Skulptur strahlt eine gewaltige Frische aus, die, den Schleier des Todes zerreißend, das Andenken einer großen Königin des Neuen Reiches bewahrt.

Während das Tal der Könige sich großer und auch verdienter Beliebtheit erfreut, lockt das Tal der Königinnen sehr viel weniger Besucher an. 1,5 Kilometer südwestlich des Tals der Könige, in der südlichsten Talmulde des Gebirges von Theben-West gelegen, ist dieses »Tal« ebenfalls eine Wüstenregion, der die Araber den Namen Biban el-Harim (»die Pforten der Frauen«) gaben.[1]

Champollion besichtigte einige Gräber, doch erst 1903 begann man unter Leitung des Italieners Ernesto Schiaparelli mit systematischen Grabungen, in deren Verlauf 79 Gräber freigelegt wurden. Ein beeindruckender Komplex, auch wenn die Gräber zum großen Teil zerstört sind. Die Plünderungen begannen schon am Ende der Ramessidenzeit, als Räuberbanden in einige Gräber eindrangen. Von der 21. Dynastie bis zur Saïtenzeit (623–525 v. Chr.) wurden die Grabanlagen der Königinnen wieder verwendet, und in der Römerzeit füllte man sie mit zahlreichen, vielfach schlecht präparierten Mumien.

Als sich in den Gruften Christen niederließen, zerstörten sie die Bilder von Königinnen und Prinzessinnen, die sie als gefährliche heidnische Versucherinnen fürchteten, oder überzogen sie mit Putz, um nicht mehr ihren Reizen ausgesetzt zu sein. Die arabischen Besatzer schließlich haben die Mumien, die Grabbeigaben und den Wandschmuck verbrannt, was erklärt, daß einige Wände geschwärzt sind.

Vor einigen Jahren nahm man die Grabungen wieder auf, um zutage zu fördern, was noch erhalten geblieben ist. Ein großes Meisterwerk hat überdauert: die Grabanlage Nefertaris, der Großen Königlichen Gemahlin Ramses' II., sie wurde kürzlich restauriert.

Während der 18. Dynastie wurden Prinzen, Prinzessinnen und ihre Erzieher an dem Ort beigesetzt, der damals noch nicht das Tal der Königinnen war; nach altem Brauch bestattete man hier in einfachen Grabschächten Persönlichkeiten des Hofes.

Zu Beginn der Ramessidenzeit vollzog sich eine grundlegende Neuerung: Königin Sat-Re, »die Tochter des Sonnengottes«, Große Königliche Gemahlin Ramses' I., Mutter Sethos' I. und Großmutter Ramses' II., beschloß, an diesem Ort, der den Namen »Stätte der geistigen Wiedergeburt«[2] erhielt, ihr »Haus der Ewigkeit« anzulegen.

Das Grabmal Sat-Res ist klein, aber seine Wände sind mit symbolischen Dekorationen versehen, die ihm den gleichen Rang wie einer Jenseitsanlage im Tal der Könige geben. Die Gestalten von Dämonen und Gottheiten sind mit elegantem Strich gezeichnet, und obgleich die Bilder nur skizziert sind, ist der Tenor klar: Die Königin begegnet Geschöpfen aus dem Jenseits, deren Namen sie wissen muß, um sie zu besänftigen. Daran schließt sich ein regelrechter Initiationsweg an, der sie zum ewigen Leben führt. Dank der Texte des *Buches, vom Herausgehen am Tage (Totenbuch)*, die ihren Wegzoll bilden, wird sie den Tod besiegen.

In diesem Tal wurden Grabstätten für die Königinnen der 19. und 20. Dynastie angelegt; doch leider war der Ort mit einem Mangel behaftet, denn der Fels war brüchig und der Kalkstein eignete sich kaum für Reliefdarstellungen. Zwar gelang es den Handwerkern, diese Schwierigkeit zu überwinden, indem sie die Mauern mit Lehmputz überzogen, doch die Dekoration blieb zerbrechlich.

Trotz der nicht behebbaren Schäden an den meisten Gräbern enthalten einige, etwa das der Königin Titi, sehr schöne Szenen; wir sehen, wie sie Hathor begegnet, der Schutzgöttin des Tals, die ihr das Wasser der Wiedergeburt reicht. Im Jahre 1984 wurde die Freilegung des Grabes von Henut-ta-ui, einer »Tochter« Nefertaris, abgeschlossen, das bereits Champollion besichtigt hatte; die Prinzessin verehrt dort die Gottheiten des Schweigens, der Liebe und des Ur-Ozeans, aus dem die Energie für die Schöpfung stammt. In der Kapelle der Prinzessin Nebet-ta-ui, der »Herrscherin Beider Länder«, zieht ein Relief unsere Aufmerksamkeit auf sich. Es zeigt eine junge Frau, die eine Krone mit einer Sonnenscheibe und zwei langen Federn trägt; sie hebt den Arm über einen Altar, der mit Opfergaben angefüllt ist. Ihre Hand hält ein Szepter, mit dem sie die Opfergaben weiht, reinigt und deren immateriellen Wesenskern herauslöst, der zu den Göttern aufsteigt und die Herren der »Stätte des Schweigens«, das heißt der Nekropole, sättigt. Dieser rituelle Akt wird normalerweise vom Pharao vollzogen.

Während der Regierungszeit Ramses' III. kehrt man zur Tradition der 18. Dynastie zurück; fünf Prinzen, darunter einem Ptah-Priester, wurde die ewige Gastfreundschaft des Tales gewährt. Ihre im Norden der Stätte versammelten Gräber befinden sich in einem hervorragenden Erhaltungszustand und erstrahlen noch immer in lebhaften Farben. Wir sollten keine historischen Aufschlüsse in dem herrlichen Bilderschmuck erwarten: Die auf ewig jugendlichen Prinzen gehen durch die von gefährlichen Dämonen bewachten Pforten des Jenseits, vernehmen die Stimmen der Gottheiten und betreten das Paradies.

Das Tal der Königinnen hat nicht alle seine Geheimnisse preisgegeben. Die Untersuchung der Quellen beweist, daß mehrere Gräber, von denen man weiß, daß sie an dieser Stätte ausgehoben wurden, noch ihrer Entdeckung harren: etwa das von Isis-nofret, einer Gemahlin Ramses' II., oder auch sechs Grabstätten, die auf Geheiß von Ramses VI. angelegt wurden. Und man kann annehmen, daß die Mumien einiger Königinnen noch immer in einer Cachette liegen, in der sie nach den Plünderungen am Ende der Ramessidenzeit in Sicherheit gebracht wurden.

Die Schätze des Tals der Königinnen ... Ja, man kann noch immer davon träumen.

Nefertari
die Grosse Königliche Gemahlin Ramses' II.

Die offiziellen Inschriften geben uns wenig bzw. gar keinen Aufschluß über die Gefühle, die ein Pharao für seine Hauptgemahlin empfand. Selbst im Fall Echnatons und Nofretetes, die uns Einblick in Szenen aus ihrem Familienleben zu gewähren scheinen, spielt die Symbolik eine maßgebliche Rolle.

Ramses II. und Nefertari dagegen geben keinerlei Vertraulichkeiten oder romantische Herzensergüsse preis; vielmehr erscheinen sie als ein in seiner Herrlichkeit und Majestät entrücktes Königspaar. Dennoch ehrte Ramses, wie wir sehen werden, Nefertari auf eine sehr außergewöhnliche Weise. Obgleich er sie um viele Jahre überlebte und obgleich ihr viele Königsgemahlinnen nachfolgten, hat Ramses sie immer als die offizielle Königin an seiner Seite geehrt.

Wir wissen nichts über die Eltern Nefertaris; vielleicht kam sie aus relativ bescheidenen Verhältnissen. Ihr Name bedeutet »die Schönste«, »die Vollendete« und wird häufig von dem Epitheton »von Mut Geliebte« begleitet. In ihrem Namen klingen somit zwei aufschlußreiche Bezüge an: einmal zu einer bedeutenden Ahnin, der Königin Ah-mes Nefertari, zum anderen zur Göttin Mut, der Gemahlin Amuns, des Herrn von Theben.

Nefertari heiratete Ramses, bevor dieser die Nachfolge seines Vaters Sethos' I. antrat. Ihre Titel unterstrichen die wichtige Funktion der Großen Königlichen Gemahlin: »Herrscherin des Doppellandes«, »Die Ober- und Unterägypten leitet«, »Herrin aller Länder«, »Die die Götter zufriedenstellt«. Die Texte erwähnen ausdrücklich, daß sie ein schönes Gesicht und eine sanfte Stimme besaß.[1]

Anläßlich eines Festes in Luxor wird ihre Persönlichkeit in folgenden Worten gepriesen: »Die Prinzessin, reich an Lob, Herrscherin der Anmut, voll sanfter Liebe, Herrin der Beiden Länder, die Vollkommene, deren Hände die Sistren halten, Die ihren Vater Amun erfreut, Die am innigsten geliebt wird, Die die Krone trägt, Die Sängerin mit dem schönen Antlitz, Deren Wort Überfluß schafft. Alles, was sie begehrt, wird erfüllt, alles geschieht gemäß ihrem Wunsch nach Erkenntnis, all ihre Worte lassen die Gesichter in Freude erstrahlen, ihre Stimme schenkt Leben.«

Das Wort der Königin, das Liebe und Schöpferkraft überträgt, bringt den Göttern und den Menschen Glück. Ihre Sprüche erweichen das Herz des Horus, also des Königs, und bringen ihm Frieden.

Nimmt man die Inschriften wörtlich, hat Nefertari Ramses vier Söhne und zwei Töchter geschenkt. Doch bezeichnen die Ausdrücke »Sohn« und »Tochter«, wie wir gesehen haben, sehr häufig Titel. Während seiner langen Regierungszeit adoptierte Ramses eine Vielzahl von »Königssöhnen« und »Königstöchtern«, was manche Ägyptologen zu der Annahme verleitete, er habe seinen Fortpflanzungstrieb ungehemmt ausgelebt.

Schon im ersten Jahr der Herrschaft Ramses' II. wurde die Große Königliche Gemahlin bei wichtigen Staatsakten einbezogen. Nachdem Nefertari den Krönungsfeierlichkeiten beigewohnt hatte, nahm sie an der Seite von Ramses in Abydos an der Zeremonie teil, in deren Verlauf der König Neb-wen-en-ef als Hohenpriester des Amun einsetzte und sich auf diese Weise die Loyalität des reichen und mächtigen thebanischen Klerus sicherte. Nefertari spielte eine aktive Rolle bei den großen, für die Erhaltung des Wohlstands der Beiden Länder so wichtigen Staatsrituale; bei einem dieser Rituale umkreiste die Königin siebenmal den König und rezitierte dabei magische Sprüche.

Wie eine Reihe anderer ägyptischer Königinnen übte Nefertari einen starken Einfluß auf die Außenpolitik aus. Im Verlauf der langwierigen Verhandlungen bis zu einer Friedensregelung mit den Hethitern führte sie einen Briefwechsel mit der Königin von Hatti. Sie schenkten sich gegenseitig Schmuck und edles Tuch, und vermutlich entstand zwischen beiden Herrscherinnen ein Freundschaftsverhältnis. Sie schreibt: »Mir, deiner

Grab der Nefertari, Tal der Königinnen. Die Große Königliche Gemahlin Ramses' II. wird von Horus auf den Wegen des Jenseits geführt.

Schwester, geht es gut; meinem Land geht es gut, mir, meine Schwester, geht es gut.« Die Ägypterin und die Hethiterin wünschten, daß die Gottheiten Frieden und Brüderlichkeit zwischen den beiden Völkern festigten, und dieser Wunsch wurde erhört.

Aufgrund der Abstammung seiner Dynastie lagen Ramses II. die Orte im Delta, das im Rahmen der Beziehungen mit Vorderasien zu einer strategisch bedeutsamen Zone geworden war, besonders am Herzen. Der König gründete im Delta eine neue Residenzstadt, Pi-Ramesse, »Ramsesstadt«; in dieser Stadt aus Türkis ließ er Paläste und Tempel erbauen, in denen ägyptische Gottheiten, vor allem Amun, aber auch asiatische Götter verehrt wurden. Die Aufnahme ausländischer Götter in das heimische Pantheon bezeugt sehr deutlich den Friedenswillen, der auch Nefertari nicht fremd war. Ein von einem Schreiber abgefaßter Brief preist die märchenhafte Schönheit dieser Hauptstadt, in der Nefertari zahlreiche Feierlichkeiten leitete. Der Schreiber versichert, Re selbst habe diesen Ort gegründet. Die fruchtbaren Felder im Umkreis der Stadt werfen reiche Ernte ab. Jeden Tag wird die Hauptstadt mit vorzüglichen Nahrungsmitteln versorgt. Die Kanäle wimmeln von Fischen, auf den Teichen scharen sich die Vögel. Die Speicher quellen über von Gerste- und Dinkelvorräten. Wunderschöne Blumen verwandeln die Gärten in blühende Teppiche. Nichts fehlt bei Tisch: Feigen, Trauben, Äpfel, Granatäpfel, Oliven, Zwiebeln, Lauch, Rotwein von erlesenem Geschmack.

Das Königspaar wohnte in einem prächtigen Palast, in dessen Zentrum sich ein Saal mit farbenfrohen Säulen, eine Audienzhalle und ein Thronsaal befanden. Ländliche Szenen, die Tier- und Pflanzenwelt waren die Hauptmotive des Wandschmucks. Die Privatgemächer der Herrscher waren mit allem Komfort ausgestattet und verfügten insbesondere über ein Badezimmer. Im Umkreis des Palasts boten Gärten und Wasserflächen Gelegenheit zu stiller Einkehr und Besinnung. Akazien, Palmen, Sykomoren, Granatapfelbäume entzückten das Auge.

Im Jahre 1813 wurde Abu Simbel, ein großartiges Heiligtum im Herzen Nubiens, von dem Schweizer Johann Ludwig Burckhardt entdeckt. An dieser Stelle unterhalb des zweiten Nilkatarakts, etwa 1300 Kilometer südlich von Pi-Ramesse, der Residenzstadt Ramses' II., waren am Ufer des Flusses zwei Tempel in die Felswand gehauen worden. Die Göttin Hathor herrschte über diesen magischen Ort, der mit Bedacht ausgewählt worden war; unter dem Schutz der Herrscherin der himmlischen Liebe hatte der Pharao beschlossen, das Königspaar zu verherrlichen, indem er es in zwei nahe beieinander liegenden Tempeln mit monumentalen Abmessungen verewigen ließ.

Beide Tempel wurden im Winter des vierundzwanzigsten Jahres der Regierungszeit Ramses' II. eingeweiht. Wer das Glück hatte, Abu Simbel vor der Versetzung der Tempel zu sehen, die durch die unglückselige Anlegung des Nasser-Stausees und die Zerstörung Nubiens erforderlich wurde, konnte möglicherweise die tiefe Ergriffenheit des Königspaars bei der Einweihung nachempfinden. Die Sonne färbte den nubischen Sandstein golden; die sitzenden Kolossalstatuen des Ramses mit ihrem sanften Lächeln waren in die Betrachtung der Ewigkeit versunken, und die stehenden und gehenden Kolossalfiguren des Königs und der Königin wandelten für immer auf den Pfaden des Lichts.

Ramses und Nefertari betraten den großen, der immerwährenden Wiedergeburt des *Ka* des Pharao geweihten Tempel, durchmaßen den Gang, den Säulen säumten, die den König als Inkarnation des Osiris darstellten, gingen durch die Türen, die zu Geheimsälen führten, und gelangten zum hintersten Teil des Sanktuars, wo vier Gottheiten thronten: Re, Amun, Ptah und der *Ka* des Pharao.

Auch Nefertari ist in diesem Tempel anwesend und wirkt hier als große Magierin, die dem König die nötige Kraft einflößt, um die Finsternis zu besiegen. In dem benachbarten kleinen Tempel wird sie sogar in monumentaler Form verehrt. Die hieroglyphischen Inschriften berichten, daß Ramses ihn »als Werk der Ewigkeit, für die Große Königliche Gemahlin Nefertari« [hat errichten lassen], »die von Mut Geliebte, für immer und allezeit, Nefertari, für deren Ausstrahlung die Sonne erstrahlt«.

Dieser »kleine Tempel« ist ein Wunderwerk. Die Königin besitzt die gleiche Größe wie der König; man sieht sie zu Ehren von Hathor ein Sistrum spielen, Mut und Hathor Lotosblüten und Papyrus reichen, den Göttinnen räuchern; sie bringt Isis, der Mutter des Gottes, Herrin des Himmels und Herrscherin der Gottheiten, Opfergaben dar und huldigt Thoëris, »der Großen«, der Nilpferdgöttin, die die Erde fruchtbar macht und die Schöpferkräfte gebiert. So wie Hat-schepsut in ihrem Sanktuar in Deir el-Bahari Hathor in Gestalt der Himmelskuh begegnete, so wird Nefertari im Innern ihrer heiligen Grotte, die in ein fernes Gebirge in Nubien getrieben wurde, beim Durchqueren eines Papyrusdickichts gezeigt, in dem sie die Himmelskuh, das Symbol des Kosmos, sucht.

Eine berückende Szene ist die Krönung Nefertaris. Mit unüberbietbarer Eleganz hält die schlanke, hochgewachsene Königin in der Rechten die »Lebensschleife« und in der Linken ein Blumenzepter. Ihre Krone besteht aus einer von zwei Hörnern eingefaßten Sonnenscheibe und zwei hohen Federn, die sie zur Verkörperung aller schöpferischen Göttinnen machen. An ihrer Stirn bäumt sich der Uräus auf, die weibliche Kobra, welche die Feinde verbrennt und die Kräfte des Bösen abwehrt. Zu beiden Seiten Nefertaris zwei Göttinnen, Isis und Hathor; nachdem sie Nefertari die Krone aufgesetzt haben, wird sie von ihnen mit magischen Kräften versehen.

Ramses ist der Gemahl Ägyptens, dessen Mutter Nefertari ist. Im Naos ihres Tempels identifiziert sie sich mit Hathor und Isis, erzeugt die Nilschwemme und schenkt so dem ganzen Land das Leben.

Als Ramses sein erstes *Sed*fest feierte, das der Erneuerung der Lebenskraft des Königs diente, die nach dreißig Jahren Herrschaft als erschöpft erachtet wurde, war Nefertari nicht unter den Persönlichkeiten, die an dieser wichtigen Zeremonie teilnahmen. Beim Sedfest, das mehrere Tage dauerte, versammelten sich alle Gottheiten Ober- und Unterägyptens, um dem Herrscher neue Tatkraft zu verleihen.

Es drängt sich die Vermutung auf, daß Nefertari ins Jenseits eingegangen war, auch wenn aus keiner Quelle der genaue Zeitpunkt ihres Todes hervorgeht. Nach einer romantischen Hypothese hat die Königin in Abu Simbel vor dem Tempel, der sie unsterblich machte, die Seele ausgehaucht. Kurz vor ihrem Tod soll sie ihrer ältesten Tochter das Versprechen abgenommen haben, gemeinsam mit Ramses die Heiligtümer einzuweihen.

Ein weiteres Denkmal preist für alle Zeiten den Ruhm Nefertaris: ihre Jenseitsanlage im Tal der Königinnen.[2] Das im Jahre 1904 von Schiaparelli entdeckte Grab ist ein bedeutendes Meisterwerk der ägyptischen Kunst und wurde vor kurzem restauriert; ermöglicht wurde dies durch Gelder der Getty Foundation in Los Angeles. Maler und Zeichner des Alten Ägypten haben ihre Kunst zu höchster Vollkommenheit geführt, als sie die Wanderung der Großen Königlichen Gemahlin durch das Jenseits darstellten.

Dennoch bleiben Fragen offen. Weshalb ist das Grab Nefertaris das einzige im Tal der Königinnen, das Zerstörung und Verfall entgangen ist? Wurden die Grabbeigaben gestohlen oder einfach an einen anderen Ort geschafft? Es ist nicht unmöglich, daß die alten Ägypter selbst das Grab wieder sorgfältig verschlossen, nachdem sie die Mumie Nefertaris in eine Cachette überführt hatten, die bis jetzt noch nicht gefunden wurde.

Dieses geräumige »Haus der Ewigkeit« besteht aus mehreren Kammern, die zum »Goldsaal« führen, in dem der Lichtleib der Königin rituell zum Leben erweckt worden war, um den geistigen Kräfte des Seins, wie etwa dem *Ba*, dem »Seelen-Vogel«, zu dienen. Hier, an diesem »Ort der Ma'at«, erlebte das Herz der Königin die Freude der Auferstehung und vereinte sich mit der »Großen Neunheit«, der Gruppe der neun Gottheiten, die die Welt unentwegt erschaffen und ordnen.

Nefertari spielt das *Senet*-Spiel, den Vorläufer von Dame- und Schachspiel. Ihr Gegner ist niemand anderer als das Unsichtbare; diese Partie muß die Königin gewinnen. Sie bringt Ptah

Grab der Nefertari, Tal der Königinnen. Nefertari bringt Gefäße dar.

Tuche dar, die sie selbst gewebt hat, und spricht die richtigen Worte aus, um von Thot die Palette des Schreibers und das Schreibmaterial zu erhalten. »Ich bin Schreiber«, beteuert sie, »ich wirke Ma'at, ich bringe Ma'at.« Diese Szenen veranschaulichen Initiationsprüfungen, in denen sich das Erkenntnisvermögen der Königin beweisen muß. Daher begegnet sie den Gottheiten, wird von Hathor geführt, bezwingt die Türwächter und sieht sie den Vogel *Benu*, den ägyptischen Phönix, erscheinen.

Besonders aufschlußreich ist die Tatsache, daß Nefertari zugleich in die Mysterien des Osiris, des Herrn der Unterwelt und des Totenreichs, und die des Re, des Sonnengottes und Herrn des Himmels, eingeweiht wird. Isis, die Gemahlin des Osiris, hält die Königin bei der Hand und schenkt ihr das ewige Leben, und sie erlaubt ihr, auf dem Thron des toten und wiederauferstandenen Gottes Platz zu nehmen. Die gereinigte Nefertari nimmt an den Wandlungen der Sonne teil, wird auf den Weg der beiden Horizonte geführt, erscheint als ihr Vater Re und wird zu einem unvergänglichen Stern.

Das »Haus der Ewigkeit« Nefertaris ist ein echtes Weisheitsbuch, das die Etappen der Initiation einer Frau vor Augen führt. Weit über ihre irdische Existenz hinaus hinterläßt uns die Große Königliche Gemahlin Ramses' II. auf diese Weise ein Zeugnis von unschätzbarem Wert.

Die hethitische Gemahlin Ramses' II.

Zwar hatte das Friedensabkommen mit den Hethitern eine lange Phase bewaffneter Auseinandersetzungen beendet, doch galt es nun, die Beziehungen zu normalisieren und inniger zu gestalten. Man tauschte Briefe und Geschenke aus, die Königsfamilien erkundigten sich wechselseitig nach ihrer Gesundheit; die beiden Herrscherhäuser mußten ihre Übereinkunft daraufhin nur noch durch jenen Akt besiegeln, der im Neuen Reich üblich war: die Vermählung einer ausländischen Prinzessin mit Pharao.[1]

Thutmosis III. hatte drei Ausländerinnen »geheiratet«, zweifellos Töchter syrischer Fürsten, um so die Expansionsgelüste in dieser kriegerischen Region einzudämmen. Um ein bedeutendes Friedensabkommen mit dem Mitanni-Reich zu bekräftigen, hatte Thutmosis III. eine diplomatische Ehe mit der Tochter des Königs dieses vorderasiatischen Staates geschlossen. Im zehnten Jahr der Regierungszeit Amenophis' III. begab sich die Tochter des Königs von Naharina nach Ägypten, um ihr Schicksal mit dem des Pharaos zu vereinen, der weitere »Ehen« mit Ausländerinnen arrangierte und diese freudigen Ereignisse durch Versendung von Skarabäen bekanntgab.

Unmittelbar nach ihrer Ankunft in Ägypten erhielten diese Frauen ägyptische Namen, so daß sich ihre Spur verliert. Zweifellos wurden sie Damen des Hofes und verbrachten dort glückliche Jahre, sofern sie nicht allzusehr unter Heimweh litten. Bemerkenswerterweise erfolgte diese »Ehe-Diplomatie« nur in einer Richtung, nämlich vom Ausland nach Ägypten. Dem babylonischen König, der seine Tochter mit Amenophis III. »vermählt« hatte und der den Pharao bat, ihm eine ägyptische Prinzessin zu schicken, antwortete dieser kühl: »Von alters her wurde die Tochter eines Pharaos an niemanden gegeben.«

Ramses II., der sich von diesen berühmten Vorbildern inspirieren ließ, festigte den Frieden im Nahen Osten, indem er, wie es scheint, eine Babylonierin, eine Syrierin und zwei Hethiterinnen »heiratete«. Auch wenn diese Verbindungen immer mehr zu leeren Ritualen wurden, machte Ramses der Große im vierunddreißigsten Jahr seiner Regierungszeit viel Aufhebens von der Eheschließung mit einer Frau, die das rauhe Klima des anatolischen Hochlandes verlassen sollte, um in Ägypten zu leben: die Tochter Hattuschilis III., des hethitischen »Großkönigs« und wichtigsten Gegners des Pharao.

Das Friedensabkommen aus dem einundzwanzigsten Jahr der Regierungszeit Ramses' II. war von beiden Seiten eingehalten worden; dennoch waren die beiden Herrscher übereinstimmend der Meinung, daß es erforderlich sei, dieses Abkommen auf eine endgültige und glänzende Weise zu besiegeln.

Auf ägyptischer Seite malte man ein Bild der Lage, das kaum ein gutes Haar an den Hethitern ließ. Hatte der allgewaltige Pharao nicht sämtliche Fürsten der Fremdländer in panischen Schrecken versetzt, vor allem aber den Herrscher von Hatti, dessen Land nun verödet und zugrunde gerichtet war, nachdem der furchtbare Gott Seth seine Blitze gegen ihn geschleudert hatte? Wie konnte der Hethiterkönig dessen Zorn besänftigen, außer dadurch, daß er dem Pharao seine älteste Tochter schenkte? Mit zahlreichen Geschenken, mit Gold, Pferden und Zehntausenden von Rindern, Ziegen und Schafen sollte sie nach Ägypten aufbrechen!

Wer hätte sich Ramses widersetzen können – der Steinmauer, die sein Land schützt, dem Weisen, der die rechten Worte spricht, dem Tapferen und Wachsamen, der seinem Volk das Licht schenkt und es mit Nahrungsmitteln überschüttet? Sein Leib war aus Gold, sein Skelett aus Silber, der Pharao war Vater und Mutter des ganzen Landes und kannte alle Geheimnisse im Himmel und auf der Erde.

Dem hethitischen Großkönig blieb folglich nichts anderes übrig, als sich dem ägyptischen Pharao zu unterwerfen: »Ich bin zu dir gekommen, um deine Vollkommenheit anzubeten«, erklärt er, »denn du bindest die Fremdländer, du, Sohn des Seth! Ich habe mein ganzes Hab und Gut hingegeben, meine Tochter ist vor dir, um dir alles darzubringen. Alles, was du befiehlst, ist vollkommen. Ich folge dir ergeben, wie mein ganzes Volk.«

Auch wenn sich der Pharao tatsächlich in einer weniger vorteilhaften Position befand, bleibt doch die Tatsache bestehen, daß sich der Hethiterkönig nach recht langwierigen Verhandlungen damit einverstanden erklärte und seine Tochter als Unterpfand des Friedens an den Hof von Ramses schickte.

Die Reise hatte einen mühsamen Start; es war Winter, die Prinzessin und ihr Gefolge mußten Gebirgszonen durchqueren, Engpäße überwinden und holprige Wege benutzen, bevor sie die

Grenze erreichten. Zudem kamen sie aufgrund des schlechten Wetters nur langsam voran. Erst Ramses stellte dann normale klimatische Bedingungen her, indem er Seth eine Opfergabe darbrachte.[2]

Pharao sandte seiner künftigen Gemahlin ein Armeekorps entgegen. Als die Ägypter mit den Hethitern zusammentrafen, sanken sie sich in die Arme; sie zechten und speisten miteinander und vereinten ihre Truppenteile wie Brüder, die jeglichen Streit vermeiden. Die Bewohner der Gegenden, durch die dieser Troß zog, trauten ihren Augen nicht: Was für ein Wunder, einen bunt zusammengewürfelten Haufen von ägyptischen und hethitischen Soldaten in ausgelassener Stimmung zu sehen! Ein Würdenträger rief aus: »Was für ein großer Tag! Pharao ist nunmehr Herrscher über Ägypten und Hatti. Der Himmel selbst steht unter seinem Siegel.«

Nachdem die hethitische Prinzessin Kanaan durchquert und an der Küste des Sinai entlanggezogen war, traf sie schließlich in Pi-Ramesse ein, der prächtigen Hauptstadt Ramses' II. Der Pharao begrüßte sie persönlich, fand Gefallen an ihrem Gesicht und liebte sie. Er gab ihr den Namen »Ma'at-Hor-nefru-Re«, »Die Horus und die Schönheit des Re erschaut«, und gewährte ihr die außerordentliche Ehre, sie zu seiner Großen Königlichen Gemahlin zu machen. Auf diese Weise wurde der Friede zwischen Ägypten und dem Reich Hatti auf glänzende Weise besiegelt.

Diese spektakuläre Neuigkeit wurde in Hieroglyphentexten verkündet, von denen einige überliefert sind: die von Amarah-West und Akscha in Nubien, der von Elephantine, der von Karnak (an der Südseite der östlichen Mole des neunten Pylons) und vor allem die berühmte »Heiratsstele«, die in die südliche Außenwand des großen Tempels von Abu Simbel eingelassen wurde. Dort sieht man Seth und Ptah bei Ramses, während er vom hethitischen König und seiner Tochter verehrt wird.

Die im Louvre ausgestellte Stele C 284, die in Karnak gefunden wurde, ist ein seltsames Dokument.[3] Angefertigt während der

21. oder 22. Dynastie, ist sie ein fernes Echo der Heirat zwischen der hethitischen Prinzessin und Ramses II. Der Stelentext schildert die siebzehnmonatige Reise einer schönen Prinzessin, die aus einem sehr fernen Land, Bachtan, gekommen ist, um Ägypten zu entdecken. Das Land Hatti lag sehr viel näher, doch der orientalische Erzähler hat bewußt übertrieben.

Ein stiller Gram zehrt an der schönen Prinzessin: ihre Schwester Bentresch ist krank. Die Ärzte von Bachtan sind ratlos. Der Wissenschaft und Magie der Ägypter sollte es gelingen, sie zu heilen. Ein thebanischer Arzt, der gerufen wird, um sie zu untersuchen, stellt eine beunruhigende Diagnose: Bentresch ist von einem Dämon besessen. Nur ein Gott könnte sie heilen.

Das soll kein Hindernis sein: Ägypten schickt die Statue eines heilkundigen Gottes, des Chons, der über das Schicksal beschließt und umherirrende Geister verjagt, nach Bachtan. Sie erfüllt ihre Aufgabe, Bentresch wird wieder gesund. Aber der Fürst von Bachtan verhält sich nicht korrekt, weigert er sich doch, die wertvolle Statue den Ägyptern zurückzugeben.

Im Traum jedoch erscheint ihm Chons und befiehlt ihm, die Statue nach Ägypten zurückzuschicken. Da der Herrscher den Zorn des Gottes fürchtet, kommt er der Aufforderung nach. Was die Prinzessin von Bachtan betrifft, dieses poetisch erhöhte Bild der Tochter eines Hethiterkönigs, so läßt sie sich vom Zauber des Landes der Pharaonen in den Bann schlagen.

Ta-usret – die letzte Pharaonin

Um 1212 v. Chr. trat der bereits betagte Mer-en-Ptah die Nachfolge Ramses' II. an. In seiner etwa zehnjährigen Regierungszeit gelang es ihm, gefährliche Invasionsversuche abzuwehren. Nach seinem Tod wagte sein Nachfolger zum zweiten und letzten Mal in der ägyptischen Geschichte, den Namen Sethos anzunehmen. Mit anderen Worten, Sethos II. definiert sich als Verkörperung des Gottes mit der größten Macht – der Kraft, die sich im Gewitter, im Blitz und im tobenden Wind manifestiert –, der am Bug der Sonnenbarke den Drachen bekämpft und sie an der Weiterfahrt hindern will. Die gefährliche Machtfülle Seths führt, wenn sie nicht gezügelt wird, zu Unordnung und Verwirrung. Und die dürftigen und schwer zu interpretierenden Quellen deuten tatsächlich darauf hin, daß Sethos II. große Schwierigkeiten hatte, seine Aufgabe als Pharao zu bewältigen.

Regierte er zusammen mit einem hochrangigen Würdenträger, Amen-messe? Versuchte dieser nach dem Tod Sethos' II. im Jahre 1196 die Macht an sich zu reißen, obwohl der junge Si-Ptah der designierte Nachfolger war? Wir wissen nicht mit Sicherheit, was sich damals abgespielt hat.[1] Und das Grabmal Sethos' II. im Tal der Könige kann diese Wissenslücke auch nicht schließen, weil es wie alle anderen Grabanlagen keinerlei historische Informationen enthält.

Zweifellos haben wir es mit einer klassischen Konstellation zu tun: Da Si-Ptah zu unerfahren war, um die Regierungsgeschäfte zu führen, wurde die Macht einer Regentin namens Ta-usret übertragen, die vermutlich die Große Königliche Gemahlin Sethos' II., zweifellos aber nicht die Mutter des neuen Pharaos war. Sie, die »Reich an Gunsterweisen, sanfte, inniggeliebte Herrscherin, Herrin Beider Länder«, war nicht von königlichem Blut, aber sie regierte Ägypten, wie es andere Frauen vor ihr getan hatten.

Der »Lebensweg« Si-Ptahs liegt völlig im dunkeln. Weshalb veränderte er seinen Namen in Mer-en-Ptah-Si-Ptah, wodurch er seine Verbundenheit mit dem Gott Ptah bekräftigte und den Namen von König Mer-en-Ptah, dem Nachfolger Ramses' II., wiederaufgriff? Die Untersuchung seiner Mumie hat gezeigt, daß der unglückliche Si-Ptah ein verkümmertes linkes Bein hatte. Seine Gesundheit war gewiß angeschlagen, und er starb nach einer kurzen Regierungszeit.

Die Regentin Ta-usret wird nun zum Pharao gekürt, wobei sie die gleiche »Karriere« macht wie vor ihr Hat-schepsut; ihre Regierungszeit – die letzte der 19. Dynastie – dauerte acht Jahre (1196–1188 v. Chr.).[2]

Wenige Monumente, wenige Texte: Die Quellen sind mehr als dürftig. Muß man deshalb auf Palastintrigen und innere Auseinandersetzungen schließen, indem man unsere politischen Sitten in die pharaonische Vergangenheit hineinliest? Aus dem Schweigen der Quellen darf man nicht automatisch folgern, es hätte finstre Verschwörungen gegeben. Jedenfalls wurde die Institution des Pharao nicht in Frage gestellt, und Ta-usret wurde als Pharao anerkannt.

Eine Persönlichkeit namens Baj[3], von der einige annehmen, sie habe am Hof Si-Ptahs einen beherrschenden Einfluß ausgeübt, behauptete, einen großen Beitrag zur Erhaltung der königlichen Herrschaft geleistet zu haben. Aber war er der Verbündete oder der Feind der Regentin und späteren Pharaonin Ta-usret? In diesem Punkt scheiden sich die Geister.

Der königliche Schreiber, Mundschenk und Schatzmeister Baj stand zweifellos als Berater in hohem Ansehen, da er ein Vorrecht genoß, das nur selten gewährt wurde: im Tal der Könige bestattet zu werden. Sein Grab trägt die Nummer 13 und ist wie alle anderen nichtköniglichen Grabanlagen nicht dekoriert. Baj wurde somit keineswegs wie ein Intrigant und Manipulator, sondern wie ein getreuer Diener Pharaos behandelt.

Er ist möglicherweise der Autor eines Gebets an den Gott Amun, in dem der Wunsch bekundet wird, Theben wiederzusehen, die Stadt, die seinem Herzen teuer ist, und die Thebanerinnen, die er zärtlich liebte; fern von ihnen, war er von großer Wehmut erfüllt.

Ta-usret erhielt wie ihre Vorgänger als Pharaonen mehrere Namen; sie war »Die von Ma'at Geliebte, Die Schönheit besitzt als König, wie Atum, Die Gründerin Ägyptens, Die die Fremdländer unterjocht, Die Herrscherin des geliebten Landes, Die von Amun Geliebte, Die Mächtige, Die von Mut Geliebte, Die von Mut Erwählte«.

Ein wahrlich umfassendes »Programm«, das Atum, den Urschöpfer, Amun, den Herrn von Theben, Mut, die Große

Mutter, und vor allem Ma'at, die Weltordnung, einbezieht. Der neue Pharao bekräftigt seine völlige Souveränität: Sie hat Ägypten gegründet, sie regiert es. Ihre Macht wird verkündet: Die Fremdländer unterwerfen sich ihr, und ihr geläufigster Name, Ta-usret, bedeutet »die Mächtige«, worin die Begriffe Tapferkeit und Stärke mitschwingen. Bezieht sich der Begriff »Schönheit« (*an*) auf die äußere Erscheinung Ta-usrets oder, was wahrscheinlicher ist, auf ihre Fähigkeit, das Gesetz der Ma'at »auf schöne Weise« umzusetzen?

Als »Taôser« ist der Name der letzten Pharaonin den Liebhabern der romantischen Literatur nicht unbekannt, denn so heißt die Heldin des *Roman de la momie* von Théophile Gautier. Man muß nicht eigens erwähnen, daß der Autor, der diesen Namen von Champollion übernahm, sehr weit von den Realitäten des Alten Ägypten entfernt blieb.

Wir wissen nichts über die Regierungszeit Ta-usrets. Sie teilt sich mit Pharao Seth-nacht ein großes Grab im Tal der Könige (Nr. 14), das mit herrlichen Abbildungen von Göttinnen ausgeschmückt wurde. Ein winziger Teil des prächtigen Grabschatzes blieb erhalten, da er in einer Cachette des Tals versteckt worden war. Man fand dort unter anderem goldene Ohrringe, eine goldene Halskette und eine Krone, die aus einem breiten Goldreif mit sechzehn Löchern besteht, in denen abwechselnd Blumen aus Gelb- und Rotgold stecken. War dieses wunderschöne Diadem mit einem Durchmesser von 17 cm und einem Gewicht von 104 Gramm die »Rechtfertigungskrone«, welche die Pharaonin, die das Jenseitsgericht für gerecht befunden hatte, im ewigen Leben tragen würde?

Das Name Ta-usrets findet sich auf Denkmälern im Delta, im Sinai und in Nubien; südlich des Ramesseums war mit dem Bau ihres »Millionenjahrhauses« begonnen worden.[4] Trotz der insgesamt dürftigen Quellenlage können wir vermuten, daß die Regierungszeit Ta-usrets eine Zeit des Friedens und des relativen Wohlstandes war.

Arsinoë II. – vergöttlichte Königin

Im Jahre 342 v. Chr. fielen die Perser zum zweiten Mal in Ägypten ein und bereiteten der politischen Unabhängigkeit der Beiden Länder endgültig ein Ende. Doch schon im Jahr 332 wurden die Perser durch Alexander den Großen wieder aus Ägypten vertrieben, das fortan von griechischen Herrschern, den Ptolemäern, regiert wurde. Sie residierten in Alexandria, das vom griechischen Geist durchdrungen und zur mediterranen Welt hin offen war. Doch die pharaonische Spiritualität lebte fort, vor allem im Süden.

Um als Pharaonen anerkannt zu werden, ließen sich die Ptolemäer nach den alten Riten krönen. Eine Königin, Arsinoë II., Gemahlin von Ptolemaios II. Philadelphos (285–246), hatte ein bemerkenswertes Schicksal.

Ptolemaios II. hatte im Alter von fünfundzwanzig Jahren den Thron bestiegen. In Alexandria von Frauen großgezogen, die ihn umhegten, besaß der junge König offenbar viel Charme, interessierte sich aber mehr für sein eigenes Wohlergehen als für das seines Landes. In offiziellen Dokumenten beteuerte er allerdings inständig, alles Gutes sei im Überfluß vorhanden, seine Speicher reichten bis ans Firmament, die Zahl seiner Soldaten sei größer als die der Sandkörner am Ufer des Meeres, alle Heiligtümer frohlockten und er bringe den Göttern die geschuldeten Opfergaben dar. So griff er die alten Texte aus jener Zeit auf, in der der Reichtum Ägyptens eine Tatsache gewesen war.

Ptolemaios II., der Alexandria öde und langweilig fand, versuchte seiner Herrschaft einen gewissen Glanz zu geben. Vielleicht beeindruckten ihn die Grandiosität der ägyptischen Architektur und die prächtige Vergangenheit der Beiden Länder.

Im Jahre 278 v. Chr. trifft seine – damals siebenunddreißigjährige – Schwester, Arsinoë II., in Ägypten ein. Diese ebenso schöne wie willensstarke Frau ist gefährlich. Viele glaubten, daß sie Morde in Auftrag gegeben, Verschwörungen angezettelt und auf eine suspekte Weise die Macht an sich zu reißen versucht hatte. Tatsächlich war ihre Reise eine Flucht vor ihren Feinden.

Ägypten gefiel ihr. Arsinoë heckte sogleich einen Plan aus, um die Staatsangelegenheiten in ihre Gewalt zu bringen; zunächst mußte sie ihren Bruder Ptolemaios II. heiraten, der sie ebenso bewunderte wie fürchtete. Es gab jedoch ein kleines Hindernis, denn der König war bereits verheiratet, und seine Gemahlin hieß ebenfalls Arsinoë. Arsinoë II. gelang es jedoch, ihre Rivalin in Mißkredit zu bringen und deren Verbannung in die Stadt Koptos zu erreichen, wo diese, abgeschnitten von jedem Kontakt mit dem Königshof, vor Wehmut und Gram starb. Nun war der Weg frei, und Arsinoë wurde ägyptische Königin.

Wie ein Pharao ließ sie ihren Namen in Kartuschen einschreiben, und wie eine Mitregentin mischte sie sich in die Regierungsgeschäfte ein. Ptolemaios II., ein Mann von schwachem Charakter, der von dieser starken Frau fasziniert war, ließ sich dies alles gefallen. Allerdings warf diese Ehe ein heikles Problem auf, da sie nichts anderes war als Inzest. Doch Arsinoë II. fand in der Mythologie ein gutes Gegenargument: Hatte nicht Zeus selbst seine Schwester Hera geheiratet? Der Hof billigte die Ehe und schwieg. Die zwei Würdenträger, die weiterhin protestierten, wurden verbannt bzw. umgebracht.

Vielleicht blieb die Ehe ein rein symbolischer Akt und wurde niemals vollzogen. Schließlich trat Arsinoë II. faktisch die Alleinherrschaft an und überließ ihren Bruder seinen Geliebten und seinem müßiggängerischem Wohlleben. Acht Jahre lang gebärdete sie sich wie ein echter Pharao; aus diesem Grund trugen zahlreiche Städte ihren Namen. Eine ganze Region, das Fayum, wurde zum »Nomos Arsinoites«.

Der Anblick Arsinoës, so heißt es, sei gefälliger gewesen als der der Sonne und des Mondes. Ihr prächtiger Körper duftete betörend. Jeder fürchtete sie, doch wurden andererseits Loblieder auf ihre Wohltaten angestimmt.[1]

Arsinoë II. organisierte eindrucksvolle Prozessionen, bei denen der König und die Königin, auf Goldthronen sitzend und von zahllosen Priestern geleitet, die die Bücher des Thot und Statuen ägyptischer Gottheiten trugen, durch Alexandria zogen. Hinter dem königlichen Wagen gingen Astrologen, Wahrsager und Schreiber.

Die Königin war durchaus Staatsfrau. Gegen den Willen ihres Bruders setzte sie ein Wirtschaftsprogramm durch, das nicht so kostspielig war wie das Programm, das sich Ptolemaios vorgestellt hatte. Außerdem wollte Arsinoë Alexandria zur Wirtschaftsmetropole des Orients machen, die als Hauptumschlagsplatz für den Handel mit wertvollen Gütern dienen sollte. Sie beabsichtigte sogar, die Einflußsphäre Ägyptens auszudehnen und das Land mit einer gut ausgerüsteten Armee zu versehen. Sie ließ Brunnen entlang des Weges graben, auf dem Waren vom Roten Meer zum Nil befördert wurden, sie faßte die Eroberung Äthiopiens ins Auge, sie bemühte sich um die Beschaffung von Elephanten, die für die künftigen Kämpfe unentbehrlich waren.

Unter dem Einfluß Arsinoës änderte sich die Mentalität des sorglosen Ptolemaios. Und wenn die Königin im Grunde doch recht hatte? Wenn es möglich wäre, Ägypten den Status einer Großmacht zurückzugeben? Dann müßte man zwischen dem Mittelmeer und dem Roten Meer einen Verbindungsweg ausheben – der, viel später, Suez-Kanal genannt werden sollte – und versuchen Arabien, Syrien, Kleinasien, Griechenland und Mazedonien zu erobern.

Nachdem Ptolemaios das Amt des Oberbefehlshabers übernommen hatte, schritt er zur Tat. Die Südwestküste Kleinasiens geriet unter seine Herrschaft. Aber die Feldzüge kosteten viel Geld, um so mehr, als der Hof in Alexandria, der von Schmarotzern bevölkert war und von einem aufgeblähten und ineffizienten Verwaltungsapparat ausgezehrt wurde, auf großem Fuß lebte. Arsinoë wollte den Hof reformieren, die Ausgaben drosseln und gleichzeitig die landwirtschaftliche Produktion steigern, vor allem in der schönen Provinz Fayum. Dem Land mangelte es nicht an Reichtümern: Goldminen, Getreidefelder, Weingärten, Fischgründe, Webereien, Parfumfabriken, Papyrus-Manufakturen ... Eine sanierte Wirtschaft würde die größten Hoffnungen rechtfertigen.

Doch der Gesundheitszustand Arsinoës verschlechterte sich, und nachdem sie einige Monate gelitten hatte, starb sie 270 v. Chr. Ihr Bruder grämte sich sehr über den Verlust, hatte das seltsame Paar doch schließlich einträchtig zusammengearbeitet. Dieser Frau, die als starrsinnig und ehrgeizig galt, war es gelungen, dem König ein Ideal zu vermitteln und ihm seine Verantwortlichkeiten bewußt zu machen. Aus diesem Grund hat er seiner Schwester nach ihrem Tod eine außerordentliche Gunst gewährt, indem er sie zur Göttin erhob.

Noch im Jahr ihres Todes wurde Arsinoë in den Kreis der Gottheiten der Stadt Mendes im Delta aufgenommen. Als »Göttin unter den Göttern, die auf der Erde leben« tituliert, wurde sie in den Haupttempeln des Landes, vor allem in Saïs, in Memphis, im Fayum und sogar in Karnak verehrt. In Alexandria wurde zur Pflege ihres Andenkens ein Tempel errichtet; ein weiterer wurde unweit der Stadt Kanopos an der Spitze des Kaps Zephyrion erbaut. Arsinoë herrschte dort als Göttin, die die Wünsche der Seeleute erhörte, den Schiffen eine gute Reise gewährte und das tobende Meer besänftigte. Die Dichter verfaßten Werke zu ihrem Ruhm, der Staat setzte Münzen in Umlauf, die den Eintritt Arsinoës in die Götterwelt feierten, die Bildhauer schufen zahlreiche Statuen der neuen Göttin.

Nach ihrem Tod im ersten Sommermonat waren an Arsinoë althergebrachte magische Riten, wie die »Mundöffnung«, vollzogen worden, bevor in Mendes ein Fest zu ihren Ehren eingeführt wurde. Später wurden an heiligen Orten Statuen der vergöttlichten Arsinoë aufgestellt, einige davon aus Gold und Edelsteinen. Das »Lebenshaus« war beauftragt worden, Hymnen an Arsinoë zu komponieren; diese sollten täglich von Priesterinnen gesungen werden, denen ein besonderes, der Königin geweihtes Brot als Nahrung dienen würde. In Philae wurde sie mit der großen Isis gleichgesetzt.

Die Historiker sind unnachsichtig in ihrem Urteil über Arsinoë. Aber hat sie sich nicht von Grund auf gewandelt, nachdem sie ägyptischen Boden betreten hatte, und wollte sie nicht das Reich der Pharaonen in altem Glanz wiedererstehen lassen?[2]

Kleopatra oder Der letzte Traum von pharaonischer Grösse

Die Weisen Ägyptens waren sich der Unaufhaltsamkeit des Niedergangs bewußt, der sich über mehrere Jahrhunderte hinzog. Zwar hatte die Institution des Pharao über zahllose Eindringlinge triumphiert, doch schließlich schlug die letzte Stunde für ein politisches und wirtschaftliches System, in dem die Ma'at und die alten Wertvorstellungen keinerlei Bedeutung mehr besaßen. Die Beiden Länder sollten ihre Freiheit und Unabhängigkeit nie mehr zurückerlangen.

So galt es, das zu tun, was noch möglich war: wichtige Nachrichten aufzuzeichnen und der Nachwelt zu überliefern. Im Süden, fern vom griechisch geprägten Alexandria, meißelten Adepten von Kultgenossenschaften Tausende von Hieroglyphen in die Wände der Tempel von Kom Ombo, Dendera, Edfu und Philae – eine große Anzahl von umfangreichen Büchern, die Mysterien und Rituale offenbaren.

Mußte man der vergangenen Größe endgültig entsagen? Eine Frau wollte sich dem Diktat der Geschichte nicht unterwerfen. Geboren im Jahre 69 v. Chr., verfolgte Kleopatra, die siebte Prinzessin dieses Namens, der soviel bedeutet wie »der Ruhm ihres Vaters«, den unerfüllbaren Traum von einem wiedererstandenen Imperium, dessen Herz das alte Land der Pharaonen sein sollte.

Ist es ein Zufall, daß Ägypten – die gesamte Pharaonenzeit hindurch bedeutenden Frauen mit größtem Wohlwollen begegnend – seinen letzten Glanz einer Königin verdankt, die die Rolle eines Pharaos zu spielen versuchte?[1]

Kleopatra, die durch Kinofilme und Comic strips zu einer populären Figur wurde, ist berühmt für ihr Schönheit . . ., die zweifellos nur Legende ist. Sofern man einigen vagen zeitgenössischen Porträts trauen kann, besaß sie vermutlich kein sonderlich bemerkenswertes Äußeres; vielmehr war sie eine Intellektuelle, die mehrere Sprachen beherrschte. Sie war gebildet und ehrgeizig, besaß einen gewissen Charme und eine bezaubernde Stimme: Es war offensichtlich eine Wonne, ihr zuzuhören. Glich ihre Zunge nicht einer mehrsaitigen Lyra?

Sie lebt in einer Zeit des Niedergangs und in einer Welt, in der eine einzige Großmacht herrscht: Rom. Kleopatra muß schrittweise vorgehen und beginnt mit der Eroberung Alexandrias, dieser mehr griechischen als ägyptischen Stadt, die das Andenken Alexanders des Großen, des Bezwingers der Perser und Befreiers Ägyptens, in Ehren hält. Die Dynastie der Ptolemäer liegt in den letzten Zügen, die Männer aus dieser Herrscherfamilie besitzen weder Intelligenz noch Kraft, noch politische Weitsicht. Sie schwelgen in den nichtigen Lustbarkeiten eines alexandrinischen Hofes, der sich mit seiner kümmerlichen Macht begnügt.

Kleopatra, der von Rom vorgeworfen wird, sie verhexe die Menschen mit Hilfe magischer Techniken, träumt von höheren Zielen. Von einem mächtigen und unabhängigen Ägypten wie in alten Zeiten.

Doch Kleopatra ist nicht sehr beliebt, man mißtraut ihr. Als ihr Vater 51 v. Chr. stirbt, wird die Herrschaft zwischen ihr und ihrem Bruder Ptolemaios XIII. geteilt, der formell ihr Gemahl wird. Die junge Frau erträgt diese Situation nicht; im Bemühen, die Intrigen, die gegen sie gesponnen werden, zu vereiteln, strebt sie nach der Alleinherrschaft. Doch ihr Bruder triumphiert und 48 v. Chr. wird Kleopatra zum Rücktritt gezwungen. Nicht wenige glaubten, daß ihre politische Karriere damit beendet sei.

Cäsar, der Eroberer, ein eingefleischter Römer, Soldat und Rationalist, vermochte nicht den vereinten Lockungen Alexandrias und einer jungen, lebhaften, gelehrten und leidenschaftlichen Frau von zwanzig Jahren zu widerstehen. Auch wenn sie vom Thron gestoßen worden und beim Volk nicht sonderlich beliebt war, stellte sich Cäsar auf ihre Seite. Die Rivalen Kleopatras werden auf brutale Weise ausgeschaltet. Schließlich tritt sie die Alleinherrschaft an. Die »Alleinherrschaft«?... Ist das keine Illusion? Sie kann auf die Unterstützung Cäsars nicht verzichten – eine Unterstützung, an der es ihr nicht mangeln soll, wird sie doch die Mutter seines Sohnes Caesarion.

Im Jahre 46 v. Chr. reist Kleopatra nach Rom und läßt sich in »den Gärten des Cäsar« nieder, dem heutigen Palazzo Farnese. Sie erwartet sich viel von diesem Aufenthalt und ist entschlossen, die Römer dazu zu bringen, sie als große Königin anzuerkennen, die Hochachtung verdient. Aus diesem Grund umgibt sie sich mit Philosophen, Dichtern und Künstlern und schafft sich einen glänzenden und berühmten Hof. Doch sie hat das Mißtrauen der römischen Intellektuellen gegenüber einer Orientalin unterschätzt. Das Zerwürfnis mit dem scheinheiligen Cicero schadet ihr. Bald kursieren die bösartigsten Gerüchte über die Ägypterin, die die Taktlosigkeit begeht, eine Goldstatue nach ihrem Bilde im Venus-Tempel aufstellen zu lassen.

Der Senat befürchtet, daß sich Cäsar mit jedem Tag mehr »orientalisiert« und der Fremden zu guter Letzt eine allzu große Macht einräumen wird. Am 15. März 44 v. Chr. wird Cäsar ermordet. Kleopatra muß Rom verlassen und nach Ägypten zurückkehren.

Viele Illusionen verfliegen. Dank einer glücklichen Fügung stirbt Ptolemaios XIV. – böse Zungen behaupten, Kleopatra habe seinem Tod nachgeholfen –, und der neue Mitregent der Königin, Ptolemaios XV., ist erst drei Jahre alt. Sie hat also weiterhin uneingeschränkt die Regierungsgewalt inne. Doch welche Haltung soll sie gegenüber dem Triumvirat, das von Lepidus, Octavian und Marcus Antonius – dem designierten neuen Herrscher des Ostens – gebildet wird, einnehmen?

Im Alter von siebenundzwanzig Jahren weiß Kleopatra, daß sie sich auf ihre Bildung und ihren Charme verlassen kann. Aber besteht nicht die Gefahr, daß diese Waffen unzureichend sind? Als Königin Ägyptens ist sie keine gewöhnliche Frau, sondern die Verkörperung einer Göttin. Aus dieser Überzeugung schöpft sie die nötige Kraft, um ihren Traum weiter zu verfolgen.

Allerdings wird die Sache nicht leicht werden, denn der rauhbeinige Marcus Antonius ist ihr nicht besonders gewogen. Der Sieger der Schlacht bei Philippi ist unzufrieden mit dem Verhalten der Ägypterin, die ihn nicht in dem Maße unterstützte, wie er es wünschte. Er fordert sie auf, nach Tarsus zu kommen, um sich dort zu erklären.

Er wird von einer Göttin aufgesucht. Plutarch berichtet, sie sei den Fluß Kydnos »in einem Schiff mit einem Heck aus Gold, Segeln aus Purpur und Riemen aus Silber hinaufgefahren. Die Ruder bewegten sich im Rhythmus des Klangs von Flöten, die von Lyren und Schalmeien begleitet wurden. Sie selbst, festlich geschmückt wie Aphrodite, lag unter einem goldbestickten Pavillon, und Kinder, ähnlich den Amoretten auf Bildern, umringten sie und fächelten ihr Luft zu. Ihre Dienerinnen, alle von vollendeter Schönheit und als Nereiden und Grazien verkleidet, hielten sich teils am Ruder, teils am Tauwerk auf. Der Geruch der Duftstoffe, die man an Bord des Schiffes verbrannte, erfüllte die beiden Ufer des Flusses, auf denen sich die Menge drängte.«

Kleopatra erscheint als lebendige Verkörperung von Isis, der Allmutter, der vollkommenen Gemahlin, der Gottesgestalt, in der sämtliche Göttinnen der antiken Welt verschmolzen. Läßt sie sich nicht »die neue Isis« nennen? Sie versucht Antonius davon zu überzeugen, daß er das Zeug zu einem neuen Osiris hat und daß sie gemeinsam ein außergewöhnliches Paar abgeben würden und ein neuen Goldenes Zeitalter begründen könnten.

Kleopatra, Isis-Hathor; Antonius, Osiris-Dionysos![2] Sie, die durch den Nil fruchtbar gemachte Erde Ägyptens; er, die siegreiche Lebenskraft. Ein Königspaar nach ägyptischem Muster, das bereit ist, den Thron Beider Länder zu besteigen und den vergangenen Glanz wiedererstehen zu lassen. Kleopatra überlegt, sich traditionelle, unüblich gewordene Titel zuzulegen: »Erbprinzessin, Herrscherin des Nord- und des Südlandes, Regentin des Reiches, weiblicher Horus«.

Antonius läßt sich bezaubern. Er vergißt sein militärisches Leben, die römische Moral, ja Rom selbst. Er ist betört vom Luxus am Hofe Kleopatras, vom Prunk, den die Frau entfaltet, die er liebt. Bei den rituellen Festzügen, die die Straßen der Stadt mit Leben erfüllen, nimmt der mit einer Efeukrone geschmückte Antonius auf einem Wagen Platz und mimt die Rolle eines Gottes.

Kleopatra arbeitet. Sie reformiert das Geldsystem, saniert den Handel, zerschlägt Monopole, bringt Ägypten zurück auf die internationale Bühne. Antonius verschafft ihr das, was ihr fehlte: die militärische Macht. Doch ein gefährlicher Gegner steht im Weg: der Römer Octavian.

Antonius und Octavian verhandeln und teilen die damals bekannte Welt unter sich auf. Den Westen für Octavian, den Osten für Antonius. Um diesen Pakt zu besiegeln, muß Antonius 40 v. Chr. Octavia, die Halbschwester Octavians heiraten. Dieser gelingt es, ihren Gemahl eine Zeitlang dem Einfluß Kleopatras zu entziehen. Doch wer könnte schon über längere Zeit dem magischen Zauber einer Göttin widerstehen?

Im Jahre 36 triumphiert Kleopatra: Antonius erklärt sich bereit, sie zu heiraten. Der Protest, der sich in Rom dagegen erhebt, kümmert ihn nicht. Kleopatra und ihr Gemahl stehen an der Spitze eines hellenistischen Reichs, dessen Zentrum Ägypten ist.

Von nun an türmen sich schwarze Wolken auf. Ein Feldzug gegen die Parther endet mit einer verheerenden Niederlage, die das Heer Antonius' schwächt, während der Ruhm Octavians ständig wächst.

Octavia stellt Antonius, ihrem gesetzlichen Gatten, ein Ultimatum: Er soll Kleopatra verlassen und seinen ausschweifenden Lebenswandel beenden. Antonius weigert sich, worauf Octavian ihn zum Feind Roms erklären läßt. Über kurz oder lang ist der Krieg unvermeidlich.

Kleopatra läßt bei einer grandiosen Zeremonie, in deren Verlauf Antonius und die ägyptische Königin, die auf goldenen Thronen sitzen, sich als Pharaonen huldigen lassen, ein Reich des Ostens ausrufen.

Alles wird sich in der Konfrontation zwischen der Armee des Ostens und den Legionen Octavians entscheiden. Kleopatra inspiziert Kasernen und Werften, überwacht den Bau neuer Kriegsschiffe. Sie ist von einem unbändigen Siegeswillen beseelt. Octavian erklärt Kleopatra und nicht Antonius den Krieg.

Actium, 31 v. Chr.: Die ägyptische Flotte wird besiegt, Antonius begeht in Alexandria Selbstmord. Die neununddreißigjährige Kleopatra versucht, ohne große Hoffnung, den abweisenden Octavian für sich einzunehmen. Doch anders als Cäsar und Antonius erliegt der künftige Kaiser Augustus weder dem Zauber Ägyptens noch dem seiner Königin.

Der Legende nach tötete sich Kleopatra, indem sie sich von einer Schlange beißen ließ. Man kann dies symbolisch deuten: Das Reptil, das an den sich an der Stirn der Pharaonen aufbäumenden Uräus erinnert, bringt deren Nachkommin in eine andere Welt, wo sie ihren Traum weiterverfolgen kann.[3]

Kleopatra, die in einem Grab bestattet wurde, das sie unweit des Isis-Tempels hatte errichten lassen, war die letzte Repräsentantin einer langen Linie von Staatsfrauen, die über das von den Göttern geliebte Land geherrscht hatte.

ZWEITER TEIL

Liebende, Ehefrauen und Mütter

Eine Verliebte in diesem Garten

Die Liebe ist ein zu hoher Wert, als daß man sie den Menschen überlassen könnte. Aus diesem Grund wacht Hathor, die Herrin aller Formen der Freude, angefangen vom Vergnügen beim Anblick der Sterne bis zur sinnlichen Lust, über die rätselhafte Anziehungskraft, die zwei Verliebte aneinander bindet. Die Himmelsgöttin sorgt dafür, daß sich auf der Erde die Liebe als unwiderstehliche Gewalt ausbreitet, und erfüllt urplötzlich das Herz. Hathor, zugleich Mutter und Tochter der Sonne, Tag und Nacht, Helligkeit und Finsternis, loderndes Feuer und verhaltene Sanftmut, besitzt alle Gesichter der verliebten Frau.[1]

Der Verliebte vergleicht sich mit einer Wildgans; er möchte seiner Geliebten in die Falle gehen, deren Mund eine Blütenknospe ist und deren Brüste Liebesäpfel sind. Sie ist eine Meisterin in der Kunst des Lassowerfens; ihre Haare flicht sie zu Netzen, mit denen sie den Verliebten fängt. Mit ihrem Ring zeichnet sie ihn wie mit einem Siegel.

Die Schöne erlegt ihrem Liebhaber Prüfungen auf, um herauszufinden, ob er sie wirklich liebt. Sie läßt ihn vor verschlossener Tür warten; bei Tagesanbruch muß er inständige Bitten an sie richten und ihr Geschenke darbringen, damit sie sich bereit findet, ihm zu öffnen. Schon bis hierher zu kommen, war nicht leicht, denn die Geliebte wohnt auf dem gegenüberliegenden Ufer. Der Verliebte mußte den Nil durchschwimmen, wo ihm ein Krokodil auf einer Sandbank auflauerte. Nur der Stimme seiner Leidenschaft gehorchend, tauchte er unter und entkam so dem Ungetüm. In seinem Übermut hat er sogar das Gefühl gehabt, über das Wasser zu gehen. Macht ihn sein Verlangen nicht unverwundbar? Im Grunde seines Herzens ist er sich sicher, daß seine Geliebte durch magische Sprüche, den »Wasserzauber«, alle Gefahr gebannt hat.

Als er das Haus der Schönen erreicht hat, muß er noch an der wachsamen Mutter vorbei und schickt zu diesem Zweck einen Boten mit einem Brief an die junge Frau vor. Der Verliebte schildert darin seine Träume: Er möchte Pförtner im Haus der Geliebten werden, der Wäscher, der ihre Gewänder reinigt, und sogar ihre nubische Magd, die sie frisiert! Auch möchte er sich in den Ring verwandeln, den sie am Finger trägt, um in ständiger Berührung mit ihrer Haut zu sein. Falls man die Liebenden daran hindern sollte, sich zu sehen, würden sie die Gestalt von Pferden oder von Gazellen annehmen, die jedes Hindernis überwinden können.

Das Verlangen löst ein Erwachen der Sinne aus. Die Liebende schminkt sich mit großem Geschick und wählt mit sicherer Hand Salben und Duftessenzen aus. Sie hat sich lange auf ihre erste Begegnung vorbereitet; mit duftendem Haar, die Hände mit Zweigen von Perseaholz gefüllt (so daß sie Hathor gleicht, der wunderbaren Göttin, welche die Beiden Länder mit den lieblichsten Düften erfüllt), geht sie auf ihren Geliebten zu. Der Liebende möchte den Wohlgeruch seiner Geliebten erhaschen, diese zarte Emanation ihres Wesens, das die Seele erfreut.

Wenn der Geliebte verschüchtert ist, weiß die Schöne, wie sie ihn festhalten kann: »Willst du mich etwa verlassen«, fragt sie bekümmert, »weil du essen möchtest? Hörst du also nur auf den Anruf deines Magens? Wirst du fortgehen, weil du dich bedekken möchtest? Ich habe, was du brauchst: Laken auf meinem Bett ... Willst du gehen, weil du durstig bist? Nimm denn meine Brust, sie strömt über für dich. Die Liebe, die ich empfinde, durchdringt meinen Körper wie Wein, der sich mit Wasser vermischt.«

»Wenn mein Herz in Einklang mit deinem Herzen ist«, fährt die Schöne fort, »ist das Glück nicht fern.«

Auch die Frau ist eine Gefangene ihres Verlangens.

»Heute«, sagt sie zu ihrem Geliebten, »habe ich dir keine Falle gestellt. Deine Liebe hat mich gefesselt, ich kann mich nicht mehr daraus befreien.« Ihr Herz schlägt schneller und zuckt zusammen, sie weiß nicht mehr, was sie anziehen soll, schminkt sich nicht mehr die Augen, parfümiert sich nicht mehr, verliert den Kopf. Kurz, sie hat Liebeskummer. Am schlimmsten ist es, den Geliebten nicht mehr sehen zu können. Die Glieder werden schwer, die Ärzte wissen sich keinen Rat. Der Liebende, der ebenfalls erkrankt ist, beteuert: »Ich werde gesunden, sobald ich sie wiedersehe. Wenn sie mich anblickt, bin ich geheilt. Kaum daß sie spricht, finde ich meine ganze Kraft wieder.«

Die junge Frau, die eine Tunika aus feinem durchsichtigen Linnen trägt, das mit Duftölen getränkt ist, läßt die Vollkommenheit ihres Körpers erahnen. Sie steigt langsam ins Wasser, entkleidet sich und schwimmt nackt; sie fängt zum Spaß einen roten Fisch, der ihr durch die Finger schlüpft. »Komm her«, ruft sie ihrem Geliebten zu, »und betrachte mich!« Sie umschlingt ihn mit Lotos- und Papyrusblumen. Wie herrlich ist es, anschließend in einer Barke auf einem Teich zu fahren, dabei gemächlich zu rudern, einige Enten aufzuschrecken und reife Früchte zu kosten.

Nachdem sich die Liebenden gegenseitig ihr Verlangen gestanden haben, begehren sie nur noch eines: allein zu sein in den Sümpfen, in denen Vögel gejagt werden, oder besser noch in einem menschenleeren Garten. Sie verstecken sich im Papyrusdickicht oder im schattigen Laubwerk einer Sykomore, welche die junge Frau einst zu Ehren der Göttin Hathor gepflanzt hat; sie hatte Hathor gebeten, sie mit der Liebe bekannt zu machen.

Die geliebte Frau wird von ihrem Geliebten mit tausend Kosenamen bedacht: »Gazelle«, »Kätzchen«, »Schwalbe«, »Täubchen«, die noch heutzutage verwendet werden, während »mein Nilpferd«, »meine Hyäne«, »meine Äffin« und »mein Frosch« weitgehend außer Gebrauch gekommen sind.

Sich küssen heißt trunken sein, ohne Alkohol genossen zu haben. Gibt es ein süßeres Glück, als die Liebe in einem Garten zu genießen, in dem Sykomore, Tamariske, Granatapfelbaum und Feigenbaum sprechen? Der überschwengliche Geliebte summt das Liebeslied, das die Schönen Ägyptens mit Entzückung vernahmen: »Du bist die Einzigartige, die Geliebte, die Unvergleichliche, die Schönste auf der Welt, du gleichst dem strahlenden Stern des neuen Jahres, an der Schwelle eines schönen Jahres, die, deren Anmut glänzt, deren Haut strahlt, mit dem klaren Blick, mit sanften Lippen, mit dem langen Hals, mit dem Haar aus Lapislazuli, mit Fingern, die Lotoskelchen gleichen, mit den schmalen Hüften, mit dem edlen Gang.«

Freuden der Liebe und gefährliche Liebschaften

Die ägyptische Kunst ist geprägt von Schönheit, Erhabenheit und Würde; man findet nicht die leiseste Ungezwungenheit, keine Spur von Vulgarität in den Haltungen der Paare. Entsprechend war der Duft, der feinste und flüchtigste, das wichtigste Signal der Liebe. Ägypten zieht die Anspielung der nackten Tatsache vor, die vielsagende Sinnlichkeit der zur Schau getragenen Erotik.

Küssen heißt im Ägyptischen *sen*, was auch »einen Duft einatmen« und »sich verbrüdern« bedeutet. Verlockt die Frau, die ihr wohlriechendes Haar aufbindet, nicht ihren Geliebten, sie zu küssen und ihr Lager zu teilen, das ebenfalls duftet? Ein recht schlichtes Zeugnis – eine von einem Handwerker der Siedlung in Deir el-Bahari skizzierte Zeichnung – zeigt uns eine lächelnde Liebende, die nackt auf einem Bett liegt, die linke Hand unter dem Kopf, ein Blumenband im Haar. Erwartet sie den Mann, den sie liebt, oder hängt sie den Momenten der Lust nach, die sie gerade gekostet hat? Und spielt die Geliebte nicht mit großer Freude die Harfe, um ihren Geliebten zu becircen und ihn durch einen magischen Bann zu sich zu leiten?

Erotische Anspielung, Erweckung der Sinne, Verfeinerung der Leidenschaft, Poesie der Worte, Eleganz der Gesten ... Die Ägypterinnen kannten herrliche Freuden der Liebe.

Dennoch war ihnen Prüderie fremd. Die männlichen und weiblichen Geschlechtsorgane[1] finden sich unter den Hieroglyphen, Nacktheit ist nicht verpönt, der Gott Min wird mit Phallus dargestellt, der als Sinnbild der schöpferischen Kraft fungiert, die Kosmos und Natur durchwaltet. Nach einem »Traumschlüssel« ist es ein gutes Omen, wenn ein Mann davon träumt, daß er mit seiner Frau verkehrt, bedeutet es doch, daß ihm etwas Gutes widerfahren wird.

Erotische Stellungen sind manchmal in realistischem Stil auf Kalksteinsplittern, sogenannten Ostraka, abgebildet, die von Zeichnern als »Notizzettel« verwendet wurden. Auch kennt man Terrakottafiguren vorwiegend aus der Spätzeit, die belegen, wie die Ägypterinnen die Freuden des Geschlechtslebens genossen.[2] Ausgelassene, freie Sexualität, die einem alten Moralisten milde lächelnd das Urteil entlockt: »Große Dame bei Tag, Frau bei Nacht.«

Und auch den berühmten Papyrus aus Deir el-Medine, der sich heute im Ägyptischen Museum in Turin befindet[3] und der nach dem Urteil hochangesehener Wissenschaftler derart laszive Szenen enthält, daß nur höchst sachverständige Augen seiner ansichtig werden dürfen, kann man nicht mit Stillschweigen übergehen. In welche »Hölle« führt dieses Dokument? Es handelt sich offenbar um eine Satire: Der Humorist erzählt eine Geschichte, deren Sinn wir aufgrund der Unvollständigkeit des Textes, der die Bilder begleitet, nicht verstehen. Wir sind Zeuge von Episoden, in denen Tiere auftreten, die menschliche Verhaltensweisen nachahmen und über die Eitelkeit der Zweibeiner spotten. Dann betreten wir eine Art Bordell, in dem recht derbe, schlecht rasierte und unordentlich frisierte Männer mit jungen Frauen verkehren, die nur mit Gürtel, Halsketten und Armreifen bekleidet sind. Sie sind geschminkt, eine von ihnen schminkt sich gerade vor einem Spiegel die Lippen. Betten, Kissen, mehrere Krüge Wein und Bier sowie Musikinstrumente bilden das Ambiente einer sehr angeregten Abendgesellschaft, in deren Verlauf die Liebesstellungen jedoch ganz und gar klassisch bleiben.

Wir befinden uns offenbar im Innern eines »Bierhauses«, in dem junge Frauen, die als »Freudenmädchen« bezeichnet werden, ihres Amtes walten. Die meisten dürften japanischen Geishas nähergestanden haben als modernen Prostituierten; viele tragen eine Tätowierung auf dem Oberschenkel, sie mußten tanzen, Musik machen und die Männer zerstreuen können. Viele waren Ausländerinnen, vor allem Babylonierinnen.

Ägypten tadelt in allem das Übermaß. An die Schüler, die die Arbeit vernachlässigen, um sich den Freuden des Trunks und der Wollust hinzugeben, richten die Schreiber strenge Mahnungen. Sie werfen ihnen vor, von einer Taverne in die nächste zu ziehen, sich vom Geruch des Bieres verlocken zu lassen, ihre Seele zu beflecken. Das Ruder ihrer Barke ist verbogen. Sie gleichen einem Heiligtum, das seines Gottes beraubt ist, einem Haus ohne Nahrung. Indem sie regelmäßig ein »Bierhaus« frequentieren und sich mit jungen Mädchen umgeben, die bereit sind, all ihre Wünsche zu erfüllen, bringen sie sich öffentlich in Verruf. Eine Blumengirlande um den Hals, ihre Kleider getränkt mit Parfum, fallen sie schließlich zu Boden, beschmutzt von Erbrochenem. Ein Übermaß an Vergnügen ist kein Vergnügen mehr.

Der Weise Ptah-hotep warnt vor den Gefahren weiblicher Reize: »Wenn du die Freundschaft erhalten willst in einem Haus, zu dem du Zutritt hast als ›Sohn‹, als ›Bruder‹ oder als Freund – in welchem Verhältnis du auch stehen magst –, hüte dich, den Frauen nahezukommen! Nicht kann der Ort gut sein, an dem das geschieht ... Winzig ist es (das Vergnügen) nur, wie ein Traum, das Ende bringt der Tod, ... Ein Mann gibt (dadurch) tausend Dinge auf. Es bringt nichts, so zu handeln.«[4]

Und der Weise Ani fügt hinzu, der kluge Mann solle sich von einer Frau fernhalten, die niemand in ihrer Stadt kennt. Ist sie nicht wie ein tiefes Wasser, dessen Strömung man nicht kennt? Eine weitere Gefahr geht nach Ansicht Ptah-hoteps von der

Kindfrau aus, deren sexuelles Verlangen niemals »abkühlt« und die kein Mann jemals befriedigen kann.

In einigen Privatgräbern – überwiegend aus dem Mittleren Reich – wurden merkwürdige Statuetten nackter Frauen aus blauer Fayence entdeckt, deren Körper mit kleinen Punkten, die an Tätowierungen erinnern, übersät sind. Sie tragen Schmuck und einen Gürtel und haben auffällig breite Becken; andere sind aus Elfenbein bzw. Holz.

Handelte es sich vielleicht um Frauen von liederlichem Lebenswandel? Die Phantasie ging mit manchem Wissenschaftler durch, und einige glaubten sogar schon an eine skandalöse Grabpornographie. Gewährleisteten diese Damen, denen oftmals die Beine fehlten, dem Verblichenen vielleicht die unerschöpfliche grobsinnliche Beglückung?

Für manche eine verlockende Hypothese, die jedoch falsch ist, da diese »Beischläferinnen fürs Jenseits«, wie sie mißverständlicherweise genannt werden, auch Gräbern von Frauen und Mädchen beigegeben wurden. Eine Inschrift liefert den Schlüssel zur Lösung des Rätsels: »Möge dieser Frau die Wiedergeburt gewährt werden.« Anders gesagt, diese Statuetten sind Verkörperungen der Großen Mutter, die den Gerechtfertigten jenseits des Todes ein neues Leben schenkt und sie in ihrem Schoß austrägt. Ihre Funktion besteht darin, den oder die Verstorbene(n) neu zu erschaffen, sie eine Schwangerschaft im Geiste durchleben zu lassen, um sie im Jenseits wiederzugebären. Weder Konkubinat noch Erotik, sondern symbolische Magie, die auf der großen Reise unverzichtbar war.

Die Zeit der Ehe

Die Liebende denkt an die Ehe. Ein obligatorischer Akt? Nicht im Alten Ägypten. Kein Gesetz verpflichtete die Frau, mit einem Mann zusammenzuleben. Die unverheiratete Frau war in rechtlicher Hinsicht autonom und konnte auch ihr Vermögen selbst verwalten. Diese Selbständigkeit empfanden die Griechen als geradezu unsittlich.

Dennoch reizte die Ehe die meisten verliebten Frauen, dabei waren sie keinem gesetzlichen Mindestalter unterworfen, um ihren Traum zu verwirklichen. Mit spätestens fünfzehn Jahren galt eine Ägypterin als Frau, die heiraten konnte; nach Ansicht der Weisen war es gut, jung zu heiraten, um möglichst viele Kinder auf die Welt zu bringen.

Sobald die Liebende beschlossen hat zu heiraten, kann sie niemand mehr davon abhalten. Natürlich muß sie sich mit den Eltern besprechen, doch der Vater hat nicht das Recht, seiner Tochter einen Bräutigam aufzuzwingen. Im Konfliktfall gibt der Wunsch der Tochter den Ausschlag. Meist obsiegte das gute familiäre Einvernehmen, zumal dem Vater geraten wurde, seinen künftigen Schwiegersohn nach dessen persönlichen Vorzügen und nicht nach der Größe seines Vermögens zu beurteilen.

Im Unterschied zu vielen antiken und modernen Völkern, die der Jungfräulichkeit der Braut einen großen Stellenwert beimessen, hat das pharaonische Ägypten darin keine Frage der Ehre und keinen Anlaß zur Sorge gesehen. Nichts verbietet dem jungen Mädchen, vor der Ehe sexuelle Beziehungen zu haben. Da die Treue eines der Fundamente der Ehe ist, sollten vorübergehende Liebschaften und Tändeleien vor einer endgültigen, lebenslangen Bindung durchlebt werden. Allerdings ist in späten Dokumenten von einem »Geschenk für die Jungfrau« die Rede, also von Gütern, die der Ehemann seiner Frau für das Geschenk ihrer Jungfräulichkeit überreicht.

Noch erstaunlicher – und von einer Liberalität, die unsere Epoche nicht erreicht – sind Verträge über eine Ehe auf Zeit, also zur Probe. Unter gewissen Umständen hielt man es für ratsamer, die Gefühle auf die Probe zu stellen.

So hatte der Sohn eines Gänsehalters für neun Monate geheiratet. Er hatte seiner Braut Güter übertragen, die im Tempel verwahrt wurden. Sollte sie den Vertrag brechen, würde er diese behalten. Sollte hingegen er die Frau auffordern, sein Haus zu verlassen, dann würden sie ihr zufallen. Drei Texte aus der Thebais sprechen von einer siebenjährigen »Anfangsphase« der Ehe, nach deren Abschluß das Verhältnis zwischen den Ehepartnern endgültig geklärt werden mußte, um der Ehefrau wie auch etwaigen Kindern verbindliche Rechte einzuräumen.

Der Weise Ani rät dem künftigen Ehemann in seiner 26. Maxime: »Bau dir ein Haus, oder suche eines und kaufe es. Vermeide Streitigkeiten. Sage nicht: ›Mein Vater und meine Mutter haben ja ein Haus, ein Haus zum täglichen Wohnen.‹ Wenn dann die (Erb-)Teilung mit deinen Geschwistern kommt, dann ist dein Anteil vielleicht ein Schuppen.«[1]

Für das pharaonische Ägypten besteht der grundlegende Aspekt der Ehe darin, daß ein Mann und eine Frau unter demselben Dach zusammenleben, in einem Haus, das ihnen gehört. In den Texten wird die Eheschließung umschrieben mit »einen Haushalt gründen« *(gereg per)*, »zusammenleben« *(hemsi irem)* und »in ein Haus einziehen« *(aq r per)*. Die Ehe ist kein rechtlicher, sondern ein sozialer Akt, der in einer Lebensgemeinschaft besteht, zu der sich ein Mann und eine Frau aus freien Stücken zusammengeschlossen haben.

Die Ehe gründet nach ägyptischem Verständnis weder auf einem religiösen Ritual noch auf staatlichem Zwang, sondern ausschließlich auf dem Willensentschluß eines Paares, seinen eigenen Lebensweg an einem Ort zu verbringen, dem es sein unverwechselbares Gepräge verleihen wird. Sobald ein Mann und eine Frau vor aller Augen zusammenwohnten, waren sie verheiratet und mußten die Pflichten auf sich nehmen, die mit ihrer Entscheidung verbunden waren.

Gelegentlich wird ein anderes Wort, *meni*, zur Bezeichnung der Ehe verwendet; es ist ein Ausdruck aus der Seemannssprache, der mit »festmachen, vertäuen« übersetzt wird, worin die Vorstellung mitschwingt, daß das Schiff nach langer Reise in einem sicheren Hafen gelandet ist. Der Ausdruck bedeutet auch »sterben«; das menschliche Dasein wird demnach als eine Schifffahrt aufgefaßt, die entweder mit dem Untergang oder mit einem glücklichen Anlegen, das heißt der Auferstehung, enden kann.

Tatsächlich ist die Ehe der »Tod« eines sorglosen Daseins; durch die Hochzeit »vertäute« sich die Ägypterin im Hafen des Ehelebens, einem Hort der Beständigkeit.

Da die Hochzeit nicht als ein sakraler, sondern als ein rein profaner Akt angesehen wurde, gab es auch kein Heiratsritual. Wurde wenigstens im Kreis der Familie gefeiert? Wir wissen es nicht mit Sicherheit. Der aus der Spätzeit stammende *Roman des Setna* schildert zwar ein Fest, das der Pharao anläßlich der Hochzeit seiner Tochter gibt, aber es existiert kein Dokument aus früheren Epochen, in dem von ähnlichen Festbarkeiten berichtet würde.

Man vermutet, daß die Braut mit ihrer Mitgift im Haus des Gemahls eintraf und daß sie Blumen mitbrachte. Sie hatte zweifellos eine Girlande geflochten und trug ein besonderes Kleidungsstück, eine Art Schleier.

Vielleicht verzehrten die Ehegatten Salz, um ihren Bund zu besiegeln, vielleicht reichten sie sich die Hand über einer Tafel, auf der ein Skarabäus, das Symbol der glückbringenden Wandlungen, abgebildet war.

Der wesentliche Punkt aber war, um es nochmals zu sagen, das Zusammenleben im selben Haus. Daher wurde die Eheschließung offiziell als ein privater Akt anerkannt, mit dem sich weder Staat noch Religion zu befassen hatten.

»Du bist mein Gatte«; »du bist meine Gattin«. Diese wenigen Worte besiegelten die Ehe. Allerdings konnten gewisse rechtsverbindliche Verfügungen getroffen werden, in denen es vor allem darum ging, den Lebensunterhalt der Frau für den Fall eines Unglücks, der Witwenschaft oder der Scheidung sicherzustellen.[2] Tatsächlich wird vom Ehemann verlangt, formelle Verpflichtungen einzugehen, um seine Gattin materiell abzusichern, falls durch sein oder ihr Verschulden die Ehe scheitert und mit einer Trennung endet. Wenn der Mann seine Frau verläßt, übereignet er ihr die Vermögenswerte, die im Vertrag ordnungsgemäß aufgelistet sind, und ein Drittel all dessen, was ab dem Tag hinzukam, an dem der Vertrag aufgesetzt worden ist. Die von der Ehefrau eingebrachten Gegenstände werden ihr zurückerstattet bzw. der entsprechende Wert wird ersetzt.

Die Motive der Trennung, die die Quellen nennen, sind die gleichen wie heute: völlige Zerrüttung, Ehebruch, Wunsch, mit einem anderen Partner zusammenzuleben, Interessenkonflikte, Unfruchtbarkeit. Die Weisen raten dem Mann, sich nicht unter dem Vorwand, seine Frau könne keine Kinder gebären, von ihr zu trennen. Der Text eines in Prag aufbewahrten Ostrakons veranschaulicht eine banale Scheidungssituation, bei der kleine Alltagsprobleme zu einer Quelle ständiger Reibereien werden. Eine Frau schreibt an ihre Schwester: »Ich streite mich mit meinem Mann. Er sagte, er werde mich verstoßen. Er zankt sich mit meiner Mutter über die Menge an Brot, die wir brauchen. Er sagte zu mir: ›Deine Mutter taugt nichts, deine Brüder und deine Schwestern kümmern sich nicht um dich.‹ Er streitet jeden Tag mit mir.«

Der Mann weiß, daß er sich nicht leichtfertig von seiner Frau trennen kann, da er mit gravierenden Nachteilen rechnen muß, etwa dem Verlust des gemeinsam erworbenen Vermögens. So war die Ägypterin vor einer mißbräuchlichen und ungerechten Scheidung geschützt. Ein Papyrus schildert den Fall einer Frau, die ein Auge verloren hatte; ihr Gatte wollte sie daraufhin nach zwanzig Jahren gemeinsamen Lebens verstoßen, um mit einer zweifellos jungen und schönen Frau zusammenzuziehen. »Ich trenne mich von dir«, verkündet er ihr, »weil du auf einem Auge blind bist.« Seine Gattin ist empört: »Ist dies alles, was du in den zwanzig Jahren, die ich in deinem Haus verbracht habe, entdeckt hast?« Sie brachte ihren gerechten Zorn auf dieses verkommene Subjekt zum Ausdruck, weil sie sich keinerlei Sorgen um ihre materielle Zukunft zu machen brauchte. Sie wußte, daß diese Begründung für seinen Trennungswunsch als unannehmbar erachtet und daß eine Scheidung ihren nichtswürdigen Mann viel Geld kosten würde.

Jede Streitigkeit wurde von einem Gericht geschlichtet, vor

dem die Eheleute erschienen und ihre Standpunkte darlegten. Dem Ehemann wurde eine bestimmte Frist gesetzt, um das Kapital aufzubringen, das der Geschiedenen zugesprochen wurde. Eine Frau, die den ehelichen Wohnsitz verließ, schuldete ihrem Mann eine geringfügige Abfindung und behielt ihr gesamtes Privatvermögen. Falls die Wohnung der Familie dazu gehörte, mußte der Mann ausziehen und eine neue Wohnung finden.

Die Frau konnte den Ehevertrag selbst aufsetzen. Der *Papyrus Salt 3078* behandelt den Fall einer Frau, die ihrem Mann die Vermögenswerte zu erstatten verspricht, die er ihr bei der Heirat hatte zukommen lassen, falls sie ihn wegen der Liebe zu einem anderen Mann aus dem Haus jagt. »Wenn ich mich von dir trenne«, fügt sie hinzu, »werde ich dich nicht auf Herausgabe des gemeinschaftlich erworbenen Vermögens verklagen.«

Freiheit der Eheschließung, Freiheit der Scheidung: Die Ägypterin erfreute sich einer außergewöhnlichen Unabhängigkeit und mußte weder dem Staat noch der Kirche Rechenschaft ablegen.

Im Jahre 219 v. Chr., während der Regierungszeit von Ptolemaios IV., ließ die Dame Tais einen Ehevertrag aufsetzen. Ägyptens Könige zu dieser Zeit sind Griechen; das Goldene Zeitalter ist nur noch ferne Erinnerung, doch die Ägypterinnen versuchen, ihre Selbständigkeit zu bewahren.

In dem Vertrag finden sich folgende Angaben: das Datum, die Namen von Ehemann und Ehefrau, die Namen der Eltern, ihre Abstammung und ihr Beruf, der Name des Schreibers, der die Urkunde abgefaßt hat, die Namen der Zeugen, deren Anzahl in solchen Fällen zwischen drei und sechsunddreißig schwankte.

Der aus dem tiefen Süden stammende Gatte hieß Har-em-hab, wie der berühmte Pharao der 18. Dynastie. Als Hochzeitsgeschenk überreichte er seiner Gemahlin zwei Silbermünzen, die endgültig in ihr Eigentum übergingen.

Har-em-hab ging eine eindeutige Verpflichtung ein: Sollte er je seine Gemahlin verabscheuen und den Wunsch haben, mit einer anderen zusammenzuleben, dann müßte er sich scheiden lassen und ihr zwei weitere Silbermünzen und ein Drittel ihres gemeinschaftlichen Vermögens übereignen. Selbstverständlich würde er Tais die gesamte Mitgift zurückgeben bzw. den Wert erstatten.

Trotz der Spätzeit, der Herrschaft griechischer Könige, der Einführung eines Geldsystems, das die Pharaonen abgelehnt hatten, und des wachsenden Einflusses der Männer in der Gesellschaft war es der Dame Tais gelungen, dem alten Gesetz Geltung zu verschaffen.

Wenn eine Ägypterin aus der Epoche der Pharaonen in unsere Zeit versetzt würde, wären ihr viele Aspekte unserer Gesellschaft wegen ihrer starren rechtlichen Reglementierung suspekt, aber ein Punkt würde ihr völlig unerträglich und absurd erscheinen: mit dem Nachnamen ihres Mannes angesprochen zu werden.

Indem wir uns dieser Konvention beugen, löschen wir den Namen der Ehefrau aus, was aus ägyptischer Sicht darauf hinausläuft, geradezu die Existenz dieser Gattin zu leugnen. Bei der Heirat nahm die Ägypterin nicht den Namen ihres Mannes an, sondern behielt ihren und erinnerte stolz an die Abstammung von ihrer Mutter.

Mit Verblüffung stellt man fest, daß in einer Welt, in der Gemeinschaftssinn und Hierarchie eine maßgebliche Rolle spielten, der Persönlichkeit des einzelnen eine hohe Wertschätzung entgegengebracht wurde. Der Name gehörte zu den unverzichtbaren Elementen, um die Prüfung des Todes zu bestehen. Und die Ehe als eine rein menschliche Angelegenheit durfte ihn da am allerwenigsten tilgen!

Unter den zahlreichen Gemeinplätzen, die unser Bild des pharaonischen Ägypten noch immer einfärben, nimmt die Polygamie eine herausragende Stellung ein. Was sonst bedeuten etwa die Gruppenstatuen, in denen der Mann in Begleitung von zwei Frauen dargestellt ist, die er beide als »Gemahlin« anspricht? Es war nur ein kleiner Schritt, daraus zu folgern, daß der Ägypter mehrere Frauen haben konnte – aber doch ein falscher Schritt.

Die gründliche Prüfung der Akte »Polygamie« zeigt,[3] daß es sich nicht um gleichzeitige, sondern aufeinanderfolgende Gemahlinnen handelte. Der verwitwete Mann hatte wieder geheiratet und Wert darauf gelegt, die Frauen, die er geliebt hatte, im Jenseits zu vereinen. Bis zum heutigen Tag gibt es keinen zweifelsfrei erwiesenen Fall von Polygamie im Alten Ägypten.

Gab es dagegen vielleicht Fälle von ... Polyandrie? Zwei Damen aus dem Mittleren Reich, Menchet und Cha, wurden lange verdächtigt, zwei Ehemänner zur gleichen Zeit gehabt zu haben. Aber die Ägyptologie hat sie entlastet. In Wirklichkeit handelte es sich um aufeinanderfolgende Gatten; die beiden Damen waren ihrer Einsamkeit entflohen, nachdem sie eine Zeitlang im Witwenstand gelebt hatten.

Ein anderes Klischee geht auf einen griechischen Autor, Diodor von Sizilien, zurück. Er schreibt: »Es heißt, die Ägypter hätten im Widerspruch zu den guten Sitten ein Gesetz erlassen, das den Männern erlaubt, ihre Schwester zu heiraten, weil Isis darin mit gutem Beispiel vorangegangen sei. Sie hatte sich mit ihrem Bruder Osiris vermählt, und als er starb, wollte sie keinen anderen Mann mehr heiraten.«

In diesen Zeilen unterliegt der Autor gleich mehreren Mißverständnissen. Das eklatanteste ist die Vermengung von Mythos und Alltagsleben. Zudem scheint der Autor nicht zu wissen, daß die Frau ihren Mann »mein Bruder« nennt und der Mann seine Frau »meine Schwester«. Ein Paar besteht demnach aus einem Bruder und einer Schwester, was den Genealogen die Arbeit praktisch unmöglich macht.

In der Ptolemäerzeit feierte man am griechischen Hof in Alexandria möglicherweise echte Hochzeiten zwischen Bruder und Schwester, um die »Reinheit der Dynastie« zu erhalten. In der Römerzeit wurde diese Form der Ehe in den Dörfern praktiziert, und zwar aus einem guten Grund: zur Erhaltung des Grundeigentums. Für die früheren Epochen ist eine Ehe zwischen einem Bruder und seiner leiblichen Schwester in der ägyptischen Bevölkerung nicht belegt.

Und wie hielt man es am ägyptischen Hof damit? Auch der Pharao ist als Gemahl ein »Bruder« und die Große Königliche Gemahlin »eine Schwester«. Die meisten Ehen, von denen man früher annahm, daß sie zwischen Blutsverwandten geschlossen worden seien, haben sich mittlerweile als Verbindungen mit einer Halbschwester erwiesen. Überdies hatte die Ehe Pharaos mit seiner leiblichen Schwester oder auch mit seiner Tochter normalerweise eine symbolische und rituelle Bedeutung, ohne daß sie deshalb physisch vollzogen wurde, wie etwa die Hochzeit Ramses' II. mit seinen Töchtern. Ein weiteres Mal sollten wir uns hüten, unsere Vorstellungen auf das pharaonische Ägypten zu projizieren.

Die Liebe der Gemahlin

Der Weise Ptah-hotep schreibt in seiner zweiundzwanzigsten Maxime: »Wenn du dich selbst ernähren kannst und einen Hausstand gründest, dann heirate eine Frau nach der Ordnung. Fülle ihren Leib (mit Speise) und pflege ihre Haut; das Pflegemittel für ihren Körper ist Salböl. Sie ist ein nützlicher Acker für ihren Herrn.«[1]

Gewalt gegen die Ehefrau ist ausgeschlossen und wäre zutiefst verwerflich; der Gattin wird Hochachtung entgegengebracht, ohne die die Liebe nicht von Dauer sein kann. Es gibt noch eine weitere Eigenschaft, die den Zusammenhalt des Paares stärkt: Freude am Leben. Ptah-hotep ist der Ansicht, daß das wahre Glück darin besteht, eine fröhliche Frau zu heiraten: »Wenn du eine wohlbeleibte Frau geheiratet hast und sie ist fröhlich und ihren Mitbürgern wohlbekannt, wenn sie diese beiden Eigenschaften vereint und den Augenblick genießt, dann verstoße sie nicht, sondern gibt ihr zu essen, so daß sie aus vollem Herzen lacht ... Eine fröhliche Frau bringt Ausgeglichenheit (Maxime 37).«[2]

Die Achtung vor der Frau zeigt sich in der Treue zu ihr. Beruht diese nicht auf dem gegebenen Wort, diesem Grundwert der ägyptischen Zivilisation? Seiner Gattin nichts verheimlichen, ihr keinen Kummer bereiten, sie nicht kränken, sie nicht verlassen – das ist die angemessene Haltung eines guten Ehemanns. Zahlreiche Texte bezeichnen die Gattin als »die von ihrem Mann verehrte Gefährtin«, »seine inniggeliebte Schwester«, »die Lebensreiche, die Glück bringt«.

Wie läßt sich verhindern, daß Zwietracht ein Paar spaltet? Dadurch, daß der Mann die Fähigkeiten seiner Gemahlin und den Wert ihrer Arbeit anerkennt und ihr nicht zur Last fällt: »Es ist gut und glückbringend, wenn sie deine Hand nimmt«, beteuern die Weisen.

Ein Moralist aus der Spätzeit, der den Namen Anch-Scheschonki trägt, erteilt dem künftigen Ehemann strenge Mahnungen: Er soll keine geschiedene Frau heiraten, er soll keiner verheirateten Frau beiwohnen, er soll keine Frau wegen ihrer Unfruchtbarkeit verlassen, er soll sein Vermögen nicht wahllos verteilen und er soll sich einer unveränderlichen Wahrheit bewußt sein: »Wenn eine Frau in Frieden mit ihrem Manne lebt, so ist das ein Gottesgeschenk.«[3]

In den Gruppenstatuen von Ehepaaren wird die Frau immer als gleichgestellte Partnerin des Mannes dargestellt; zwischen ihnen herrscht ein tiefes Einvernehmen. Zärtlich und unaufdringlich umfaßt die Frau mit einem Arm den Rücken ihres Gemahls; die Hand, die sie auf die Schulter des geliebten Mannes legt, ist nicht nur ein Zeichen der Zuneigung, sondern auch eine Geste des Schutzes. In diesen Plastiken ist der Mann der beständige, unwandelbare Partner, während die fast verstohlenen Gesten der Frau magische Handlungen anzeigen, die für den Fortbestand der Ehe notwendig sind.

Häufig sehen wir Mann und Frau, die sich an einem Opfertisch gegenübersitzen und sich in die Augen schauen. Gemeinsam nehmen sie an dem ewigen Festmahl teil, bei dem fortwährend neue Speisen aufgetragen werden.

Im Grab des Imen-nacht in Deir el-Medine ist eine Szene dargestellt, in der der Verstorbene und seine Frau, unter einer Dumpalme knieend, Wasser aus einem Becken trinken. Im Herzen des blühenden Jenseitsgartens kosten sie von dem göttlichen Naß, an dem es ihnen nie mehr mangeln wird. Es ist eine der zahlreichen Darstellungen, auf denen die Frau an der Seite ihres Gemahls immerwährende Freude erlebt, die sich in einer einfachen Geste, einer alltäglichen Haltung ausdrückt. Mit der Gattin ein Gesellschaftsspiel spielen, mit ihr in der Natur lustwandeln, unter einer Pergola, die vor der glühenden Sonne schützt, mit ihr plaudern, an ihrer Seite Getreidefelder und Obstbäume betrachten, auf einem Lustsee fahren, ihr beim Singen oder Musikspielen zuhören – all dies sind Lustbarkeiten, die, nachdem sie auf der Erde genossen wurden, im himmlischen Paradies ihre Fortsetzung finden, sofern die Liebe Bande geschaffen hat, die die Zeit überdauern.

Einer der erhabensten ägyptischen Texte über das unvergängliche Glück eines sich innig liebenden Paares ist das Werk einer Frau, einer Priesterin der Göttin Mut, die diese bewundernswerten Zeilen in die Statue ihres Gemahls gravieren ließ: »Wir möchten zusammen ruhen, und Gott wird uns nicht trennen. So wahr wie du lebst, werde ich dich nicht verlassen. Wir werden sitzen alle Tage in heiterer Gelassenheit, geborgen vor allem Übel. Gemeinsam sind wir ins Land der Ewigkeit gegangen. Unsere Namen werden nicht vergessen werden. Wie wunderbar ist doch der Augenblick, da man das Licht der Sonne schaut in alle Ewigkeit.«

Die erstaunliche Ehe der Dame Senet-it-es und andere ungewöhnliche Verbindungen

Sie hieß Senet-it-es, »die Schwester ihres Vaters«, und lebte im Alten Reich, vermutlich während der 4. Dynastie, in der die drei Pyramiden auf der Hochebene von Giza erbaut wurden. Die

Dame Senet-it-es war schön, elegant und von natürlicher Vornehmheit. Die Priesterin der Göttinnen Hathor und Neith trug häufig eine schwarze Perücke und ein enganliegendes Kleid mit langen Ärmeln.

Wie viele Freier hatten ihr die Ehe angetragen? Sie war eine »gute Partie« und konnte ein langes und glückliches Leben an der Seite eines wohlhabenden Ehemanns erhoffen.

Der Märchenprinz ließ auch nicht auf sich warten und eroberte das Herz der Holden. Er hieß Seneb und bekleidete hohe Staatsämter: Vorsteher der königlichen Kleiderkammer und Priester im Dienst des Kultes der Seele zweier Pharaonen, Cheops und Ra-djed-ef.

Alles war in der besten aller Welten zum Besten bestellt, und die Eltern von Senet-it-es hätten eigentlich allen Grund zur Freude gehabt, wäre da nicht eine Kleinigkeit gewesen, die sie beunruhigte, wenn nicht gar schockierte: Seneb war nämlich zwergwüchsig!

Diese Behinderung störte die schöne Senet-it-es jedoch nicht im geringsten; das Paar lebte glücklich, hatte schöne Kinder und führte eine harmonische Ehe.

Eine berühmte Darstellung der Familie blieb erhalten: eine Statuengruppe, die die Priesterin und ihren Gatten verewigt, wobei er in Schreiberhaltung – mit untergeschlagenen Beinen und in Brusthöhe gefalteten Händen – auf einer Bank sitzt. Er besitzt einen stattlichen, muskulösen Oberkörper und hat ein ernstes, andächtiges Gesicht, der Blick ist in die Ferne gerichtet. Ein sanftes, heiteres Lächeln erhellt das Gesicht seiner Gemahlin; ihren rechten Arm hat sie zärtlich um seine Schulter gelegt. Dort, wo die Beine des Mannes hätten ausgehauen werden müssen, wenn er nicht zwergwüchsig gewesen wäre, finden sich zwei Kinder, ein Junge und ein Mädchen. Beide sind nackt und recht mollig und halten den Zeigefinger vor die Lippen – eine Geste, die zum Ausdruck bringt, daß sie schweigsam und gefügig sind. Die geflochtenen Haare fallen an einer Seite des Kopfes herab: der »Zopf der Kindheit«, den man vermutlich in der Pubertät abschnitt.

Die Skulptur aus bemaltem Kalkstein,[1] die in einem kleinen Naos stand, wurde im Grab der Familie in Giza entdeckt. Seneb war als Leiter der Leinen- und Kleiderzwerge des Palastes ein reicher Mann; zahlreiche Schreiber arbeiteten für ihn, er besaß Schiffe, Esel, Ziegen, Schafe und viele Stück Vieh. Er ließ sich in Sänften umhertragen und fuhr gern in Gesellschaft seiner Gattin und seiner Kinder in einer Barke durch die Sümpfe des Nildeltas.

Die Zwergwüchsigen waren gut in die altägyptische Gesellschaft integriert, übten vielfältige Berufe aus und konnten, wie bereits erwähnt, hohe Staatsämter bekleiden.

Wie ergreifend ist jene äußerst realistische Holzstatuette, die eine nackte Zwergwüchsige darstellt,[2] welche ihr Baby an ihrer linken Brust stillt! Sie ist von kräftiger Statur: breites Kinn, volle Wangen, pralles Gesäß, markante Scham, abnorm kurze Beine. Diese Frau war vermutlich eine Amme, die das ganze Vertrauen ihrer Herrin genoß.

Im siebenundzwanzigsten Jahr der Herrschaft Thutmosis' III. nahm das beschauliche Dasein des Barbiers des Königs, Sa-Bastet, »Sohn der Bastet«, eine unerwartete Wendung.[3] Es war nicht leicht gewesen, einen so bedeutsamen Posten zu bekommen; doch Sa-Bastet hatte sich durch Tapferkeit im Kampf ausgezeichnet und war dem Pharao aufgefallen, als dieser Feldzüge nach Syrien und Palästina unternommen hatte, um die Region zu befrieden und möglichen Einfällen zuvorzukommen. Sa-Bastet hatte keinen Feind getötet, aber einen Gefangenen gemacht. Er erhielt die Erlaubnis, ihn nach Ägypten zu bringen, wo er diesen als Diener beschäftigte. Der Barbier selbst erklärt: »Mein Sklave, ein Mann, der mir gehört, mit Namen ..., den ich mit eigenem Arm gefangengenommen hatte, als ich den Herrscher begleitete ... Nicht wurde er geschlagen, nicht wurde er in einem Gefängnis des Königs festgesetzt.«

Der Kriegsgefangene erhielt den ägyptischen Namen Imen-iu und stellte seinen Herrn voll und ganz zufrieden; er war so charmant, daß sich Ta-kemenet, die Tochter der Schwester des Barbiers, in ihn verliebte! Sie war fest entschlossen, diesen Mann zu heiraten, der den doppelten Nachteil hatte, ein mittelloser Ausländer und ein Diener ohne große Zukunft zu sein. Kurz, eine nicht standesgemäße Heirat und ein harter Schlag für das Ansehen des Barbiers Sa-Bastet!

Dieser holte Rat ein, bat einflußreiche Persönlichkeiten um ihre Meinung, versuchte Ta-kemenet zur Vernunft zu bringen, aber sie beharrte auf ihrem Entschluß. Sie würde den Diener Imen-iu heiraten und keinen anderen. Niemand – nicht einmal ein königlicher Barbier – vermochte eine Ägypterin von dem abzubringen, was sie sich in den Kopf gesetzt hatte. So blieb ihm nur eine Lösung übrig, um dieser Ehe die gesellschaftliche Anerkennung zu verschaffen: Er mußte seinen Diener zu einem wohlhabenden Mann machen. Aus diesem Grund schenkte er ihm einen Großteil seines Vermögens. Diese Schenkung wurde vor Zeugen offiziell bestätigt und von einem Schreiber ordnungsgemäß aufgezeichnet, damit sie von niemandem angefochten werden konnte. So wurde der einstige Diener auf die gleiche gesellschaftliche Stufe mit dem Barbier gestellt, der ihm sogar sein Amt übertragen wollte.

Die Dame Ta-kemenet hatte ihren Willen durchgesetzt. Und der Barbier erklärte, nicht ohne Stolz: »Ich gab ihm die Tochter meiner Schwester zur Frau, mit Namen Ta-kemenet ... Sollte er ausziehen, so ist er nicht ohne Besitz.«

Der *Papyrus Lansing* erzählt eine hübsche Anekdote, die uns Aufschluß gibt über das hohe Ansehen, in dem Frauen, einschließlich Ausländerinnen, im Alten Ägypten standen. Die Szene ereignet sich zu Beginn des Neuen Reiches, kurz nach dem Fall von Auaris, der Hauptstadt der Hyksos-Besatzer. Die Befreiungsarmee trägt endlich den Sieg davon; den tapferen Kriegern steht ein Anteil an der Kriegsbeute zu, und sie haben außerdem das Recht, Kriegsgefangene als Diener zu verpflichten, die eine Zeitlang für sie arbeiten müssen, bevor sei freigelassen werden.

Der Held, von dem der Papyrus berichtet, brachte drei Frauen und einen Mann mit nach Hause. Durch den langen Fußmarsch entkräftet, fiel eine der Frauen in Ohnmacht. Hatte sie es nicht verdient, am Wegrand ihrem Schicksal überlassen zu werden? Schließlich hatte sie mit dem Feind zusammengearbeitet, und obendrein war sie noch zu schwach, um zu arbeiten.

Der Soldat war nicht dieser Ansicht. Er stellte seine Ausrüstung ab, hob die Unglückliche auf und nahm sie auf die Schultern, um sie nach Hause zu tragen.

Endete das Abenteuer mit einer Hochzeit? Wir wissen es nicht, aber wir wissen, daß der Ehe zwischen einem Ägypter und einer Ausländerin bzw. zwischen einer Ägypterin und einem Ausländer nichts im Wege stand. Übrigens erhielten viele Ausländerinnen eine hervorragende Ausbildung in Ägypten, erlernten hier einen Beruf und bekleideten hohe Posten.

Die Toilette von Kawit

Dank der Darstellungen, die auf dem Sarkophag der Kawit reliefiert sind und die vom Anfang des Mittleren Reiches datieren,[1] nehmen wir an einem herausragenden Augenblick des Lebens einer Ägypterin teil: dem Ende ihrer Toilette bzw., genauer gesagt, dem delikaten Moment, in dem sie frisiert wird.

Kawit, eine Nebenfrau von Pharao Mentu-hotep II., besaß kein sonderlich ansprechendes Gesicht. Ihre ernsten, ja strengen Gesichtszüge waren eher ungefällig. Sie war Hathorpriesterin und hat ihr Grab unter dem Tempel des Pharaos in Deir el-Bahari anlegen lassen. In dieser Grabstätte wurde der prächtige Sarkophag aus Kalkstein gefunden, auf dem eine Szene von großer Würde verewigt wurde.

Auf einem Stuhl mit hoher Rückenlehne sitzend, hält Kawit, die den Hals mit einer Perlenkette geschmückt hat und ein langes enganliegendes Kleid trägt, das die Brüste ausspart, zwischen Daumen und Zeigefinger graziös eine Schale mit Milch, die ihr mit den folgenden Worten von ihrem Verwalter gereicht wurde: »Für deinen *Ka*, Herrin.«

Übrigens läßt uns eine andere Szene am Melken der Kuh, die diese Milch gegeben hat, teilnehmen; aus ihrem Auge fließt eine Träne. Am rechten Fuß ist ihr kleines Kalb angebunden. Das Ereignis ist nicht so profan, wie es den Anschein hat, denn Kawit war, wie schon gesagt, Priesterin der sich in einer Kuh verkörpernden Göttin Hathor, und die Milch, die diese spendete, war eine himmlische Flüssigkeit, die für den *Ka*, die unvergängliche Kraft eines Menschen, bestimmt war.

Hinter Kawit steht eine Dienerin und knüpft mit großer Sorgfalt die Locken der kurzen Perücke, die ihre Herrin ausgesucht hat. Die Perücke war ein unverzichtbarer und sehr beliebter Schmuck, der sich im Lauf der Dynastien wandelte und von Frauen und Männern getragen wurde. Für eine Frau war eine schöne Perücke ein absolut entscheidender Faktor der erotischen Verführung und der Eleganz.

Diese Perücken bestanden teils aus Pflanzenfasern, teils aus menschlichen Haaren und seltener auch aus Tierhaar. Zu allen Zeiten schätzte man viele Strähnen und mannigfache Zöpfe, die mit Duftessenzen und mit Haarpflegemitteln bestrichen waren. Eine gelungene Perücke erntete die Bewunderung der Dichter, die die Schönheit der Frau und den Liebreiz ihres Gesichts rühmten. Im Verlauf der altägyptischen Geschichte werden die Perükken immer aufwendiger; schließlich wurden sie zu regelrechten »Aufbauten«, die von den Friseuren eine bemerkenswerte Geschicklichkeit und von den eleganten Damen eine perfekte Kopfhaltung erforderten. Der Einfachheit des Alten Reiches steht die Verfeinerung des Neuen Reiches gegenüber; die im Grab einer Prinzessin, die am Hof von Thutmosis III. gelebt hatte, gefundene Haartracht bestand aus nicht weniger als neunhundert Goldrosetten, die die gesamte Perücke bedeckten.[2]

Vermutlich war die Haartracht sexuell konnotiert; aufgrund des Reizes, den eine schöne Frisur ausübte, machte sie die Frau begehrenswert. Aufgebundene oder zerzauste Haare zu tragen wurde als ein erotisches »Signal« verstanden.[3]

Die »Salbkegel« bleiben ein Rätsel (vgl. Abb. S. 103). Man sieht diese seltsamen Gebilde auf dem Kopf thebanischer Adliger und ihrer Gemahlinnen aus dem Neuen Reich, wenn sie an einem Bankett teilnehmen, das zugleich ein irdisches Fest und eine Jenseitsfeier ist. Man nimmt an, daß die Wärme den Kegel langsam schmelzen ließ, so daß mit dem Vorrücken der Abendstunde immer stärker die lieblichen Düfte freigesetzt wurden.

Die schönen Ägypterinnen verwendeten große Sorgfalt auf die Pflege ihrer Haare, da sie fürchteten zu ergrauen oder, schlimmer noch, die Haare zu verlieren. Rizinusöl war das Grundprodukt, um diesen Unannehmlichkeiten vorzubeugen. Man rieb sich mit diesem Öl, das man durch Zermahlen von Rizinuskörnern erhielt, den Kopf ein. Das Rezept 468 im medizinischen *Papyrus Ebers* stammt von Sesch-seschet, einer Königin des Alten Reiches und Mutter des Pharaos Teti, und es diente zur wirksamen Bekämpfung der Kahlköpfigkeit. Das hohe Alter verbürgte seinen Erfolg, auch wenn die Zutaten ungewöhnlich anmuten: »Windhundpfoten« (zweifellos ein Pflanzenname), Dattelkerne und ein Eselshuf, die man zusammen auf starker Flamme in einem Topf mit Öl kocht. Mit dem so erhaltenen Produkt mußte man sich kräftig den Kopf einreiben. Um graue Haare wieder schwarz zu färben, benutzte man das Blut eines schwarzen Ochsen, das in Öl gekocht wurde.[4]

Eine andere Szene auf dem Sarkophag der Kawit: Sie trägt eine runde Perücke mit kleinen Locken und eine Stola über der Schulter; in der linken Hand hält sie eine Lotosblüte, und mit dem Zeigefinger der rechten Hand nimmt sie etwas Salbe aus dem Tiegel auf, den ihr eine Dienerin anreicht. Mit einem Fächer in Form eines Vogelflügels wedelt die Dienerin ihrer Herrin Luft zu.

Abgesehen von Produkten für die einfache und unerläßliche Körperpflege verfügten die Schönen über eine eindrucksvolle Zahl von Kosmetika, die sie nach den Regeln einer subtilen Alchimie einsetzten. Sie bewahrten diese Produkte in kostbaren Schatullen auf, von denen leider nur wenige erhalten geblieben sind. Die wenigen Exemplare, die überdauert haben, wurden aus den schönsten Holzarten gefertigt, mit Metall oder Elfenbein eingelegt und mit erlesenem Dekor versehen. Im Innern befinden sich kleine Fächer für Duftessenzen, Kosmetika, Schminken, Salben, Griffel und Löffel, mit denen die Produkte auf die Haut aufgetragen wurden, Pinzetten, ein oder mehrere Spiegel, Kämme und Nadeln.

Zu den prächtigsten dieser Luxusgegenstände gehören die Salbgefäße, die manchmal überraschende Formen annehmen, wie etwa jenes Gefäß aus Serpentin aus dem Neuen Reich, das die Form eines Affenweibchens hat und das Schminkstäbchen aufnahm. Es handelt sich hierbei nicht bloß um ein phantasiereiches Dekor, sondern darum, der auf ihre Schönheit bedachten Frau ein bekanntes und als Schutzgeist des Wohnhauses verehrtes Tier zu überreichen. Mit dem hieroglyphischen Zeichen für »Schönheit, Vollkommenheit« und einem magischen Auge versehen, das die unheilbringenden Kräfte bannte, wurde der Schutzgeist freundlich gestimmt und der liebenswerte Affe zu einem guten Geist, dessen Dienste sich die elegante Dame versicherte.

Die berühmtesten Objekte der ägyptischen Toilette sind die Schminklöffel, an denen manche sittenstrenge Ägyptologen Anstoß nahmen. Diese etwa dreißig Zentimeter langen, aus Holz oder Elfenbein gefertigten Gegenstände haben häufig die Form einer jungen, nackten Schwimmerin, die mit ausgestreckten und geschlossenen schlanken Beinen, angehobenem Kopf und geradem Hals auf dem Bauch liegt. Die Arme vor sich ausgestreckt, halten die Schwimmerinnen manchmal ein Schälchen mit Schminke oder Weihrauch in den Händen oder auch eine Ente, deren ausgehöhlter Körper die Löffelschale bildete. Es gibt mehrere Varianten: junges Mädchen fährt auf einer Barke stehend durch Lotos- und Papyruspflanzen; kleines Mädchen trägt Blumen; Musikerin spielt am Ufer des Wassers Laute.

Die wunderschönen und anmutigen weiblichen Gestalten verkörpern die Göttin Hathor.

Einige dieser kleinen Meisterwerke waren nicht für den Hausgebrauch bestimmt; sie dienten als Grabbeigaben und sollten die Auferstandenen ins Jenseits begleiten und ihnen dort ewige Jugend gewähren. Dieselbe Symbolik manifestiert sich im Tragen der Perücke, das manchmal eine Etappe der rituellen Vorbereitung der Priesterin bei ihrer Einweihung in die Mysterien der Hathor kennzeichnet.

Parfüm, wie wir es heute definieren – ätherisches Öl in alkoholischer Lösung –, scheint im Alten Ägypten unbekannt gewesen zu sein. Die Parfümeure stellten ihre Produkte auf der Basis aromatischer Pflanzen her, die sie in fetten Ölen mazerierten. Sie stellten auch Blumenessenzen her, ja sie verfügten über eine breite Palette dieser Essenzen, die einige Verzeichnisse, wie die des Labors von Edfu in Oberägypten, aufführen. Zwar kennen wir die Namen einer Vielzahl von Kosmetika, doch sind wir noch immer nicht in der Lage, eine genaue Übersetzung zu liefern und sie zu identifizieren. Die Zubereitung dieser Parfüms, von denen ein Großteil liturgischen Zwecken vorbehalten war, konnte mehrere Monate dauern und war Fachkräften anvertraut.

Pharaonin Hat-schepsut entsandte sogar eine Expedition ins sagenumwobene Land Punt, mit dem Auftrag, frischen Weihrauch zu besorgen, der sowohl für den Kult des Amun als auch für die Herstellung von Kosmetika bestimmt war (vgl. S. 78 ff.). Vergessen wir nicht, daß die Gottheiten den Menschen ihre Gegenwart durch einen betörenden und in Verzückung versetzenden Duft anzeigten. Übrigens wurde das Parfüm mit dem Lebensodem in Verbindung gebracht, mit dem sanften Nordwind, der den Organismus beim Sonnenuntergang, am Ende eines heißen Tags, zu neuem Leben erweckte.

Schminke und Kosmetika wurden in den Aushöhlungen kleiner Tafeln verwahrt und von der gesamten Bevölkerung benutzt. Am gebräuchlichsten waren eine schwarze Schminke auf Antimonbasis und eine grüne auf Malachitbasis. Mit ihnen konnten die eleganten Damen die Linie der Augenbrauen verlängern, um den Charme ihres Blickes zu betonen. Diese Produkte galten als so unentbehrlich, daß die Arbeiter bei einem Streik während der

Regierungszeit von Ramses III. nicht nur Lebensmittel, sondern auch die ihnen zustehende Menge an Salben einforderten.

Auch der medizinische Nutzen dieser Produkte sollte nicht unterschlagen werden; zu gewissen Zeiten des Jahres gibt es in Ägypten heftige Sandstürme, zu anderen Zeiten werden verschiedene Insekten zu einer Plage. Schminke und Schönheitsmittel dienten dazu, die Insekten zu vertreiben und Haut und Augen zu schützen. Die Salben sollten auch helfen, schlank zu bleiben, das Erschlaffen der Brüste zu verhindern, die Muskeln zu straffen und verunstaltenden Pickeln vorzubeugen. Um die Haut zu reinigen und sie jung und frisch zu halten, vermengte man Wachs, frisches Moringaöl, Terebintheharz und Zyperngras zu einer Art pflanzlichem Salbenverband.

Die kleinen Schminktiegel aus Alabaster oder Holz – zerbrechliche Zeugen der vielen Stunden, die eine Ägypterin damit verbrachte, sich schön zu machen – haben reizvolle, ungewöhnliche Formen: eine auf einer Barke liegende Kuh, Antilopen, Gänse, Enten, Affen, junge Schwimmerinnen. Im Fall der Ente oder der Gans war der Körper des Tieres ausgehöhlt, um als Behältnis zu dienen, und die abnehmbaren Flügel dienten als Deckel.

Sat-Hathor

die Schöne in diesem Spiegel

Die Prinzessin Sat-Hathor-Iunet, die »Tochter der Hathor von Dendera«[1], lebte in Illahun, am Rande der Provinz Fayum, in einem Palast des Mittleren Reiches. Sie besaß einen prächtigen Spiegel,[2] in dem sie sich jeden Morgen betrachtete, um sich ihrer Schönheit zu vergewissern. Das Kleinod galt als überaus kostbar; sein Griff bestand aus einem imitierten Papyrusstiel, der vom Kopf der kuhohrigen Göttin Hathor überragt wurde; und diese pflanzliche Säule stützte das Himmelszelt. Der eigentliche

Spiegel hatte die Form einer Scheibe aus glänzendem Silber. Silber, Gold, Quartz, Bergkristall und Lapislazuli wurden zur Herstellung von Spiegeln verwendet, welche die Eingeweihten bei der Feier geheimer Tempelriten trugen.

Anch, das altägyptische Wort für »Spiegel«, bedeutete auch »das Leben«. Sich im Spiegel zu betrachten ist für eine Ägypterin nicht nur ein ästhetischer Akt, sondern entspricht darüber hinaus ihrem Wunsch, sich mit Hathor zu identifizieren und am Leben des Himmels und der Sonne teilzunehmen, die durch die glänzende Metallscheibe versinnbildlicht wird.

Das Schönheitsideal ist untrennbar mit der Ausstrahlung einer Person verbunden. Der Blick einer schönen Ägypterin ist klar, ihr Gang hoheitsvoll, ihre Finger gleichen den Blütenkelchen eines Lotos. »Die Schöne«, »Die mit dem schönen Gesicht«, »Die Strahlende« sind Namen wohlgestalteter Frauen. Und sollte man im Traum jene sanftliebende Königstochter und Hathorpriesterin namens Mut-ir-dis schauen, deren Haar dunkler ist als die Nacht, als die Beeren und Früchte des Feigenbaums, und deren Zähne blitzen: wie ihrem Zauber entrinnen?

Die Ägypterin treibt einen ernsthaften Kult um die Schönheit, deren Kanon schon in den ältesten Epochen recht genau definiert ist: Die schöne Ägypterin ist schlank, hat zarte Glieder, markante, aber keine allzu starken Hüften, runde und eher kleine Brüste. Dennoch gibt es keine Diktatur der Schönheit. Die Statuen und Statuetten zeigen oftmals Frauen mit hübschen Rundungen, Pausbacken und gelegentlich sogar mit ausgeprägter Muskulatur. Die Göttinnen dagegen sind von ewiger Jugend und Schlankheit. Wer, wenn nicht der himmlische Goldschmied, hatte die weibliche Schönheit geschaffen und die Augenbrauenbogen gezogen, und hatte er nicht auch die Hand des Malers geführt, die in den thebanischen Gräbern herrliche Frauenporträts zeichnete? Vornehme Damen am Arm ihrer würdevollen Gatten, Damen, die zu einem Festmahl geladen sind, Frauen, die sich in einer Barke fahren lassen, junge Dienerinnen, Musikerinnen – sie alle besitzen ein elegantes Profil, mit magischer Anziehungskraft, anmutige und doch niemals gezierte Haltungen und eine abgeklärte Zärtlichkeit, in der das Geheimnis einer Liebe jenseits der Leidenschaft beschlossen liegt. Das Lächeln der Ägypterinnen, das bei den hochstehenden Damen von Würde und bei ihren Dienerinnen oft von einer Spur Schalkhaftigkeit durchdrungen ist, ist der vollkommene Ausdruck einer glücklichen und erfüllten Weiblichkeit, deren Aura einen sogleich in den Bann zieht.

Den für die Maler verbindlichen Konventionen entsprechend, hat die Frau eine blaßgelbe und der Mann eine rotbraune Haut. Die symbolische Bedeutung des milden, »hathorischen« Lichts für die Frau und der roten, »sethischen« Energie für den Mann ist offensichtlich.

Das wichtigste Element der ägyptischen Mode ist das feine weiße – mehr oder minder durchsichtige – Leinen, das sich eng an den Körper der Frau schmiegt und ihr einen geheimnisvollen Nimbus verleiht. Das hautenge Kleid aus Leinen fällt bis zu den Knöcheln herab und ist mit Trägern versehen, die über die Brüste reichen oder diese unbedeckt lassen. Als *das* Kleidungsstück der schönen Damen des Alten Reiches wird diese Mode die Jahrhunderte überdauern. Es verleiht den Ägypterinnen eine unnachahmliche Hoheit, eine stolze Haltung, die weder Charme noch Sanftheit ausschließt. Es ist auch das Gewand der Göttinnen.

Bei der Arbeit trägt die Frau nur das Notwendigste: einen kurzen Lendenschurz, der manchmal nach hinten gerollt ist, oder ein ganz schlichtes Kleid; die Brüste bleiben unverhüllt.

Das Neue Reich bewahrte trotz seiner Vorliebe für verfeinerte Gewänder das klassische Kleid der Anfangszeit. Doch die Schönen von Theben, von Memphis oder von Pi-Ramesse übernahmen das Plissee und bedeckten den Oberarm mit kurzen Ärmeln. Unter dem Kleid trugen sie ein sehr feines Hemd. Meistens sind diese Gewänder durchsichtig, um die Zartheit des Körpers zu betonen. Überröcke und Kleider sind so dünn, daß sie die Form der Brüste und der Hüften, die Schmalheit der Taille und die Anmut der Beine herausstellen.

Unterbekleidung? Einige dreieckige Lendenschurze, sonst nichts. Dagegen gab es eine ganze Reihe von Kleidungsstücken gegen die Kälte, vor allem Stolas und Mäntel, denn der ägyptische Winter ist mitunter verhältnismäßig streng, insbesondere in Unterägypten. Im Frühling und im Herbst sind die Nächte kühl; und wer die Wüste kennt, weiß, daß selbst in Nubien manchmal eisige Temperaturen auftreten können.

Schuhe? Man ging gern barfuß, doch gab es mehrere Arten von Sandalen, von der einfachen Papyrussohle bis zum Schuh aus gefärbtem und dekoriertem Leder.

Muß man daran erinnern, wie wichtig Knoten bei dieser Form von Kleidung waren? Einen Lendenschurz und einen Gürtel zu binden oder Träger zu befestigen, erforderte Übung und Geschicklichkeit. Das Wort für Knoten, *tsches*, ist identisch mit dem Wort für »Zauberspruch«, einem Spruch, der Kräfte »zusammenbindet«.

Schmuck? Reifen am Handgelenk und an den Knöcheln; Halsketten, die oft den Strahlenkranz um die Sonne nachahmen; Diademe und Bänder, mit floralen Motiven geschmückt; Ringe, Ohrringe und Anhänger. Gold, Silber, Türkis, Amethyst, Karneol und andere Halbedelsteine wurden zur Herstellung dieser kleinen Wunderwerke verwendet, um die Frau noch verführerischer erscheinen zu lassen. Die vornehmen Damen besaßen oft bedeutende Schätze, von denen nur wenige erhalten geblieben sind. Der Schatz der Prinzessin Chenemet, »Die dem Gott Chnum gehört (oder: Die sich mit dem Gott Chnum vereint)«, Tochter Amen-em-hets III., Pharao des Mittleren Reiches, wurde in ihrem Grab in Dahschur vollständig aufgefunden. Die Schmucksymbole der Armreife sind sehr aufschlußreich, verheißen sie ihr doch »Geburt« (im Jenseits), »Freude« und »allen Schutz und alles Leben«. Das bedeutet, daß diese Schmuckstükke nicht allein dekorativen Zwecken dienten, sondern eine magische Bedeutung als kraftspendende Worte auf den Pfaden des Jenseits besaßen.

Ebenso verhält es sich mit der unveränderlichen Schönheit der Ägypterinnen, die immer mit Hathor verbunden ist, der

Gebieterin des Jenseits. Wenn eine anmutige junge Frau den Duft einer Lotosblüte einatmet, nimmt sie dann nicht den Wohlgeruch der Auferstehung selbst wahr? In der Gestalt eines Lotos wird sie in jedem Augenblick wiedergeboren und zum ersten Morgen der Welt, zum ersten Lichtstrahl.

Die Schwangerschaft

Die Regel wurde »Reinigung« genannt; durch sie befreien sich die Frauen von schädlichen Kräften. Während der Periode braucht die Frau nicht zu arbeiten, und es ist ihr verboten, die innersten Kammern des Tempels zu betreten. Es obliegt den Wäschern, die blutbefleckten Kleidungsstücke zu reinigen.

Für eine Frau, die keine Kinder möchte oder die nicht mehr schwanger werden will, gibt es Verhütungsmittel. Die medizinischen Texte nennen mehrere, doch lassen sich deren Inhaltsstoffe leider nur schwer bestimmen. Erwähnen wir ein Gemisch aus Honig und Natron, mit dem die Frau die Lippen und die Vagina bestrich, Räucherungen, Getränke auf der Grundlage von Sellerie und süßem Bier und vor allem das Rezept Nr. 783 aus dem *Papyrus Ebers*, das einer Frau, die ein, zwei oder drei Jahre nicht schwanger werden will, empfiehlt, einen Tampon in ihre Vagina einzuführen, der mit einer Substanz aus Akazienextrakt, Koloquinte, Datteln und Honig getränkt ist. Vergorener Akazienharz produziert Milchsäure, die Spermien abtötet.

Doch es kommt der Tag, an dem die Frau ein Kind zur Welt bringen möchte. Vergessen sind die Verhütungsmittel, es beginnt das Abenteuer der Geburt.

In Dendera, dem heiligen Ort der Göttin Hathor, wurde im dritten Monat der Überschwemmungszeit ein Fest zur »Öffnung der Brüste der Frauen« abgehalten: Die neuvermählten Frauen versammelten sich, um einen Ritus zu feiern, der ihnen eine baldige

Schwangerschaft garantieren sollte. In Medinet Habu, auf dem thebanischen Westufer, dort, wo die Götter der Urzeit, begraben unter dem Urhügel, schliefen, nahmen die Frauen in einem heiligen See ein Bad, in der Hoffnung, fruchtbar zu werden. Was ist beklagenswerter als die Unfruchtbarkeit? Wenn die Schreiber eine Zeit der Not schildern, schreiben sie: »Die Frauen sind unfruchtbar, sie werden nicht mehr schwanger, die Freude ist erloschen.«

Glücklicherweise erschafft der Töpfergott Chnum auf seiner Drehscheibe weiterhin Menschen. Damit eine Frau schwanger wird, muß die Drehscheibe des Töpfergottes im Bauch der künftigen Mutter aufgestellt werden. Die Frau muß den passenden Spruch aufsagen:

»Gott der Töpferscheibe, der du auf deiner Drehscheibe das Ei erschaffst, verlagere deine schöpferische Tätigkeit ins Innere der weiblichen Organe und statte die Gebärmutter mit deinem Bild aus.«[1]

Sobald die Schwangerschaft erwiesen ist, soll man »ein Band um die Schwangere binden« und ein Tuch auf sie legen in der Form des *mes*-Zeichens – drei verbundene Tierbalge –, das soviel bedeutet wie »geboren werden«.

Schwanger zu sein bedeutet für eine Ägypterin »eine Arbeit zu erledigen«. Das im Bauch der Mutter zirkulierende nährende Blut läßt den Embryo wachsen. Seltsamerweise geben die Texte die Dauer der Schwangerschaft bald mit neun, bald mit zehn Monaten an. Während dieser Zeit mangelt es nicht an Gefahren; unheilvolle Kräfte könnten den Prozeß der Geburt stören, sie müssen durch Zaubersprüche und das Tragen von Amuletten gebannt werden. Der Uterus wird dem Schutz einer eigenen Göttin, Tjenenet, anbefohlen. Zu diesen Vorsichtsmaßnahmen kommt die ständige medizinische Betreuung. Um den Körper der Schwangeren mit wohltuenden Ölen zu salben, trieb man das Raffinement so weit, daß man einen Flakon in Form einer beide Hände auf ihren dicken Bauch legenden Frau benutzte. An diesen kleinen Gefäßen war ein Tampon befestigt, der den zerstörerischen Kräften den Zugang zum Bauch der Schwangeren versperrte.

Manche Ägypterinnen wollten unbedingt das Geschlecht ihres Kindes in Erfahrung bringen. Ihr Rezept hierfür vermachten sie den Griechen, und es gelangte auf dem Umweg über Byzanz auch nach Europa. Es war lange Zeit in den ländlichen Regionen Europas in Gebrauch, deren Bewohner, ohne es zu wissen, zeitlich auf der Höhe des pharaonischen Ägypten lebten. Es lautet folgendermaßen:

»Du füllst Gerste (im Altägyptischen ein männliches Wort, das auch ›Vater‹ bedeutete) und Emmer in zwei Leinensäcke, welche die Schwangere jeden Tag mit ihrem Urin benetzt... Wenn Gerste und Emmer keimen, dann wird sie ein Kind gebären. Wenn die Gerste zuerst keimt, dann wird es ein Junge; keimt der Emmer zuerst, wird es ein Mädchen. Wenn keines von beiden keimt, dann ist sie nicht schwanger.«[2]

Laut Gustave Lefebvre läßt sich dieses Diagnoseverfahren mit modernen Theorien über die Funktion von Hormonen in Verbindung bringen. Er schreibt: »Man hat festgestellt, daß das aus dem Urin schwangerer Frauen gewonnene Follikelhormon, wenn man es dem Gießwasser bestimmter Pflanzen zusetzt, das Sprießen der Blume beschleunigt. Andererseits kennen wir die Experimente von Dorn und Sugarman: Die Injektion von 10 Kubikzentimeter Urin einer schwangeren Frau in die Vene eines männlichen Hasen von zweieinhalb Monaten (das Alter, in dem sich die Hoden verlagern) erzeugt unterschiedliche Effekte, je nachdem, ob die Frau ein Mädchen oder einen Jungen gebiert.«

Gleich, ob die Neugier der künftigen Mutter befriedigt wurde oder nicht, näherte sich das entscheidende Ereignis: die Niederkunft.

Die Niederkunft der Dame Rudj-djedet

Eine der berühmtesten Entbindungen der ägyptischen Geschichte ist die der Dame Rudj-djedet, »Die begründet, was

Bestand haben soll«. Nach einer Erzählung im *Papyrus Westcar* war sie eine ganz und gar außergewöhnliche Mutter, da sie drei Pharaonen der 5. Dynastie das Leben geschenkt haben soll. Rudj-djedet war die Gemahlin von Re-user, »Re ist mächtig«, und der Gott Re hatte die Gestalt ihres Gemahls angenommen, um mit ihr eine Sonnen-Dynastie zu zeugen. Denn von der 5. Dynastie an werden alle Pharaonen den Namen »Sohn des Re (des Sonnengottes)« tragen.

Im Altägyptischen heißt gebären »niederkommen«, »aus dem Körper ausgestoßen werden«, »auf die Welt kommen«. Um dieses einschneidende Ereignis zu erleichtern, band man mit großer Sorgfalt die Haare der Gebärenden, rieb sie mit Öl ein, um die Muskeln zu entspannen, und spritzte ihr Flüssigkeiten auf der Basis von Heilpflanzen in die Vagina.

Trotz dieser Vorsichtsmaßnahmen kam es bei der Niederkunft der Rudj-djedet zu Schwierigkeiten. Aus diesem Grund rief Re mehrere Gottheiten an, die der Schwangeren die Geburt erleichtern sollten. Isis, Nephthys, Heket (die krötenköpfige Göttin der Gestaltwandlungen) und Mes-chenet (der Geburtsstein) verwandelten sich in schöne junge Frauen, und der Gott Chnum kümmerte sich um ihr Gepäck.

Die Sache war wichtig, da Rudj-djedet unter ihrem Herzen Drillinge trug, die berufen waren, das segensreiche Amt des Pharaos zu versehen, Tempel zu erbauen und die Altäre der Götter mit Opfergaben zu versorgen. Als die Gottheiten das Haus der werdenden Mutter betraten, trafen sie zunächst auf ihren Mann, der sehr besorgt und völlig aufgelöst war. »Edle Damen«, sprach er, »meine Frau liegt in den Wehen! Ihre Niederkunft ist schwierig.« Die Göttinnen machten Musik und baten darum, die Kreißende sehen zu dürfen. »Wir verstehen uns auf das Entbinden«, versuchten die den Mann zu beruhigen.

Die Entbindung sollte in einer eigens errichteten Hütte stattfinden, der Wochenlaube, die an das Papyrusdickicht erinnerte, in dem Isis, gefeit vor den Mächten des Bösen, Horus zur Welt gebracht hatte.

Eine Darstellung in Deir el-Medine vermittelt uns eine recht genaue Vorstellung von einer solchen Wochenlaube; es handelt sich um eine Hütte, deren hölzerne Säulen die Form von Papyrusstengeln haben und den Ursumpf versinnbildlichen. Diese Säulen und die Wände sind mit Kletterpflanzen geschmückt. Außerdem werden Figürchen von Bes, dem ausgelassenen, Musik machenden Zwerg, und von Thoëris, der Nilpferdgöttin, in der Laube aufgestellt. Beide begünstigen eine problemlose Niederkunft. Thoëris hat überdies die Aufgabe, »das Geburtswasser« zu beseitigen.

Die Laube ist mit einem Bett, Kissen, Tüchern, Hockern, einem Spiegel, Toilettenartikeln, magischen Elfenbeinschnitzereien und dem Gebärstuhl bzw. den vier Ziegelsteinen, die dieselbe Funktion erfüllen, ausgestattet.

Die Kreißende ist nackt, ihre Haare sind aufgebunden; sie muß von jedem Knoten, der die Entbindung erschweren würde, befreit werden.

Wie jeder anderen Ägypterin standen auch Rudj-djedet Hebammen zur Seite. Sie halfen ihr, sich, abgestützt auf die Fersen oder auf zwei bzw. vier Ziegelsteine, auf eine Matte niederzuhocken.[1] In manchen Fällen wird auch ein Gebärstuhl benutzt; ein Exemplar aus der Thebais ist im Ägyptischen Museum in Kairo ausgestellt. Der etwa 30 Zentimeter hohe Gegenstand aus Holz ist weiß angemalt. Dieser Stuhl verkörpert die Göttin Mes-chenet, die mit über das Schicksal des Neugeborenen bestimmt.

Die Hebammen sind zugleich »die Sanften« und »Die mit den festen Daumen«; sie erleichtern die Entbindung und empfangen das Neugeborene »auf ihren Händen«. Sie galten als Verkörperung der Geiergöttin Nechbet, die mit der Schwangerschaft in Verbindung gebracht wurde und als Schutzpatronin des Pharaos galt. Die Hebamme muß das Kind fest packen, so wie der Geier mit seinen Klauen die Beute packt, um sie nicht wieder loszulassen. Eine der Hebammen stützt den Rücken der Kreißenden und hält ihre Arme, während sie Zaubersprüche aufsagt. Ihre Kollegin wird die Nabelschnur durchschneiden, das Neugeborene waschen, es seiner Mutter zeigen und dann auf ein bequemes Bettchen legen.

Manchmal flößt man dem Neugeborenen am Tag seiner Geburt einen Trank ein, der aus einem zermahlenen Stück Plazenta und Milch besteht. Wenn es den Trank wieder ausspeit, wird es sterben; wenn es ihn hinunterschluckt, wird es am Leben bleiben.

Sollte es bei der Entbindung zu Schwierigkeiten kommen, legen die Hebammen Breiumschläge oder Kompressen auf den Unterleib der Gebärenden. Wenn die Austreibung des Kindes auf natürlichem Weg unmöglich war, führte man einen chirurgischen Eingriff durch. Auf diesem Feld scheint man Beachtliches zuwege gebracht zu haben. Der gefürchtetste Fall war eine Frühgeburt. Damit diese so unproblematisch wie möglich ablief, wurde ein Zauberspruch über vierzig Perlen, sieben Edelsteinen, sieben Goldstücken und sieben Leinenfäden, die von den beiden Schwestern, Isis und Nephthys, gewirkt worden waren, aufgesagt. Ein Amulett mit sieben Knoten wurde unter den Hals des Kindes gelegt.

Die Hebammen warteten ungeduldig auf den ersten Schrei des Neugeborenen. Wenn es *ni* sagte, würde es am Leben bleiben; sagte es dagegen *embi*, würde es sterben. Ein anderes schlechtes Omen: eine jammernde Stimme. Wenn das Neugeborene jedoch mit klarer Stimme schrie, durfte man vor Freude jubeln.

Bei Rudj-djedet verlief die Entbindung problemlos. Nachdem die Göttinnen ihr Zimmer in eine Wochenlaube verwandelt hatten, verschlossen sie die Tür und teilten die Aufgaben unter sich auf. Isis stellte sich vor die Kreißende, Nephthys hinter sie. Heket beschleunigte die Geburt. Isis sagte den Namen jedes Kindes an, das geboren wurde. Das erste, User-kaf, »Sein *Ka* ist mächtig«, glitt in ihre Arme; es war eine Elle (52 Zentimeter) lang, hatte feste Knochen, mit Gold eingelegte Gliedmaßen und Haare aus Lapislazuli. Die göttlichen Hebammen schnitten seine Nabelschnur ab und wuschen es. Mes-chenet prophezeite: »Er wird Pharao sein und über das ganze Land herrschen.«

Chnum verlieh dem Knaben Kraft und Gesundheit. In der gleichen Weise kamen die beiden anderen Jungen wohlbehalten zur Welt und wurden auf ein Leintuch gelegt.

Hocherfreut schenkte der Ehemann den schönen Damen einen Sack Gerste, den Chnum tragen sollte. Doch die Göttinnen mußten die Kinder noch beschenken: Sie formten Pharao-Kronen und versteckten sie in dem Sack. Dann entfesselten sie Regen und Wind. So war der Ehemann gezwungen, das Gepäck in einem kleinen verschließbaren Raum abzustellen.

Rudj-djedet ruhte sich vierzehn Tage lang aus. Als sie Nahrung für ihre Familie benötigte, ließ sie den Sack Gerste öffnen und entdeckte die Kronen. Ihr Gatte und sie erkannten, daß sie künftige Pharaonen gezeugt hatten.

Jedes Neugeborene ist ein wiedergeborener Horus. In ihm manifestiert sich der Wille zur Harmonie, unabhängig davon, ob dieser in seiner Wesensart zum Ausdruck kommt oder nicht. Als Gotteskind kommt Horus in einem speziellen Tempel, dem Mammisi,[2] zur Welt; mehrere dieser »Geburtshäuser« sind erhalten geblieben, vor allem in Dendera und Edfu. Die Szenen, mit denen diese Sanktuarien der Ptolemäerzeit ausgeschmückt sind, lassen uns an den rituellen Vorbereitungen der Gottesgeburt teilnehmen, die sich im Anschluß an die Vereinigung der Königin mit einem Gott in der Gestalt des Pharaos vollzieht.

Die Wände dieser Tempel, die von Freudengesängen und Jubelmusik widerhallen, wurden manchmal mit dünnem Blattgold überzogen. Die Sonne beleuchtete die Szenen und erweckte sie so zur Wirklichkeit.

Ein großes Bett erwartete die als »Mutter des Sonnengottes« bezeichnete Gebärende. Auf die Unterseite des Bettes waren Kühe göttlichen Ursprungs gemalt, diese gewährleisteten Fruchtbarkeit und Stillfähigkeit. Sechs Frauen helfen der künftigen Mutter, die nach ihrer Niederkunft ihr Neugeborenes dem Gott Amun vorstellen wird. Neunundzwanzig Hathorgöttinnen spielen Tamburin, während sieben männliche Wesen (die *Kau*) und sieben weibliche Wesen (die *hemuset*) für die geistige und körperliche Bildung des Kindes sorgen. Der Gott Ptah skulptiert es in Stein, der Gott Chnum formt es auf seiner Töpferscheibe, die Göttin Seschat schreibt seine Lebensjahre in den Lebensbaum.

Das Mysterium der göttlichen Geburt ist ein rituelles Drama, das so bis ans Ende der Zeit wiederholt wird. Das Gotteskind ist dazu berufen, Pharao zu werden und die Beiden Länder zu vereinen. Bildliche Darstellungen des Ritus befinden sich bereits auf den Mauern des Tempels von Luxor, wo man die Niederkunft der Mut-em-wia, der Mutter Amenophis' III. sehen kann. Vielleicht geht der Ritus auf die ältesten Dynastien zurück.

Die Amme

Gleich nach der Geburt betritt eine wichtige Person die Bühne: die Amme. Auch wenn die Mutter in vielen Fällen ihr Kind selbst stillte,[1] half ihr die Amme doch bei der Bewältigung der zahllosen kleinen Probleme, die in dieser Zeit anfielen.

Erster wichtiger Akt: Dem Kind zwei Namen geben – einen für den Alltagsgebrauch und einen zweiten, der sein wahres, verborgenes Wesen definierte. Dieser wurde »der Name, den ihm seine Mutter gegeben hat« genannt und dem Kind offenbar nur dann mitgeteilt, wenn es sich als dessen würdig erwies.[2]

Ägypterinnen und Ägypter trugen eine Fülle unterschiedlicher Namen, und Spezialisten auf diesem Gebiet haben umfangreiche Namenverzeichnisse angelegt. Die Mutter kann ihr Kind »den Syrer« oder »den Nubier« nennen, selbst wenn es nicht aus diesen Regionen stammt, weil sie glaubt, daß sein Leben in einer Beziehung zu diesen Gegenden stehen wird; weitere Namen sind »die Schöne«, »der Vogelfänger« ... Kurz, die Zuschreibung eines Namens impliziert hellseherische Gaben seitens der Mutter oder einer anderen Frau, die man zu Rate zieht. Jeder Name hat eine ganz bestimmte Bedeutung und lenkt das Leben seines Trägers in eine vorgegebene Richtung.

Mehrere Ammen standen am ägyptischen Hof in hohem Ansehen. Denken wir nur an die berühmte Teje, die Gemahlin des Würdenträgers und künftigen Pharaos Eje. Sie gab Nofretete die Brust und erzog sie. »Große Amme«, heißt es über die Erzieherin des künftigen Königs, »die den Gott aufgezogen hat, die mit der sanften Brust, die kraftvoll Stillende, die, deren Haut von Horus berührt wurde.« Die königliche Amme verfügte nicht nur über einen Diener, sondern hatte auch das Recht, sich ein schönes Grab anzulegen.

Der Weise Pa-heri hat seine drei Ammen auf den Wänden seines »Hauses der Ewigkeit« abbilden lassen. Sat-Re, der Amme der Königin Hat-schepsut, wurde das große Vorrecht zuteil, daß ihre Statue im Innern des Tempelbezirks von Deir el-Bahari aufgestellt wurde. Merit, die Gemahlin eines obersten Schatzmeisters (thebanisches Grab Nr. 63), war die Amme der Tochter des Pharaos und wurde für ihre Dienste von diesem selbst gelobt. Amenophis II., der aufgrund seiner hervorragenden Leistungen beim Bogenschießen und beim Rudern als »sportlich« galt, hegte eine tiefe Zuneigung für seine Amme, die Mutter des hohen Würdenträgers Ken-Amun. In dessen Grab in Theben (Nr. 93) hat sich der König auf dem Schoß seiner Amme darstellen lassen; diese sitzt im Innern eines säulengestützten Pavillons, dessen Dach mit Granatäpfeln und Lotosblüten geschmückt ist. Zu Füßen der Amme liegt ein Hund. Zwei junge Mädchen reichen Getränke, ein drittes spielt Laute.

Aus der Spätzeit stammen Verträge, in denen sich die Amme gegen Bezahlung dazu verpflichtete, während einer genau festgelegten Zeit den Säugling zu stillen. Sie besaß auch medizinische Kenntnisse und behandelte insbesondere das Bettnässen, indem sie dem Kind Pillen aus Stückchen zerstoßenen Steins oder eine Flüssigkeit auf der Basis von Schilfrohr verabreichte.

Das Schlimmste für eine Amme war der Mangel an Muttermilch. Sie verfügte jedoch über ein wirksames Mittel, um diesem Mangel abzuhelfen: Dazu wurde der Rücken mit einer Salbe auf der Basis des in Öl gegarten Rückgrats eines Fischs, des *Lates niloticus*, eingerieben.

Da ein Kind gemäß ärztlicher Anweisung mindestens drei Jahre gestillt werden mußte, mangelte es den Ammen nicht an Arbeit. Sie wurden besser bezahlt als mancher Heilkundige. So erhielt eine Amme als Gegenleistung für ihre Dienste drei Halsketten aus Jaspis, ein paar Sandalen, einen Korb, einen Holzblock, ein Stück Elfenbein und einen halben Liter Fett; ihre Kollegin bekam zwei Paar Sandalen, ein Kupfergefäß, eine Matte, Körbe und einen Liter Öl.

Die Muttermilch wurde als »heilende Flüssigkeit« angesehen und entsprechend aufmerksam geprüft; sie mußte nach Gewürzpflanzen oder nach Karubemehl duften. Wenn sie nach Fisch roch, galt sie als nicht bekömmlich. Die lange Dauer der Stillzeit erklärt, weshalb an den Skeletten ägyptischer Kinder keine Anzeichen für Rachitis gefunden wurden. Die kostbare Muttermilch wurde mitunter in tönernen Gefäßen aufgefangen, deren Form Frauen entspricht, die ihre Brüste pressen und einen Säugling auf dem Schoß halten.

Die Ammen mußten ihre Brüste sorgfältig pflegen, um Juckreiz, Blutungen und Eiterungen vorzubeugen. Die Ärzte verordneten ihnen zu diesem Zweck Produkte auf der Basis von Schilfrohr, Pflanzenfasern sowie Fruchtknoten und Staubgefäßen von Binsen.

Fern von Ägypten, im syrischen Adana, wurde eine Statuette aus Diorit gefunden, die sich heute im Metropolian Museum of Art befindet. Sie stellt Sat-neferu dar, eine Frau mit würdevollem, sanft lächelndem Gesicht, deren Augen zum Himmel gerichtet sind. Sie sitzt auf ihren Fersen, die linke Hand liegt auf der rechten Brust.

Sat-neferu war eine berühmte Amme, doch ihr Ansehen war ihr Unglück, da sie berufen wurde, ihre Fähigkeiten in einem fremden Land auszuüben, bei einem Botschafter oder einem Würdenträger, der in Syrien residierte. Wie alle Ägypter und Ägypterinnen, die gezwungen waren, fern der Beiden Länder zu verweilen, litt sie sehr unter dem Exil und trauerte den glücklichen Tagen an den Ufern des Nils nach. Bevor sie ihre Heimat verließ, gab sie diese Statuette in Auftrag, auf daß sie in ihrem »Haus der Ewigkeit« aufgestellt würde. Ein Haus, in dem sie auf jeden Fall bestattet werden wollte, selbst wenn sie in der Fremde stürbe.

Ein einzigartiges Dokument, eine Stele aus der 18. Dynastie, verdient es, hier erwähnt zu werden.[3] Darauf ist eine Frau mit würdevoller Miene zu sehen, die eine Perücke trägt und auf einem Stuhl mit niedriger Rückenlehne sitzt. Sie gibt einem auf ihrem Schoß sitzenden Kind, vermutlich einem Jungen, die Brust. Vor ihr gießt eine ihrer Töchter Wasser in ein Gefäß und vollzieht damit einen Reinigungsritus. Eine zweite Tochter naht von hinten und bringt eine Lotosblume, das Symbol der Wiedergeburt. Ein sitzender Junge riecht an einer anderen Lotosblüte. Die drei Kinder gedenken feierlich ihrer verstorbenen Mutter, und diese Stillszene ist insofern ungewöhnlich, als sie sich im Jenseits abspielt, in dem die Frau, auferstanden zum ewigen Leben, weiterhin ihre Aufgabe als Amme erfüllt.

Die Muttermilch verleiht Leben, Kraft und ein hohes Alter. Horus gelang es nur deshalb, das Königsamt wiederzuerlangen, weil er von Isis gestillt worden war. Seit der Zeit der *Pyramidentexte*, des ältesten sakralen Textkorpus, ist das Stillen ein fester Bestandteil der Krönungsriten des Pharaos, der dadurch wieder zu einem jungen, kräftigen Mann wird, dessen Wachstum durch die göttliche Milch gewährleistet ist.

Es handelt sich tatsächlich um eine Auferstehung im engeren Sinne. Der von den Göttinnen gestillte König wird wieder zu einem Kind, zu neuem Leben erweckt, doch gleichzeitig wird ihm die Befähigung zur Ausübung des Königsamts zuerkannt. Jean Leclant merkt dazu an: »Beim Stillen geht es um viel mehr als um das Einsaugen eines Unsterblichkeitselixiers; es geht um mehr als einen magischen Schutz oder einen bloßen Adoptionsritus ... Es geht um eine Art Initiation. Mit der Übernahme seines neuen Amtes tritt Pharao in die Welt der Götter ein.[4]

Die Mutter, die ein Kind zur Welt gebracht hatte, erholte sich zwei Wochen lang. Übrigens wurde die Geburt eines Mädchens genauso freudig begrüßt wie die eines Jungen. Niemals im Verlauf der pharaonischen Geschichte wurden Mädchen wie in Griechenland und in Rom getötet oder ausgesetzt.

Auf die Freude über die gelungene Geburt folgt sogleich die Sorge. Auf dieser Erde Gestalt annehmen bedeutet für einen neugeborenen Menschen, aus der Ungeschiedenheit herauszutreten, sich abzusondern, einen schwierigen Weg zurückzulegen und vielfältigen Gefahren ausgesetzt zu sein. Bei der Geburt in die Welt der Menschen ist das Kind in einer prekären Lage.

Sobald ihm ein Name gegeben worden ist, tritt es als vollwertiges Mitglied in den Kreis der Lebenden ein, aber gleichzeitig wird es zu einer verlockenden Beute für den Tod – jenen Dieb, der sich im Dunkeln anschleicht und den Säugling zu entführen versucht.

Nun beginnt ein erbitterter Kampf zwischen der Mutter und dem Tod.[1]

Die Mutter kennt eine unschätzbare Sammlung von Zaubersprüchen, die über Generationen hin von Frauen mit Erfolg erprobt worden sind. Diese erlauben ihr, sich vor bösen Geistern, Gespenstern und umherirrenden finsteren Gestalten zu schützen und ihr Kind gegen übelwollende Kräfte abzuschirmen.[2] Diese bösen Phantome versuchen, das Kind zu küssen, und dieser Kuß ist tödlich. Aber sie lassen sich leicht identifizieren: Ihr Kopf ist auf den Rücken gedreht und sie blicken nach hinten. Die Mutter muß unentwegt auf der Hut sein, damit sie sich nicht der Wiege nähern.

So verkündet sie, daß jedes Körperteil ihre Kindes das einer Gottheit ist; daher wird es kein Dämon wagen, es anzurühren. Sie ruft Himmel und Erde, Nacht und Tag, Hathor und Re, den Grundstein, und die sieben Götter, die Ordnung auf der menschenleeren Erde schufen, um Schutz an. Sie fleht die Gottheiten an, den Namen des Kindes, den Ort, an dem es sich befindet, die Milch, die es trinkt, die Brust, an die es sich lehnt, und die Kleidung, die es anzieht, zu schützen. Die Zaubersprüche müssen morgens und abends über einem Goldkügelchen, Amethystperlen und einem Siegelstein wiederholt werden. Die Mutter fordert: »Der Tod, der sich im Dunkeln anschleicht, möge verschwinden. Sein Gesicht möge sich abwenden. Er möge vergessen, weshalb er gekommen ist. Er soll das Kind nicht küssen, er soll es nicht wegnehmen!«

Jede Ägypterin war für ihren Säugling eine Isis. Daher mußte sie ihn häufig streicheln und magisch berühren, wie es die große Göttin mit Horus getan hatte. Die mütterliche Hand strahlte eine positive Energie aus und war für das gesundheitliche Wohlergehen des Kindes unverzichtbar.

Der Mutter stand eine Reihe von Amuletten und Talismanen zur Verfügung:[3] Tafeln aus Elfenbein, Plaketten und Figurinen aus Fayence, auf denen Schutzgeister dargestellt waren, wie Bes, Thoëris und Aha, »der Kämpfer«. Im Grab des Bebi in el-Kab und dem des Djehuti-hotep in el-Berscha sieht man, wie Ammen schlangenförmige Stöcke schwingen, um die unheilvollen Mächte der Finsternis zu vertreiben. Katzen, Antilopen, Affen, nackte Frauen – Anhängerinnen der Göttin Bastet – schützen das Kind, dessen Gedeihen man zusätzlich durch Musik fördern kann. Ein Amulett am Hals des Kindes wie dem der Mutter vervollständigt das magische Bollwerk gegen den Tod.

Nicht immer ging der Kampf zugunsten von Mutter und Kind aus. Der Tod wurde als integraler Bestandteil des kosmischen Kreislaufs betrachtet und erschien trotz des von ihm hervorgerufenen Leidens als ein Abschnitt des Lebens, das weit über die körperliche Geburt und den körperlichen Tod hinausreichte.

Aus der Spätzeit gibt es Aufzeichnungen, in denen ein Aufbegehren gegen den Tod zum Ausdruck kommt. So wird in einem Stelentext einem kleinen Mädchen, das sehr jung gestorben ist und das sein Schicksal als ungerecht empfindet, das Wort erteilt:[4] »Ich verehre deinen *Ka*, Herr der Götter, obwohl ich noch ein Kind bin. Das Unglück hat mich heimgesucht, als ich noch ein Kind war! Dies berichtet dir ein Mensch ohne Fehl. Ich, ein kleines Mädchen, liege in einem öden Ort, mich dürstet, obwohl es Wasser in meiner Nähe gibt. Allzu früh wurde ich der Kindheit entrissen ... Ich bin zu jung, um allein zu sein, wo ich doch gern viele Menschen sah und immer fröhlich war! O König der Götter, Herr der Ewigkeit, zu dem alle eingehen, gib mir Brot, Milch, Weihrauch und Wasser von deinem Altar, denn ich bin ein unschuldiges kleines Mädchen!«

Die Dame Ta-Imhotep und die Liebe zur Familie

Bis zur Spätzeit messen die ägyptischen Dokumente den Geburts- und Sterbedaten nur eine geringe Bedeutung bei. Unter den Ptolemäern mit ihrer griechischen Mentalität ändert sich dies, und das Anekdotische drängt das Sakrale in den Hintergrund. Aus diesem Grund besitzen wir Zeugnisse über bestimmte Persönlichkeiten, wie die Dame Ta-Imhotep, »Die dem Imhotep Angelobte«, die am 17. Dezember 73 v. Chr. geboren wurde. Ihre Geschichte wird uns auf einer Stele erzählt,[1] die aus der Regierungszeit Kleopatras stammt. Man sieht darauf, wie Ta-Imhotep Osiris, dem Gebieter des Jenseits, und anderen Gottheiten huldigt.

Im Alter von vierzehn Jahren heiratete Ta-Imhotep Pa-scheri-en-Ptah, »den jungen Sohn des Ptah«, der es zum Hohenpriester dieses Gottes in Memphis bringen sollte. Ta-Imhotep war eine bezaubernde Frau von trefflichem Charakter und überzeugender Stimme, von allen wurde sie geliebt; viele Menschen wandten sich an sie, um ihren klugen Rat einzuholen. Kurz, das klassische Porträt einer vornehmen ägyptischen Dame, wie es bereits aus der älteren Literatur bekannt ist. Die Tochter eines

Hohenpriesters und einer Priesterin und Musikerin zeigte trotz ihrer Jugendlichkeit eine bemerkenswerte charakterliche Reife. Der Gatte Ta-Imhoteps war eine bedeutende Persönlichkeit des Staates; als »Schreiber des Gottes im Haus der Bücher« genoß er das Vorrecht, »Augen und Ohren des Königs« – also Vertrauter des Pharaos – zu sein.

Ta-Imhotep schenkte ihrem Mann drei Töchter, aber sie litt darunter, daß sie keinen Sohn hatte. Um die Erfüllung ihres Wunsches zu erreichen, wandte sie sich an ihren Schutzpatron, Imhotep. Imhotep, der Baumeister der Stufenpyramide für Pharao Djoser, Magier und Arzt, das Leitbild aller Baumeister, Schreiber und Gelehrten.

Imhotep ließ die Verzweiflung seiner Schutzbefohlenen nicht ungerührt. Er erschien dem Gemahl Ta-Imhoteps, seinem Hohenpriester, im Traum und ersuchte ihn, für seinen Tempel ein schönes Werk zu stiften und dort aufzustellen. Zweifellos handelte es sich um die Instandsetzung eines alten Kultgegenstandes. Der Hohepriester führte den Auftrag aus.

Am 15. Juli 46 v. Chr. in der achten Tagesstunde brachte Ta-Imhotep einen Jungen zur Welt. Leider war ihr keine lange Lebensspanne mehr vergönnt, sie starb am 15 Februar 42, im Alter von einunddreißig Jahren. Ihr Gatte vollzog alle erforderlichen Riten für sie und ließ ihr ein prachtvolles »Haus der Ewigkeit« errichten.

Auf ihrer Grabstele bittet Ta-Imhotep die Gottheiten um Brot, Bier, Rindfleisch, Geflügel, Weihrauch, Salben, Kleider und alle guten Dinge, die vom Altar der Götter stammen. Doch im selben Text beklagt sie in bitteren Worten ihr Los.

Der Westen, in dem sie sich nunmehr für alle Zeit aufhält, ist eine Welt ewigen Schlafs und ewiger Finsternis. Die Verstorbenen sind blind und verlieren schließlich ihr Gedächtnis. Große und Kleine sind in der Hand des Todes; der schlägt gleichgültig gegen alle Wehklagen zu, wo und wann es ihm beliebt, und so kann er sich selbst eines kleinen Kindes bemächtigen, das neben einem alten Mann geht.

Ta-Imhotep dürstet nach dem Wasser des Lebens, aber sie kann es nicht mehr trinken. Ach, daß ihr Gemahl es ihr noch einmal reichte! Während der Jahre, die er noch auf Erden wandeln und die Freuden des Daseins genießen wird. Und mögen auch all jene, die zu ihrem Grab kommen, ihr ein Wasser- und Weihrauchopfer darbringen.

Was darf sie noch hoffen, fern von ihrem geliebten Mann, fern von ihren Kindern?

Der Gatte von Ta-Imhotep verstarb ein Jahr nach dem Tod seiner Frau. Keiner von beiden konnte wirklich völlig verzweifelt sein, wußten sie doch, daß die Familien, deren Mitglieder aus innerstem Herzen Ma'at geübt hatten, im Jenseits gemeinsam weiterleben würden. Es gab einen uralten Zauberspruch,[2] mit dem man die Hausgemeinschaft im Jenseits für die Ewigkeit zusammenführen konnte: »Die Hausgemeinschaft versammeln – Vater, Mutter, Freunde, Gefährten, Kinder, Frauen, Gefährtinnen, Arbeiter, Gesinde ... Wahrlich, dies ist schon Millionen von Malen gelungen.«

Atum, Re, Geb und Nut – der Urschöpfer, der Sonnengott, Erde und Himmel – gewährleisten dieses Glück. Wenn dem nicht so wäre, würden weder Brot noch Fleisch auf den Altären dargebracht, und es würden auch keine Barken mehr gebaut. Doch da es sich so verhält, werden Opfergaben dargebracht, und die Barke des Re wird von einer Besatzung aus unzerstörbaren und unermüdlichen Sternen begleitet.

Und so wird auch Ta-Imhotep wie alle Gerechten frohen Herzens sein und die ewige Freude erfahren, denn ihre Hausgemeinschaft wird im Jenseits wiedererstehen.

Die Struktur der ägyptischen Familie zur Zeit der Pharaonen erscheint uns einfach und offensichtlich: ein Vater und eine Mutter mit den gleichen Pflichten und Rechten, dazu ihre Kinder. Das ist der zentrale Kern; hinzu kommt die tiefe Ehrfurcht vor den Großeltern.

Nun ist diese Struktur jedoch nicht so weit verbreitet, wie es scheint. Denken wir nur an die afrikanischen und muslimischen Familien, die anders organisiert sind. Zudem hat die altägyptische Familie nicht besonders viele Kinder. In dem Ort Deir el-Medine hatte die größte Familie vier Kinder, und die Durchschnittsfamilie zählte zwei Kinder. Es gab kinderlose Paare und mehrere Ledige. Vergessen wir nicht, daß die Weisen den Frauen, die nicht gebären wollten oder konnten, keinerlei Vorwürfe machten.

Die emotionalen Bande zwischen Mann und Frau waren sehr stark. Obwohl die Ägypter ihren Sprößlingen eine große Zuneigung entgegenbrachten, befürworteten sie eine recht strenge Erziehung. Jedes Familienmitglied war individuell für sein Handeln verantwortlich und konnte sich nicht hinter seiner Sippe verschanzen, um einer Strafe zu entgehen. Allerdings bemühten sich die Mitglieder einer Familie darum, das gemeinsame Vermögen über die Generationen hinweg zu erhalten. Diese bemerkenswerte Familienkonzeption förderte einerseits die Entfaltung des einzelnen und andererseits den Zusammenhalt der Kernfamilie.

Das Bankett der Dame Itjui

Unter den Annehmlichkeiten des Lebens im Alten Ägypten gab es eine, die eine vornehme Frau unter keinen Umständen versäumen wollte: die Teilnahme an einem Bankett. In manchen Fällen, wie dem der Dame Itjui, ging es sogar darum, die Festlichkeiten so zu organisieren und vorzubereiten, daß die Gäste die Abendgesellschaft in ihrem blumengeschmückten und von Wohlgerüchen erfüllten Haus in vortrefflicher Erinnerung behielten.

Der Gatte der Dame Itjui[1] heißt Har-em-hab; er ist königlicher Schreiber und Schreiber der Rekruten. In dieser Funktion obliegt es ihm, unter den Freiwilligen diejenigen auszuwählen, die er für tauglich befindet, in die Berufsarmee aufgenommen zu werden.

In den Küchen herrscht lärmende Geschäftigkeit; man bereitet verschiedene Fleischsorten, Fisch, Brot und Kuchen zu. Die Diener füllen Wein und Bier in Krüge und stellen sie auf die Festtafel, dort steht kostbares Geschirr – Schüsseln aus Gold, Silber und Alabaster sowie vielfältige Tonwaren. Die Dame Itjui muß überall sein, sicherstellen, daß nichts fehlt und daß kein Detail vernachlässigt wird.

Als die geladenen Gäste eintreffen, unter denen sich sehr schöne Frauen mit prächtigen Gewändern und herrlichem Schmuck befinden, werden sie von den Gastgebern mit herzlichen Worten begrüßt. Die Dame Itjui wünscht ihnen ein langes Leben und Gesundheit und befiehlt sie dem Schutz der Götter. Dank der Götter werden alle wohlauf sein und die glücklichen Momente des Fests genießen können.

Nach dem Austausch von Höflichkeiten betreten die Gäste das Haus. Die schönen Damen mit den durchsichtigen und leichten erlesenen Kleidern schreiten anmutig einher. Sie haben mehrere Stunden gebraucht, um sich passend zu schminken, eine Frisur mit kunstvollen Zöpfen anzufertigen, sich zu parfümieren und sich mit vollendetem Raffinement zu kleiden.

Im Saal, in dem das Festessen stattfindet, herrscht eine strenge Tischordnung: das gastgebende Paar, auf Holzsesseln sitzend, nimmt den Ehrenplatz ein. Den Gästen stehen Stühle, Hocker und Polster zur Verfügung.

Es ist nicht üblich, daß sich die Paare mischen. Ehemann und -frau bleiben bei einem Bankett zusammen und bringen durch diskrete Gesten ihre Liebe zum Ausdruck, etwa indem die Frau einen Arm um die Schultern ihres Mannes legt.

Nachdem die Gäste Platz genommen haben, beginnen die Dienerinnen – überwiegend junge Mädchen – auszuschwärmen, während Musikerinnen liebliche Weisen intonieren, zu denen Tänzerinnen sich anmutig bewegen. Die Dienerinnen reichen den Damen Lotosblüten, an denen sich diese erquicken. Sie schmücken ihren Hals mit Girlanden und setzen parfümierte

Salbkegel auf ihre Köpfe und die der Männer; diese verströmen beim Schmelzen angenehme Düfte. Die Gäste werden parfümiert, gesalbt und massiert.

Bei den Festessen wurde eine Fülle von Gerichten aufgetragen: Vorspeisen, verschiedene Fleisch- und Fischsorten, Süßspeisen, Gemüse, Nachspeisen. An die Güte der Produkte und ihre Zubereitung wurden hohe Anforderungen gestellt, und man wählte vorzügliche Weine aus dem Delta oder aus den Oasen aus. Die geladenen Schönen kosteten gern von den Gaumenfreuden, während sie Verse von Dichterinnen vernahmen, die die Freigebigkeit der Götter und die Vollkommenheit ihres Werks rühmten und ihnen dafür dankten, daß sie den Menschen die Liebe offenbart und sie in ihre Herzen gesenkt hatten.

Einige der Tänzerinnen übten diese Tätigkeit berufsmäßig aus und ließen sich ihre Auftritte bei Banketten üppig entlohnen, andere waren junge Mädchen und wollten ihre Begabung unter Beweis stellen und ihre Reize bewundern lassen. Eine Wandmalerei in einem Haus in Deir el-Medine zeigt eine junge Frau, die nur mit einem durchsichtigen Schleier bekleidet ist; sie spielt eine Art Oboe, während sie gleichzeitig, auf den Zehenspitzen stehend, einen äußerst anmutigen Tanzschritt ausführt. Die Künstlerin trägt eine Halskette und Schmuckreifen an den Handgelenken und Knöcheln.

Ein Harfenspieler mit geschlossenen Augen oder eine Harfenspielerin mit offenen Augen stimmte einen rituellen Gesang an, um die Gäste zu ermahnen, glückliche Stunden zu verbringen und die erlebten Augenblicke der Freude in vollen Zügen zu genießen. Jeder wußte, daß das irdische Dasein nur eine Zwischenstation war. Wenn die Menschheit ihre wichtigste Pflicht beherzigte, nämlich die ewigen Gesetze der Schöpfung zu respektieren, dann würden sich die Ereignisse auf der Erde harmonisch abspielen, wie etwa dieses Bankett, wo die Schönheit der Frauen eine der wunderbarsten Manifestationen der himmlischen Freude war. Der Ehemann soll sich um seine inniggeliebte Schwester kümmern und ihr die besten Parfüms und die schönsten Blumen schenken. Ein jeder möge diese gemeinsame Freude genießen und sich darauf vorbereiten, früher oder später ins Land der ewigen Ruhe einzutreten.

Und nun eine spektakuläre Darbietung: Eine Tänzerin, die den Süden symbolisiert, setzt den Fuß behutsam auf den Nacken ihrer Kollegin, die den Norden verkörpert; anschließend führen sie wahrhaft akrobatische Figuren auf. Musikerinnen klatschen mit den Händen, um die Darbietung rhythmisch zu begleiten. Eine wunderbare Szene im Grab des Astronomen Nacht in Theben: Eine junge Frau von großer Schönheit, deren einziges Kleidungsstück ein die Hüfte umschließender Gürtel aus Perlen ist, spielt tanzend die Laute. Eine Harfenistin und eine Flötistin begleiten sie.

Die Bankettszenen zeigen uns die Gäste nicht beim Essen. Dagegen sehen wir sie beim Trinken. Die Dienerinnen schenken Wein und Bier in Pokale und reichen sie Frauen wie Männern. Diese Getränke sollen den *Ka* erfreuen, die Lebenskraft jedes Menschen. So spricht die Dame Itjui zu ihrem Gemahl: »Auf deinen *Ka!* Verbringe einen glücklichen Tag in deinem hübschen Haus der Ewigkeit, dein Gesicht zu Amun-Re, deinem Gebieter, gewandt. Er möge dich lieben.«

Vergessen wir nicht, daß das Bankett ein Abbild des Daseins im Jenseits ist. Es gibt keine bessere Veranschaulichung der ewigen Glückseligkeit als dieses gemeinsam eingenommene Festmahl, in dessen Verlauf jeder Gast eine einzigartige Palette subtiler Genüsse entdeckt, vom fruchtigen Wein bis zum Vernügen angeregter Gespräche. Das Bankett ist ein vom Glück begünstigter Augenblick, in dem sich alle Formen des Lebens kreuzen. Die Dame Itjui kann stolz darauf sein, daß sie das Herz ihrer Gäste erfreut hat.

Im Mittleren Reich wurde der Frau der Titel »Hausherrin« *(nebet per)* zuerkannt, der sämtliche Aufgaben abdeckte, die sie seit der Entstehung der ägyptischen Kultur erfüllt hatte.

Die Dame Neferu verschaffte diesem Titel die offizielle Weihe, da sie eine Königin war, die Gemahlin eines Mentu-hotep. In einem Text heißt es: »Die Herrin des Hauses ist von bezaubernder Wesensart. Sie ist diejenige, zu der die ganze Welt sagt: Sei willkommen.«[1]

Durch die Ehe verliert die Frau nichts von ihrer rechtlichen Selbständigkeit, aber sie übernimmt eine schwere Verantwortung: die erfolgreiche Leitung einer mehr oder minder großen Hausgemeinschaft. Der Weise Ani rät den Männern, ihrer Frau nicht dadurch unnötig zur Last zu fallen, indem sie sie fragen, wo sich dieser oder jener Gegenstand im Haus befinde, wenn er an seinem ordnungsgemäßen Platz steht. »Bewundere ihre Arbeit«, fordert der Weise, »und schweige.« Statt zu nörgeln und zu kritisieren, sollte man ihr bereitwillig unter die Arme greifen, wenn sie es wünscht. Ist sie nicht glücklich, wenn die Hand ihres Mannes in der ihren ruht? Daraus folgt: »Es gibt Frauen, die von Natur aus alles zum höchsten Lobpreis des großen Gottes tun … Eine Frau, die ihr Haus in Ordnung hält, ist ein unersetzlicher Schatz.«

Das ägyptische Wort *per*, das wir mit »Haus« übersetzen, bedeutet auch »die Domäne«. Die »Hausherrin« herrscht also in Wirklichkeit über eine Hausgemeinschaft, die nicht auf die Kernfamilie im engeren Sinn beschränkt ist, denn auch das Gesinde, Tiere, Ackerland und sogar handwerkliche Aktivitäten stehen unter ihrer Aufsicht.

Die Größe des Hauses und die Anzahl seiner Zimmer hängen von der Vermögenssituation des Paares ab, dem das Haus gehört. Man hat nur wenige Spuren altägyptischer Städte gefunden; wir kennen nur die Überreste von Kahun, einer Stadt des Mittleren

Reiches, von Deir el-Medine, der thebanischen Stadt des Neuen Reiches, und von Tell el-Amarna, der Hauptstadt Echnatons, in Mittelägypten. Die beiden ersten sind übrigens keine gewöhnlichen Ortschaften, sondern Handwerkersiedlungen, die von einer Mauer umfriedet waren und deren aus »Facharbeitern« bestehende Einwohnerschaft wie die der »Pyramidenstädte« nach eigenen Gesetzen lebte. Die kleinsten Handwerkerhäuser bestanden aus drei Zimmern, die größten aus etwa zehn. Die Wohnstätten der Bauleiter, der Domänenvorsteher und der Würdenträger des Hofes waren große Villen mit Gärten, Lustteichen und mehr als siebzig Zimmern. Die meisten Häuser in Deir el-Medine haben vier Hauptzimmer und einen Hinterhof, in dem das Essen zubereitet wurde.

Zu allen Zeiten bestanden die Bauten aus Lehmziegeln, sie waren meist einstöckig und besaßen immer eine nach Norden ausgerichtete Terrasse. Sorgfältig berechnete kleine Öffnungen im Dach ließen das Licht, nicht aber die Wärme passieren; sie ermöglichten zudem eine natürliche Luftzirkulation. In einem Empfangszimmer, das unter dem Schutz des Gottes Bes stand, befand sich ein kleiner Altar zum feierlichen Gedenken an die Vorfahren. An die Zimmer grenzten Bäder.

Bei einer großen Villa kamen Silos, Werkstätten, Bäckereien, Vorratskammern und Stallungen hinzu. Herausragendes Element der Einrichtung: das Bett, dessen Matratze auf einem Holzrahmen befestigt war. Weitere Einrichtungsgegenstände waren Holztruhen, Schränke, Hocker, Wein- und Ölkrüge sowie Küchengeräte, unter denen vor allem die festen oder beweglichen Herde, Kocher und Töpfe hervorzuheben sind.

Die Hausherrin Neferu, deren Name »Schönheit«, »Erfüllung« bedeutet, herrschte über die riesige Domäne des königlichen Hofes. Ihr oblag die Leitung des Personals, damit der reibungslose Ablauf des Alltagslebens durch nichts beeinträchtigt würde.

In Deir el-Medine führten die Gattinnen der Handwerker den Haushalt, doch gingen ihnen dabei Mägde zur Hand, die ihnen der Staat zur Verfügung stellte. Die Mägde kümmerten sich vor allem um das Mahlen des Korns.

Mastaba (Privatgrab) des Ti. Die Gemahlin des Domänenvorstehers.

Wie jede andere Hausherrin legte auch Neferu größten Wert auf Sauberkeit. Das Haus wurde nicht nur mit Duftessenzen besprüht, sondern auch in regelmäßigen Abständen desinfiziert, um Insekten und Ungeziefer zu vertilgen; dabei benutzte man vor allem die Technik der Ausräucherung.

Unerläßliche Morgentoilette, verbreiteter Einsatz von seifenartigen Substanzen und von Kratzeisen für die Haut, Vorhandensein von Badezimmern, Pflicht, sich vor dem Betreten eines Hauses die Hände und die Füße zu waschen, Reinigung des Mundes mit Natron, Tragen sauberer Kleidungsstücke, die von Wäschern auf einem großen Stein mit Natron eingerieben wurden, bevor man sie in der Sonne trocknen ließ – das sind einige Aspekte der ägyptischen Hygiene, die in allen Gesellschaftsschichten verbreitet war. Die hygienische Sorgfalt ist der Hauptgrund, warum das pharaonische Ägypten von keiner größeren Epidemie heimgesucht wurde.

Eine Anekdote veranschaulicht den Stellenwert der Sauberkeit in dieser Kultur. Am Ende der *Sinuhe-Erzählung* kann der

Held, Sinuhe, nach einem langen Aufenthalt in der Fremde, wo er als Spion tätig gewesen ist, endlich in die Heimat zurückkehren. Als er am Hof empfangen wird, ruft die Königin aus: »Der da, ausgeschlossen! Das ist ein echter Beduine!« Wie kann man wieder einen Ägypter aus ihm machen? Durch Körperpflege, indem man ihn gründlich wäscht. Langer Aufenthalt in einem Bad, Rasur, Schneiden der Haare durch einen Friseur, Enthaarung, Anwendung von Weihrauch und von Salben, Tragen sauberer Kleidung aus Linnen. Als Sinuhe durch kein Quentchen Schmutz mehr entstellt ist, erscheint er erneut vor der Königin, die ihn diesmal wiedererkennt.

»Eine treffliche Frau von edler Wesensart«, schrieb der Moralist Anch-Scheschonki, »ist wie Speise in einer Hungersnot.« Er betonte auf diese Weise die herausragende Rolle der Hausherrin beim Kauf und bei der Zubereitung der Nahrungsmittel.

Zweifellos beaufsichtigte Neferu die Versorgung des Palasts mit Lebensmitteln. Hausherrinnen niedrigen Ranges begaben sich auf die Märkte oder erstanden Produkte, die von fliegenden Händlern und Karawanenführern feilgeboten wurden.

In ihrem Haus erledigt die Frau eine äußerst wichtige Aufgabe: die Zubereitung der Grundnahrungsmittel, Brot und Bier. Denken wir an eine berühmte Statue, die sich heute im Ägyptischen Museum in Kairo befindet[2] und die eine stämmige Dienerin bei der Arbeit zeigt. Nichts als eine schwarze Perücke, ein Halsband und einen schlichten weißen Rock tragend, taucht sie die Hände in einen großen Bottich und knetet Brotteig, der in einem über einem Krug befindlichen Sieb befeuchtet wird. Diese Arbeit liefert sowohl das Brot als auch den Grundstoff für die Bierherstellung, in Wasser vergorene und mit Dattellikör besprengte Gerste.

Es ist unwahrscheinlich, daß die vornehme Dame Neferu den Teig selbst geknetet hat, aber sie dürfte diese Technik, die von der Mutter an die Tochter weitergegeben wurde, gekannt haben. Das Sieben, Mahlen, Kneten, Zerschroten war traditionell den Frauen vorbehalten, das Backen dagegen war eher eine Männer-

Eine Dienerin knetet den Teig. *(Kairo, Ägyptisches Museum)*

arbeit. Dem Mann oblagen auch die meisten landwirtschaftlichen Verrichtungen, vor allem die beschwerlichsten, die Herstellung von Wein, das Einsalzen und Trocknen von Fleisch, die Zurichtung der Fische und häufig auch das Kochen. Wie man sieht, war die Hausherrin nicht sich selbst überlassen.

Wie der Zufall so spielt, entdeckte der englische Archäologe Emery in einem Frauengrab aus der 2. Dynastie ein mumifiziertes Mahl: auf der Speisekarte standen eine Art Porridge auf Gerstenbasis, eine gegrillte Wachtel, zwei gegrillte Nieren, Taubenragout, gekochter Fisch, Rindskotelett, Brotlaibe, kleine runde Kuchen, Feigenkompott und Beeren.

Von Neferu erwartete man wie von jeder tüchtigen Hausherrin, daß sie fleißig, sachkundig und freigebig war, daß sie dem in Not Geratenen unter die Arme griff und daß sie einem Hungernden Brot und einem Nackten etwas zum Anziehen gab. Weil sie diesen Erwartungen vorbildlich entsprach, liebte und rühmte sie die ganze Stadt.

Ein Flachrelief aus der 18. Dynastie, das in Saqqara in der Nähe der Pyramide des Teti gefunden wurde, zeigt die Hausherrin aus einer anderen Perspektive. Sie trägt eine schwarze Perükke, einen Salbkegel auf dem Kopf und ein enganliegendes weißes Kleid, das unter den Brüsten zusammengeschnürt ist, und darüber einen durchsichtigen Schleier aus Leinen. Sie huldigt Hathor, der Gebieterin des Westens, die sie im Jenseits empfängt. Die Göttin bietet ihrer getreuen Dienerin als neue Bleibe den Himmelstempel an, in dem die Hausarbeit auf magische Weise erledigt wird und wo ihr ewige Jugend zuteil wird. Ihr Gatte verherrlichte sie hier als »meine Schwester, meine Geliebte, die Vertrauen verdient, mit den liebenswerten Anlagen, mit der gerechten Stimme«.[3]

Die Dame Mut erzieht ihre Tochter

Die Dame Mut, deren Name »Mutter« bedeutet, hat ein Mädchen zur Welt gebracht. Die Magie und die Pflege der Hebammen haben den gewünschten Erfolg gehabt, auch das Stillen hat sich ausgezahlt. Mutter und Kind sind wohlauf. Als Hausherrin muß Mut zahlreichen Beschäftigungen nachgehen, vor allem auf dem Markt einkaufen. Wenn sie den Säugling für diese Zeit nicht einem Verwandten anvertrauen kann, trägt sie ihn in einer Schärpe vor sich, so daß sie die Hände frei hat, oder sie trägt ihn auf dem Arm bzw. auf der Hüfte. Die Nubierinnen tragen ihre Säuglinge meist in einem Korb auf dem Rücken; wenn sich die Ägypterin für diese Lösung entscheidet, birgt sie das Kind in einer Schärpe aus Leinen.

Sobald das kleine Mädchen laufen kann, darf es mit anderen Kindern spielen, die – falls es nicht zu frisch ist – ebenfalls nackt sind. Am Hals trägt es ein schützendes Amulett – oft eine blaue Türkisperle an einem Faden –, das den bösen Blick abhält. Die Mädchen laufen bis zu ihrer ersten Regel meist nackt umher, und auch später belasten sie sich beim Schwimmen und Tanzen nicht durch Kleidung.

Das Mädchen lernt schon sehr früh, in einem Fluß oder in den Kanälen zu schwimmen – Wohlhabendere können sich auch in Schwimmbecken tummeln. Eine Vielzahl von Spielen steht zur Auswahl: Stoffpuppen, Spielzeug aus Holz mit und ohne Gelenke, Gesellschaftsspiele, ganz zu schweigen von dem ständigen Umgang mit Haustieren, Hunden, Katzen und Affen.

Die in den Gräbern von Beni Hasan in Mittelägypten erhaltenen Szenen zeigen uns die Zerstreuungen, denen sich junge und ältere Mädchen hingaben. Getrennt von den Jungen, jonglieren diese jungen Damen mit Bällen und stellen ihre Geschicklichkeit unter Beweis. Die Begabtesten nehmen kühne Haltungen ein: sie setzen sich mit gebeugtem Rücken rittlings auf ihre Kameradinnen. Zwei Paare von Reiterinnen werfen ihren Ball hin und her.

Auch die Gymnastik erfreute sich großer Beliebtheit. Dieselben Szenen zeigen Frauen, die sich bei einer Lockerungsübung tief nach hinten beugen, andere vollführen Sprünge mit angewinkelten Beinen und gestreckten Armen, wieder andere üben sich in einer Art Judo. Ein junges Mädchen in fast kerzengerader Haltung wirft seine Gegnerin mit tadelloser Technik über die Schulter.

Die sehr lebensnahen Beispiele deuten darauf hin, daß die ägyptischen Mädchen in ihrer Bewegungsfreiheit keineswegs auf den Bereich ihres Elternhauses beschränkt waren und sich mit Sport und Spielen die Zeit vertrieben. Sie brauchten nicht die Erlaubnis des männlichen Geschlechts, um sich mit Freundinnen zu treffen. Die »Befreiung des Körpers« war im Alten Ägypten eine gesicherte Errungenschaft.

Bei den Ägyptern der Antike wurden die Kinder nicht vergöttert. Die Dame Mut verlangt Höflichkeit und Achtung. Das kleine Mädchen ist wie der kleine Junge ein »verbogener Stab«, den man geraderichten muß und der zwei Kardinalfehler aufweist: Taubheit gegen Ermahnungen und Undankbarkeit. Die

Aufgabe der Mutter besteht darin, dem Kind die Ohren (»die Lebenden«) zu öffnen, so daß die Unterweisungen aufgenommen werden und es mit den Worten der Weisen, die sich an das Kind richten, vertraut gemacht wird: »Gib deiner Mutter doppelt so viel Nahrung, wie sie dir gegeben hat, trage sie, wie sie dich getragen hat. Sie hatte eine schwere Last an dir, aber sie sagte nicht: ›Fort mit dir!‹ Als du nach deinen Monaten geboren wurdest, da warst du immer noch an sie gebunden. Drei Jahre lang war ihre Brust in deinem Munde. Als du dann größer wurdest und deine Exkremente ekelhaft, da ekelte sie sich nicht und sagte: ›Was soll ich bloß machen?‹ Als sie dich dann in die Schule gab, damit du schreiben lerntest, da war sie täglich da und paßte auf dich auf, mit Brot und Bier aus ihrem Hause. Heirate, solange du jung bist, und wenn du dein Haus gegründet hast, so halte dein Auge auf deinen Nachwuchs, zieh ihn groß, wie (dich) deine Mutter großgezogen hat. Gib ihr keinen Anlaß, dich zu tadeln, daß sie etwa ihre Arme (anklagend) zu dem Gott erhebt und er ihr Rufen erhört.«[1]

Mehrere bedeutende Persönlichkeiten ließen sich an der Seite ihrer Mutter darstellen und verkündeten mit Stolz, daß sie »der Sohn einer Soundso« waren, und zahlreiche Pharaonen ehrten ihre Erzeugerin als Verkörperung der Großen Mutter.

Musik hören, Singen, ein Instrument spielen, Spinnen und Weben: die Dame Mut sorgt dafür, daß ihre Tochter in diesen Fertigkeiten, die mit den Göttinnen Hathor und Neith in Verbindung stehen, Hervorragendes leistet. Sie werden der begabten Schülerin ermöglichen, für einen Tempel zu arbeiten.

Und wie steht es mit Schreiben und Lesen? In der Dorfschule werden Mädchen wie Jungen darin unterrichtet. Um es weiter zu bringen, muß man in die Stadt gehen oder die Aufnahme in eine Tempelschule schaffen. Der Kern jeder einfachen und höheren Schulbildung ist die Kenntnis und die Achtung der Ma'at, der zeitlosen Ordnung. Das Mädchen muß, um die Ma'at im Alltagsleben umzusetzen, die Wahrheit lieben und die Lüge hassen, Maßlosigkeit und zerstörerische Leidenschaften meiden, sich nicht als Mittelpunkt der Welt betrachten, Solidarität üben, zuhören können, die Tugenden des Schweigens und des Sprechens nach reiflicher Überlegung schätzen, das gegebene Wort halten, nicht auf jeden beiläufigen äußeren Einfluß reagieren, die Gegenwart des Heiligen und des Mysteriums in allen Dingen erkennen und sich bemühen, richtig zu handeln.

Wenn das Herz des Menschen offen ist, wenn es ihm gelingt, Ma'at zu sprechen und zu tun, dann ist diese Lebenspraxis allem Wissen überlegen. Das war der Weg, der Mädchen wie Jungen gleichermaßen vorgezeichnet war.

Na-nefer – angebetete Gemahlin

Der Weise Ptah-hotep erklärt in seiner zehnten Maxime: »Manch ein Vater (mit Kindersegen) hat Sorgen, und was eine Mutter mit Kindern angeht, so kann eine andere (kinderlose) glücklicher sein als sie.« Keine Kinder zu haben ist im Alten Ägypten weder ein Makel noch ein Fluch. Nach Ansicht desselben Ptah-hotep kann diese leibliche Kinderlosigkeit sogar den Zugang zu einem geistigen Leben im Tempel erleichtern.

Ein Paar, das mit Unfruchtbarkeit geschlagen war und dennoch ein Kind großziehen wollte, durfte ein Kind adoptieren. Auch wenn wir die näheren Einzelheiten des Adoptionsverfahrens nicht kennen, war es jedenfalls mit einer materiellen Investition verbunden. Ein Adoptionsvertrag aus Theben, der aus dem Jahr 536 v. Chr. stammt, ist in Form eines Kaufvertrags aufgesetzt. Der Adoptivvater »kauft« seinen Sohn, der erklärt: »Ich bin zufrieden mit dem Preis, den du bezahlt hast, damit ich dein Sohn werde. Ich bin dein Sohn, mit den Kindern, die für mich zur Welt gebracht werden mögen, und mit all den Gütern, die ich besitze bzw. besitzen werde. Niemand anders hat ein Recht an mir – weder Vater noch Mutter, noch Herr, noch Herrin.«

Auf dem Gebiet der Adoption gibt es einen bemerkenswerten

Fall, den der Dame Na-nefer, »die Schöne«.[1] Die Ereignisse spielten sich während der 20. Dynastie, unter der Herrschaft von Ramses XI., ab. Die Dame Na-nefer war eine Sängerin des Gottes Seth, und sie vollzog die rituellen Handlungen in der Stadt Sepermeru, dem heutigen Behnesa. Ihr Gatte, Neb-nefer, war Stallmeister. Das Paar lebte in bescheidenem Wohlstand und führte in einer ruhigen Provinzstadt ein beschauliches Dasein.

Dennoch ist Neb-nefer tief bekümmert. Er fürchtet, an einer Krankheit zu leiden und sorgt sich um die Zukunft seiner Gemahlin. Sie haben keine Kinder, und er befürchtet, daß Mitglieder seiner Familie nach seinem Tod auf die eine oder andere Weise das Erbe Neb-nefers anfechten werden.

Neb-nefer ergriff eine überraschende Vorsichtsmaßnahme: er adoptierte seine Gemahlin, die auf diese Weise ... seine einzige Tochter wurde! »Er hat aus mir sein Kind gemacht«, erklärt sie.

Es bedurfte einer schriftlichen Urkunde, die von einem Schreiber vor Zeugen abgefaßt werden mußte. Bei der Ausfertigung waren viele Zeugen anwesend: vier Stallmeister, zwei Soldaten und mehrere Frauen, darunter eine weitere Sängerin des Gottes Seth. Von nun an war Na-nefer explizit die einzige Erbin des gesamten Vermögens ihres Mannes, und niemand würde ihr Eigentumsrecht anfechten können.

Dies war eine kluge Entscheidung, denn die Dame Na-nefer überlebte ihren Mann um viele Jahre. Achtzehn Jahre nach seinem Tod vollzog sie eine großherzige Geste. Sie hielt es für richtig, das ihr von ihrem verstorbenen Mann vermachte Vermögen, ihr alleiniges Eigentum, den Verwandten, die während ihrer Witwenschaft immer gut zu ihr gewesen waren, zugute kommen zu lassen.

Na-nefer hatte sich nicht wiederverheiratet und keine Kinder gehabt. Ihr jüngster Bruder, Pa-diu, und ihre Dienerin, die Mutter dreier Kinder – eines Jungen und zweier Mädchen –, hatten ihr immer Achtung und Zuneigung entgegengebracht. Pa-diu, der sich ebenfalls als Stallmeister verdingte, hatte sich in die älteste Tochter verliebt. Die Dame Na-nefer erleichterte ihre Heirat, indem sie ihren jüngsten Bruder adoptierte und ihm ihr

Vermögen vermachte, unter der Bedingung, daß er es mit den drei Kindern ihrer Dienerin teilte. Sie hatte für ihren Unterhalt und ihre Erziehung gesorgt und war im Gegenzug von ihnen auch immer gut behandelt worden.

Die Dame Na-nefer – Frau und Tochter ihres Mannes – hat uns ein schönes Exempel für Großzügigkeit und Anerkennung gegeben, das uns in Erinnerung bleiben sollte.

Drei unglückliche Fälle

Die Dame Iut-en-heb war mit dem Großgrundbesitzer Heqa-nacht verheiratet und lebte im Mittleren Reich, während der Regierungszeit Mentu-hoteps I. Genauer gesagt, war sie die zweite Gattin dieser autoritären Person, die häufig auf Geschäftsreise unterwegs war.

Fern von zu Hause schrieb er Briefe und erteilte Weisungen, damit Ordnung unter seinem Dach herrsche. Leider war die Dame Iut-en-heb bei der Hausgemeinschaft, das heißt der Mutter und den Kindern Heqa-nachts und vor allem bei einer Magd, die alles daransetzte, der Gemahlin ihres Herrn das Leben schwer zu machen, recht unbeliebt.

Der verärgerte Heqa-nacht, der seine Mutter sehr achtete, erteilte den Kindern strenge Rügen und forderte seinen Verwalter auf, die Magd zu entlassen, was jedoch nicht so einfach war, denn sie hatte viele Jahre für den Großgrundbesitzer gearbeitet und verlangte daher eine Entschädigung.

Zu guter Letzt wurde die Atmosphäre für die Hausherrin, der es nicht gelungen war, die verstorbene Gemahlin im Herzen der Kinder zu ersetzen, unerträglich. Es gab nur eine Lösung: Der Verwalter sollte alle notwendigen Vorkehrungen treffen, damit sie Heqa-nacht nachreisen konnte. Ob die unglückliche, von der Familie verstoßene Iut-en-heb das Glück bei ihrem Gemahl fand?

Alle Ehen beruhten auf einer freien Bindung der Partner, und die meisten waren beständig und dauerhaft. Doch nicht alle Ägypterinnen waren treu. Im *Zweibrüdermärchen* wird eine schöne junge Frau geschildert, die den jüngeren Bruder ihres Ehemanns, dessen Kraft sie mit jedem Tag wachsen sieht, zu verführen sucht. In dem Verlangen, sich körperlich mit ihm zu vereinigen, lädt sie ihn ein, sich neben ihr auszustrecken und ein Schäferstündchen mit ihr zu verbringen.

Gegen falsche Anschuldigungen wehrte sich eine Frau mit einem besonderen Verfahren: In Gegenwart ihres Mannes und vor Zeugen erklärte sie unter Eid, daß sie keine außerehelichen sexuellen Beziehungen gehabt habe und daß sie mit keinem Mann außer ihrem Gatten geschlechtlich verkehrt habe. Dieser Eid reinigte sie von jeglichem Verdacht. In einer Gesellschaft wie der unsrigen, in der das gegebene Ehrenwort kaum noch etwas gilt, belächelt man eine solche Vorgehensweise. Im Alten Äypten dagegen sind das Ablegen eines Eides und das Geben seines Wortes Handlungen von größtem Gewicht und verpflichten den ganzen Menschen. Einen Meineid zu schwören kam einer Selbstzerstörung gleich, denn eine solche Verfehlung zog eine endgültige Verdammung durch das Jenseitsgericht nach sich. Die Lügnerin bezahlte ihr Vergehen folglich mit dem Verlust des ewigen Lebens. Und somit konnte die Ehefrau nicht leichtfertig ihre Treue beteuern. Und der Ehemann, der schuldig befunden wurde, seine Frau zu Unrecht bezichtigt zu haben, war zu einer materiellen Entschädigung verpflichtet.

Den Märchen zufolge konnte Ehebruch mit dem Tode bestraft werden. Im *Zweibrüdermärchen* kommen dem älteren Bruder schließlich Zweifel an der Treue seiner Gemahlin. Nachdem er sich ins Vertrauen seines jüngeren Bruders eingeschlichen hat, erfährt er die traurige Wahrheit. Seine Rache war unerbittlich: Er kehrte nach Hause zurück, tötete seine Frau und warf ihren Leichnam den Hunden vor. In der Erzählung mit dem Titel *Wahrheit und Lüge* findet ein Sohn heraus, daß seine Mutter den Vater betrügt. Vor Wut weiht er seinen Vater ein, damit dieser den Familienrat einberufe, um über sie zu Gericht zu sitzen. In einer anderen Erzählung, die aus dem Mittleren Reich stammt, begab sich der Ritualpriester und Magier Uba-oner an den Hof seines Königs Neb-ka. Seine Frau nutzte seine Abwesenheit, um auf der herrlichen Domäne, wo sie mit Uba-oner beschauliche Tage verlebte, mit einem Bürger zu tändeln. Sie vergnügten sich in einem Pavillon am Ufer einer Wasserfläche. Die beiden Verliebten störten sich nicht weiter an der Anwesenheit eines Gärtners, der, empört über dieses Verhalten, seinen Herrn davon in Kenntnis setzte. Uba-oner bewahrte die Ruhe, aber er fertigte ein dreizehn Zentimeter langes Krokodil aus Wachs an. Am Abend eines heißen Tages wollte sich der Bürger baden. Sobald er ins Wasser stieg, ließ der Gärtner das Krokodil aus Wachs hineingleiten, das sich in ein vier Meter langes Ungeheuer verwandelte. Uba-oner lud den Pharao zu sich ein, um ihm das Wunder zu zeigen. »Schaff den Bürger her«, befahl der Magier dem Krokodil. Uba-oner bückte sich, nahm die Echse in die Hand und zeigte dem Herrscher … eine Figurine aus Wachs. »Was soll diese Vorführung?«, fragte der König. »Sie soll Euch das Unglück vor Augen führen, das mich ereilt hat«, antwortete der Magier und erzählte daraufhin sein eheliches Mißgeschick. Der Pharao fällte sein Urteil, indem er das Krokodil anwies: »Nimm mit, was dir gehört.« Das Krokodil verwandelte sich wieder in ein Ungeheuer und riß den Bürger mit sich zum Grund des Gewässers. Die Ehebrecherin ihrerseits wurde verbrannt und ihre Asche im Nil verstreut.

Wurde Ehebruch tatsächlich mit der Todesstrafe geahndet, wie es diese »exemplarischen« Texte zu verstehen geben? Wir haben keine Beweise dafür. Dagegen wissen wir, daß die Ehe dadurch aufgelöst werden konnte. Wenn ein Mann, der einer Zunft angehörte, des Ehebruchs für schuldig befunden wurde, schloß man ihn aus der Zunft aus, und er mußte eine Geldstrafe zahlen. Die schuldige Frau verließ das Haus. Ehebruch – gleich, ob er von einer Frau oder einem Mann begangen wurde – galt als eine schwere Verfehlung und zog einen finanziellen Verlust nach sich, dessen Ausmaß im Heiratsvertrag festgelegt war.[1]

Wenn die Eheleute durch den Tod auseinandergerissen wurden,

überfiel den überlebenden Ehepartner oftmals tiefe Verzweiflung. Gibt es für eine Frau in den meisten Gesellschaften ein schlimmeres Schicksal als Witwe zu werden? Immerhin brauchte sich die Witwe im Alten Ägypten keine Sorgen um ihre materielle Absicherung zu machen. Sie erbte das Familienvermögen und verwaltete es; sie behielt wenigstens ein Drittel für sich und teilte den Rest unter ihren Kindern auf, ohne einen Unterschied zwischen Mädchen und Junge zu machen. Selbst wenn sie wieder heiratete, blieb sie weiterhin Eigentümerin des in der vorangegangenen Ehe erworbenen Vermögens.

Wenn die Familie nur über bescheidene Mittel verfügte, drohte der Witwe die Verarmung. Sie rief die Verwaltungsbehörden; diese waren gehalten, dem Hungernden Brot, dem Durstigen Wasser, dem Nackten Kleidung und der Witwe Schutz zu geben.[2] So mußte jeder angesehene Mann »der Vater der Waise, der Gemahl der Witwe, der Bruder der verstoßenen Frau« sein, anders gesagt: sein Vermögen vernünftig verwenden, um die Not der Unterprivilegierten zu lindern. Die Weisen fordern, daß die Witwe geschützt werden müsse. Leidet sie nicht auf gleiche Weise wie Isis nach dem Tod des Osiris?

Ausgestattet mit den gleichen Rechten wie eine verheiratete Frau, stand es der Witwe völlig frei, ob sie sich wiederverheiratete oder nicht. Und es gereicht dem pharaonischen Ägypten zum Ruhm, daß es gegenüber Frauen, die eine so schwere Prüfung durchmachten, tätige Solidarität übte.

Anch-iri – eine gefährliche Tote

Er lebte am Ende des Neuen Reiches und hatte alles, um glücklich zu sein. Er war ein am Königshof geschätzter Ausbilder der Offiziere der Reiterei in Memphis und hatte eine Frau von edler Gesinnung geheiratet, Anch-iri, deren Schönheit allgemein bewundert wurde. Eine vortreffliche Ehe und eine brillante Karriere, auch wenn diese häufiges Reisen erforderte. Der Würdenträger ergriff alle notwendigen Vorkehrungen, damit es seiner Frau während seiner Abwesenheit an nichts mangelte.

Als er anläßlich einer Beförderung sein Haus für mehrere Monate verlassen mußte und in einer weit entfernten Kaserne stationiert war, schickte er seiner Frau Salben, Gewänder und Nahrungsmittel. Bei seiner Rückkehr traf er sie in kränkelndem Zustand an. Er schickte unverzüglich nach einem »Vorsteher der Ärzte«. Ausgerechnet in diesen bangen Stunden erhielt er einen Befehl vom Pharao: Er müsse auf der Stelle nach Süden aufbrechen.

Der Gesundheitszustand von Anch-iri verschlechterte sich, und schließlich starb sie. Die Hiobsbotschaft erreichte ihren Mann, als er unterwegs zu seinem neuen Posten war. Er war so verzweifelt, daß er keine Nahrung mehr zu sich nahm. Nach Memphis zurückgekehrt, suchte er das Grab Anch-iris auf, wo ihn die Tränen übermannten.

Drei Jahre vergingen, doch der Witwer grämte sich noch immer. Er fragte sich, worauf seine Verzweiflung zurückzuführen sei, bis er begriff, daß die Verblichene ihn vom Jenseits aus quälte, indem sie ungerechte Rache an ihm übte. Aus diesem Grund schrieb er ihr einen Brief, dessen Text überliefert ist, das außergewöhnliche Schreiben eines Mannes im Diesseits an seine Frau im Jenseits.[1]

»An den Geist von Anch-iri: Was hast du Schändliches gegen mich unternommen, um mich in den betrüblichen Zustand zu versetzen, in dem ich mich befinde? Welche verwerflichen Taten habe ich mir dir gegenüber zuschulden kommen lassen, daß du die Hand gegen mich erhebst? Was habe ich dir angetan vor dem Zeitpunkt, an dem ich dein Ehemann wurde, bis zum Tag deines Todes? Was habe ich dir verheimlicht, daß du so handelst? Heute führe ich Klage gegen dich mit meinen eigenen Worten vor der Neunheit, die im Westen residiert. Dank dieses Briefes, der den Gegenstand unserer Streitigkeit darlegt, kann ein Urteil gefällt werden.

Was also habe ich dir angetan? Ich habe dich als junger Mann zur Frau genommen, und ich habe mit dir zusammengelebt. Ich habe viele Ämter versehen und bin doch immer an deiner Seite geblieben. ›Wir werden unser Leben gemeinsam führen‹, habe ich dir versprochen. Bei jeder Gelegenheit habe ich nach deinem Wunsch gehandelt. Und doch läßt du mich heute nicht in Ruhe. Wir, du und ich, müssen gerichtet werden, damit Wahrheit und Lüge unterschieden werden. Als ich die Offiziere der Fußtruppen des Pharaos und seiner Streitwagentruppen ausbildete, ließ ich sie kommen, sie warfen sich dir zu Füßen und überreichten dir Geschenke, die sie mitgebracht hatten. Ich habe dir dein Leben lang nichts verheimlicht. Ich habe es dir an nichts fehlen lassen, ich habe dir niemals Leid zugefügt, während ich mein Amt versah. Du kannst mir nicht vorwerfen, daß ich mich wie ein rücksichtsloser Rüpel aufgeführt habe, und auch nicht, daß ich ein anderes Haus betreten habe (um dort einer Frau den Hof zu machen). Mein ganzes Verhalten war in jeder Beziehung tadellos.

Wenn ich an einen neuen Standort versetzt wurde und mein Quartier nicht wie gewohnt verlassen konnte, sorgte ich dennoch dafür, daß es dir weder an Speise noch an Kleidung mangelte und daß du nicht schlecht behandelt wurdest. Du erkennst nicht, wieviel Gutes ich dir getan habe! Ich schreibe dir, damit du dir des Unrechts bewußt wirst, das du begehst.

Wenn du krank wurdest, ließ ich einen Vorsteher der Ärzte kommen, der sich um dich kümmerte und sich nach all deinen Weisungen richtete. Als ich den Pharao ins Südland begleiten mußte und mich die Nachricht von deinem Tod erreichte, habe ich mich acht ganze Monate lang nicht wie gewohnt ernährt. Nach meiner Rückkehr nach Memphis habe ich den Pharao ersucht, mir freizugeben, und ich habe mich an den Ort begeben, an dem du ruhst, und ich habe viele Tränen um dich vergossen. Ich habe für deine Mumifizierung Tücher aus dem Südland kommen lassen, ich habe zahlreiche (Toten-)Gewänder für dich anfertigen lassen. Ich habe nichts unterlassen, um für dein Glück zu sorgen.

Nun quält mich schon drei Jahre die Schwermut, und ich

habe nicht wieder geheiratet, während ein Mann in meiner Lage nicht dazu verurteilt ist, sich so zu verhalten. Ich habe dies aus Liebe zu dir getan. Aber du machst keinen Unterschied zwischen Gut und Böse. Daher muß zwischen dir und mir gerichtet werden. Siehe, ich habe keine andere Frau erkannt.«

Der Witwer war überzeugt, daß der unheilbringende Geist seiner verstorbenen Frau »die Hand gegen ihn erhoben« hatte und ihn grundlos verfolgte. Zweifellos fällte das Jenseitsgericht sein Urteil.

Pinodjem II., Pharao der 21. Dynastie, hatte das Unglück, seine Gemahlin Nesi-Chons sterben zu sehen. Bei ihrer Bestattung legte er vorsichtshalber einen Papyrus neben sie, dessen Text ihm einige Garantien verbriefte.

Amun-Re versprach, das Herz Nesi-Chons zu leiten und nicht zuzulassen, daß sie das Leben ihres Gatten verkürzt oder daß sie dem Geist eines Menschen etwas Unheilvolles eingibt. Der Gott wirkte auf die Verstorbene ein, um sie dazu zu bringen, ihrem Gemahl, solange er lebte, Gutes zu wünschen. Sie würde ihm Gesundheit, Kraft und Stärke verleihen.

Obgleich Pinodjem II. das höchste Staatsamt versah, hegte er also Furcht und Achtung vor den übernatürlichen Kräften seiner verschiedenen Gemahlin. Im Jenseits zu leben bedeutet weder zu verschwinden noch vernichtet zu werden, zumindest wenn man vom Gericht des Osiris gerechtfertigt wurde. Die Königin Nesi-Chons, die des ewigen Lebens teilhaftig geworden war, blieb die Gemahlin Pharaos und beeinflußte weiterhin sein Schicksal.

Noch größer als die Gefahr, den Reizen lebender Frauen zu unterliegen, war mitunter die Bedrohung durch tote Frauen. Ein Ostrakon aus Deir el-Bahari zeigt eine Verstorbene, die sich an die Gottheiten wendet und ihnen Befehle gibt; sie verlangt, daß ihre Tochter ihr folgen solle, wie ein Schäfer seiner Herde folgt. Andernfalls würde sie die Stadt Busiris in Brand stecken!

So wie die Männer ihren verstorbenen Gemahlinnen Briefe schrieben, nahmen auch die Frauen Verbindung zu ihren verschiedenen Männern auf. So erfahren wir aus einem Text, der auf eine Schale aus rotem Ton[2] eingeschrieben ist, daß eine Frau einen Brief an ihren verstorbenen Mann schrieb, weil ihr Sohn in ernsten Schwierigkeiten war. Und dies, obwohl sie sich als ehrenwerte Witwe verhalten und den Familienbesitz nicht verschwendet hatte. Da zudem die Totenopfer für die Seele des Verstorbenen ordnungsgemäß erbracht wurden, fragte sie ihn, ob er dem Unglück seiner Angehörigen tatenlos zuschauen wolle.

Das fortwährende Zwiegespräch zwischen den Lebenden und den Toten war für das pharaonische Ägypten eine alltägliche Realität.

Dritter Teil

Frauen bei der Arbeit

Die Dame Nebet, Wesirin

Viele Ägypterinnen gingen einer Tätigkeit nach, die sie stark in Anspruch nahm und die wir bereits erwähnt haben: Hausherrin. Doch viele übten einen zusätzlichen Beruf aus und bekleideten hohe Ämter, angefangen bei den Großen Königlichen Gemahlinnen, die, neben Pharao, an der Spitze des Staates standen.

Der rechte Arm des Königspaares war der Wesir, eine Art Ministerpräsident mit vielfältigen Aufgaben. Der von den Institutionen des ottomanischen Reiches entlehnte Begriff »Wesir« ist unglücklich gewählt. Der tatsächliche Titel lautete *taiti sabtschati*, und wenn man das Wort *taiti* mit »Vorhang« in Verbindung bringen kann, dann bezeichnet der Titel denjenigen, der die Geheimnisse des Pharaos kennt, weil er hinter den Vorhang gehen durfte und Stillschweigen über das ihm Anvertraute wahrte, indem er den »Vorhang zog«. Berufen, den Willen des Herrschers in die Tat umzusetzen – so wie der Mondgott Thot als Sekretär des Sonnengottes Re –, versicherte der Wesir unter Eid, die drückende Last seiner Pflichten tadellos zu bewältigen. Er mußte sich hierbei einer vollkommenen Unbestechlichkeit befleißigen, da ihm andernfalls die Enthebung aus seinen Ämtern drohte, die, wie die Einsetzungsurkunde vermerkte, »bitter wie Galle« sein konnten.

Eine Inschrift aus dem Alten Reich[1] hält eine besondere Überraschung für uns bereit. Das Dokument überliefert die Titel »der Gebieterin, der Herrin« namens Nebet: Erbprinzessin *(iritpat)*, Oberaufseherin *(hatet-a)*, Tochter Gebs, Tochter Thots,

Gefährtin des Königs von Ober- und Unterägypten, Tochter des Horus und ... Richter und Wesir! Das ist ein seltener Fall, denn wir kennen nur eine weitere Wesirin, aus der 26. Dynastie, einer Zeit, die bewußt dem Goldenen Zeitalter des Alten Reiches nacheiferte. Dennoch wurde dieser Fall nicht als etwas Außergewöhnliches betrachtet, und die Inschrift stellt ihn nicht einmal besonders heraus.

Wer war die Dame Nebet? Sie war die Gattin eines gewissen Chui, und obwohl sie nicht der Königsfamilie angehörte, war sie vielleicht die Schwiegermutter von Pharao Pepi I. (6. Dynastie), der ihr sein Vertrauen schenkte. Die aus Abydos stammende Familie der Dame Nebet pflegte enge Kontakte zum Herrscher. Als Tochter des Horus besaß sie Weitblick, als Tochter des Thot kannte sie die heilige Sprache, als Tochter des Geb verfügte sie über Macht – unerläßliche Voraussetzungen für das Amt des Wesirs.

Die Schreiberin Idut und ihre Kolleginnen

Die Erinnerung an diese vornehme Dame, deren Name »die junge Frau« bedeutet, wird durch ihr Grab in Saqqara[1] wachgehalten, dessen Flachreliefs und Inschriften eine Fülle bemerkenswerter Informationen enthalten.

Der Titel Iduts, »Tochter des Königs, die von seinem Fleisch ist, (Tochter), die er liebt«, bedeutet nicht, daß sie die leibliche Tochter eines Pharaos war. »Verehrt neben Osiris, neben Anubis, dem großen Gott und dem König«: Idut wurde zweifellos wegen ihrer außerordentlichen Fähigkeiten als Verwalterin geschätzt, da ihr das Amt eines »Domänenvorstehers« übertragen wurde, das normalerweise Männern vorbehalten war.

Sie erscheint in einem enganliegenden und durchsichtigen weißen Kleid, das bis zu den Knöcheln herabfällt. Ihr Hals ist mit einer großen bunten Kette geschmückt. Sie trägt eine recht ungewöhnliche Kopfbedeckung: eine Haube, aus der ein Haarzopf bis zum Hals herabfällt. An dessen äußerstem Ende hängt eine Scheibe, das Emblem der Tänzerinnen und Musikerinnen. Handelt es sich um einen Spiegel, wie er bei manchen rituellen Tänzen benutzt wurde, in deren Verlauf die Frauen das Sonnenlicht einzufangen versuchten?

Auf den Wänden ihres Grabes ist Idut als eine hochgewachsene Frau dargestellt, die vier Register beherrscht, in denen sich landwirtschaftliche und handwerkliche Aktivitäten, Spiele, Jagd- und Fischereiszenen entfalten. Zahlreiche Beamte sind bereit, ihre Befehle auszuführen.

Sie läßt sich – was für eine Frau selten ist – in einer Barke umherfahren, um die Arbeiten in den Sümpfen zu beaufsichtigen. Sie riecht an einer Lotosblüte und nimmt in ihrer Eigenschaft als Domänenvorsteherin alles gründlich in Augenschein. Ein Diener begleitet sie; ihre Assistenten, die hauptsächlich Wäsche und Schläuche tragen, gehen am Ufer entlang. Unter ihnen sind auch Schreiber.

Ein aufschlußreiches Detail, in der Barke der Idut befinden sich ihre Schreibutensilien: eine Palette, Schreibbinsen, Tinten und Papyrus. Idut kann also die Hieroglyphenschrift lesen und schreiben.

Der Transport der Idut-Statue war Anlaß einer prächtigen Zeremonie. Die Handwerker sollten sie auf einem Schlitten zu ihrem »Haus der Ewigkeit« schleppen und hatten sich langsam von Süden her bis zur Stufenpyramide des Djoser vorgearbeitet, in die Nähe des Zugangs zur riesigen Jenseitsanlage dieses Pharaos. Der Weg vor dem Schlitten war mit Wasser besprengt worden, um die Gleitfähigkeit der Kufen zu erhöhen. Dann waren vor der Statue der Idut Weihrauch verbrannt und die Wiederauferstehungsriten vollzogen worden. Der König und Anubis hatten ihr Opfergaben dargebracht, damit sie in Frieden und nach Belieben auf den schönen Wegen des Westens wandeln konnte. Der Aufseher der Schreiber, der Vorsteher der Schreiber und der Archivar, die ihr treu gedient hatten, nahmen an der Bestattung teil.

Heute atmet die Dame Idut im Paradies des Jenseits und in Begleitung ihrer Amme den unbeschreiblichen Duft unvergänglicher Blumen. Sie betrachtet die schönen, in ewiges Sonnenlicht getauchten Feldarbeiten, die geernteten Feldfrüchte, die glücklichen Ortschaften des Nord- und des Südlandes, die Bauern, wie sie die nahrhaften Produkte des Bodens abliefern, und sie genießt die Freuden der Feste. Und das ewige Leben der Dame Idut wird eine Abfolge glücklicher Tage sein.

Die Schutzpatronin des Lebenshauses, in dem das Wissen und die Schriften verwahrt werden, ist niemand anderes als eine Göttin, Seschat; und es gibt eine Hieroglyphe, die eine Frau zeigt, die zwei Griffel führt, um zu schreiben.[2] Einige Frauen des Hofes, allen voran die Königinnen, konnten lesen und schreiben. So sehen wir beispielsweise im Grab der Nefertari, wie die Große Königliche Gemahlin die Schreibpalette von Thot und das Wassernäpfchen zur Verdünnung der Tinte erhält. Als Schreiberin kann die Königin »Ma'at sagen«, also das göttliche Wort in Hieroglyphen umschreiben.

Die Beherrschung der Schrift war eine unerläßliche Voraussetzung für die Aufnahme in den Staatsdienst. Die ganze ägyptische Geschichte hindurch gab es Schreiberinnen, von deren Existenz wir manchmal nur aus einfachen Dokumenten wissen, wie etwa einem im Ägyptischen Museum in Berlin ausgestellten Skarabäus, der die Erinnerung an die Schreiberin Idui bewahrt, die im Mittleren Reich lebte. Zu dieser Zeit leitete eine Schreiberin die Kanzlei der Königin, und eine andere gehörte der Kultgemeinschaft der »Gottesgemahlinnen« an. In den thebanischen Gräbern des Neuen Reiches wird auf die Schreibkundigkeit einer Frau durch eine Palette unter ihrem Stuhl hingewiesen.[3] Champollion übersetzte als erster den Papyrus der Dame Ta-net-Imen, der zeigt, wie sie den Gott Thot in Gestalt eines Hundskopfaffen verehrt. Thot verwahrt die Schreibutensilien der Eingeweihten für die Prüfungen im Jenseits.

Da die meisten ägyptischen Texte nicht unterzeichnet sind, ist es schwierig, ja häufig unmöglich, ihren Urheber zu ermitteln. Dennoch ist erwiesen, daß Frauen mehrere wichtige Texte schrieben. Zu ihnen gehört die Dame Nesi-ta-nebet-Ischeru, also eine Anhängerin der Göttin Mut von Karnak und Tochter des Hohenpriesters Pinodjem II. Sie wurde als »Diejenige, die auf den Papyrusrollen von Amun-Re arbeitete« bezeichnet und verfaßte Rituale und »Totenbücher«.

Waren neben den Damen der vornehmen Gesellschaft auch die Frauen des einfachen Volkes schreibkundig? Zahlreiche Wissenschaftler haben ein wenig voreilig behauptet, das Lesen und Schreiben sei das Privileg ganz weniger Gebildeter der höheren Stände gewesen, so als ob die Schulbildung eine Erfindung der Neuzeit sei. Die Tatsachen widerlegen dieses vorschnelle Urteil. Zu den offenkundigsten gehört der Briefwechsel der Frauen des Dorfs Deir el-Medine.[4] Diese Damen, die Gattinnen von Steinhauern, Zeichnern, Malern und Handlangern, schrieben an Männer, erhielten Briefe von ihnen und schrieben sich gegenseitig. Die Themen der Briefe? Sorgen des Alltagslebens: die zahllosen kleinen Familienprobleme, Geschäfte und Vertraulichkeiten. Eine Frau versucht ihren Briefpartner dazu zu überreden, eine kleine Parzelle als Gegenleistung für den ausgeliehenen Esel zu akzeptieren. Eine andere beklagt sich über einen Freund, der sie vernachlässigt hat, als sie krank war. Eine Dritte beschwert sich darüber, daß ihr Briefpartner die Seitensprünge seiner Gemahlin nicht ernst nimmt. Außerdem gibt es eine Liste von Kleidern, die gewaschen werden müssen, und zahlreiche andere Details, die man zu Papier bringen muß. Schreiberinnen aus bescheidenen Verhältnissen gewiß, und wenn diese Briefe nicht diktiert wurden, wären sie ein Beleg dafür, daß Lesen und Schreiben sehr viel weiter verbreitet waren, als man vermutete.

Die ägyptische Medizin stand in der antiken Welt in hohem Ansehen; Heilkundige aus vielen Ländern reisten nach Ägypten, um ihre Kenntnisse zu vervollkommnen.

Auch Frauen hatten Zugang zu den medizinischen Berufen, und eine Frau, die Dame Peseschet, wurde im Alten Reich sogar zur Vorsteherin der Ärzte ernannt.[1] Der Titel ist in ihrem Grab in Giza verzeichnet; ihr Sohn, Achti-hotep, war »Vorsteher der Priester des *Ka* der Königsmutter«.

Frauen konnten Geburtshelferinnen, Bandagistinnen, Masseusen, Ärztinnen und Chirurginnen werden. Wie die Männer begannen sie ihre Laufbahn als Spezialisten. Nur die besten Ärzte stiegen in den Rang von Allgemeinmedizinern auf, die sich ein Gesamtbild über den Gesundheitszustand ihrer Patienten verschaffen konnten. Der Ausbildungsgang verlief folglich in umgekehrter Richtung zu der heute im Westen üblichen.

Die Schutzpatronin der Heilkundigen beider Geschlechter war die Löwengöttin Sachmet, »Die die Meisterschaft ausübt«; sie brachte sowohl die Krankheiten als auch die Mittel zu ihrer Heilung. Das Profane war nicht vom Sakralen getrennt: jeder Arzt – ob Mann oder Frau – wurde in die Magie von Sachmet und die Wissenschaft von Thot eingeweiht.

Das Geheimnis des Arztes war die Kenntnis des »Gangs des Herzens«, das zugleich als Herzmuskel und als Kraftzentrum angesehen wurde. Von hier gingen die »Gefäße« aus, die Bahnen des Blutkreislaufs; ihre Aufgabe war es, alle Körperglieder zu versorgen und in vielfältigen Formen die Lebenskraft zu übertragen, die den Organismus beseelte. Die Dame Peseschet verstand es, den Puls zu fühlen, das Weiße im Auge und die Pupille, Farbe und Struktur der Haut zu prüfen, die Qualität der Energiezirkulation in den Gefäßen zu beurteilen, kurz eine Diagnose zu stellen und mit einer der drei folgenden Sätze zu beschließen: »Eine Krankheit, die ich kenne und die ich behandeln werde«; »Eine Krankheit, die ich kenne und die ich versuchen werde, zu behandeln«; »Eine Krankheit, die ich nicht kenne und die ich nicht behandeln kann«.

Peseschet standen zahlreiche medizinische Abhandlungen zur Verfügung, in denen eine Fülle exakt klassifizierter Krankengeschichten, Diagnosen und Verordnungen niedergeschrieben waren. Die Heilmittel stammten aus den drei Naturreichen – dem Tier-, dem Pflanzen- und dem Mineralreich; die geheime Pflanzenheilkunde gab dem Therapeuten zahlreiche hochwirksame Substanzen an die Hand, die er mit großer Behutsamkeit einsetzen mußte; darunter befanden sich Auszüge aus Akazien, Sykomoren, Dattelpalmen, Wacholder, Perseaholz, eßbaren Pflanzen und Kräutern sowie Getreiden usw. Bei der Zubereitung von Arzneien wurden auch die Leber von Rind und Esel, die Galle, Fette, Milch, Fische, Schlangen, um nur einige Beispiele aus dem Tierreich anzuführen, benutzt. In der Chirurgie wurde häufig Honig verwendet, der bemerkenswerte wundheilende und antiseptische Wirkungen besitzt, wie amerikanische Forscher erst in jüngster Zeit nachgewiesen haben. Außerdem wurden Kupfer, Alabaster, Granit, Feuerstein, Natron, Nubische Erde, Arsen und viele andere mineralische Elemente für die Herstellung bestimmter Arzneien benutzt.

Die Dame Peseschet hatte gelernt, Arzneitränke, Salben und Breiumschläge zuzubereiten; sie wandte häufig medizinische Räucherungen an und verschrieb auf die jeweiligen Beschwerden abgestimmte Diäten. So empfahl sie beispielsweise zur Bekämpfung von Erkrankungen der Atemwege eine Überernährung mit fetten Ölen.

Mit dem Aufkommen der Wissenschaftsgläubigkeit hat man sich oftmals darüber lustig gemacht, daß die Völker der Antike ekelerregende Stoffe wie den Urin oder den Kot bestimmter Tiere wie etwa der Fledermaus verwendeten. Doch wenn sich die Ärztin Peseschet dieses natürlichen Materials bediente, um es in ein Heilmittel zu verwandeln und damit beispielsweise ein Trachom zu behandeln, griff sie auf Vitamin A und ein Antibiotikum zurück, anders gesagt, die Inhaltsstoffe entsprachen heute üblichen Medikamenten.

Zu den Fachgebieten Peseschets gehörte insbesondere die Gynäkologie,[2] die im Alten Ägypten auf einem hohen Stand war; es gab mehrere Abhandlungen, die den »Heilmitteln, die für die Frauen zubereitet werden« – um die Ausdrucksweise des *Papyrus Ebers* aufzugreifen –, gewidmet waren. Der Gesundheit der Frau wurde ein außerordentlich hoher Stellenwert beigemessen, was einmal mehr ihren hohen Stellenwert in der pharaonischen Gesellschaft belegt. Peseschet gab einer Frau, die keine Kinder gebären wollte, einen Tampon, der in die Vagina eingeführt werden mußte. Getränkt war dieser Tampon mit einer Substanz aus gemahlenen und mit Honig vermischten Koloquinten, Datteln und Akaziendornen. Peseschet wußte, wie man Abtreibungen vornimmt, anormale – zu starke oder zu schwache – Regelblutungen behandelt und die Fruchtbarkeit fördert. Gebärmutterentzündungen wurden durch Vaginalinjektionen geheilt. Handelte es sich um einen komplizierten Fall, bat der Arzt die Patientin, über einem bis zur Weißglut erhitzten Ziegelstein, auf den ein Medikament geschüttet wurde, in die Hocke zu gehen; durch den dabei entstehenden Rauch wurde das Leiden im Verlauf mehrerer Sitzungen geheilt.

Absonderungen aus der Scheide und der Gebärmutter untersuchte Peseschet besonders gründlich nach Hinweisen auf eine schwere Erkrankung. Sie verstand es, einen Zusammenhang zwischen einer Erkrankung des Uterus und Symptomen an anderen Körperteilen herzustellen. So führte sie etwa die anhaltenden Schmerzen, die eine Frau nach dem Gehen in den Beinen und Füßen verspürte, auf anormale Sekretionen der Gebärmutter zurück und verordnete Schlammbäder. Wenn eine Patientin Magenbeschwerden hatte und die gewöhnlichen Arzneien ihr keine Erleichterung verschafften, untersuchte Peseschet Scheide und Uterus. Entdeckte sie dort ein Gerinnsel, verabreichte sie vier Tage lang ein Brechmittel auf der Basis von Öl, süßem Bier und Pflanzen, um die Übelkeit zu beseitigen, und sie massierte den Unterleib der Patientin mit einer Pomade.

Die Diagnose des Gebärmutterkrebses ist bemerkenswert und ebenso die empfohlene Behandlung, die, wie Gustave Lefebvre anmerkt, die homöopathische Therapie vorwegnimmt: »Anweisungen für den Fall, daß eine Frau beim Gehen Schmerzen in der Gebärmutter spürt. Du fragst diesbezüglich: ›Wonach riechst du‹ Wenn sie dir antwortet: ›Ich rieche nach angebranntem Fleisch‹, dann sollst du die Diagnose stellen: ›Es handelt sich um eine Geschwulst der Gebärmutter.‹ Und du sollst ihr folgendes verordnen: beräuchere sie mit aller Art angebranntem Fleisch, mit genau dem, wonach sie riecht.«[3]

Das furchtbare Leiden wurde auch mit einem Präparat auf der Basis frischer Datteln, eines Lorbeergewächses und Extrakten aus Meeresmuscheln bekämpft; all diese Produkte wurden in Wasser zermahlen und dem Tau ausgesetzt. Dann wurde das Heilmittel in die Vagina eingespritzt.

Die materiellen Heilmittel ergänzte die Dame Peseschet durch magische Praktiken, die die Folgen des Unheils abwenden sollten. Es wäre falsch, wenn wir uns über diesen Aspekt ihrer Kunst mokieren würden, erlaubte er ihr doch, das Unsichtbare zu erkennen und über das Quantifizierbare und Beobachtbare hinauszugehen.

Die Gebärmutter gehörte zur Sphäre des Sakralen. Sie stand mit einer Göttin, Tjenenet, in Verbindung, die mit einem Lichtstrahl verglichen wurde. Als kosmische Gebärmutter förderte sie zugleich die leibliche und die geistige Geburt. Aus diesem Grund spielte sie bei der Krönung des Pharaos eine Rolle.[4]

Zu den bedeutendsten Errungenschaften der pharaonischen Heilkunde, die die Dame Peseschet in ihrer täglichen Praxis zum Besten ihrer Patienten anwandte, gehörte die Erkenntnis, daß Materie und Geist nicht voneinander getrennt werden können und daß der menschliche Körper vielfältigen Kräften unterliegt, von denen nur ein Teil meßbar ist.

Harem ... ein Wort, an dem sich Phantasien entzünden, ein Ort, bevölkert von lüsternen Sultanen und lasziven jungen Frauen, die eigens dafür geschult werden, die Wünsche des Mannes zu erfüllen. Die Ägyptologie kam auf die unglückliche Idee, den Ausdruck »Harem« zur Bezeichnung einer bedeutsamen Institution des pharaonischen Staates zu benutzen, die einen gleichermaßen rituellen, erzieherischen und wirtschaftlichen Charakter hat und die nichts mit den »Gefängnissen« für Frauen in der islamischen Welt zu tun hat.[1]

Die Verwirrung rührt von der Bedeutung des ägyptischen Ausdrucks *cheneret*, »umfriedeter Platz, geschlossener Ort«, her, den einige Wissenschaftler mit »Harem« übersetzt haben, weil dort eine Gemeinschaft von Frauen lebte. Keineswegs völlig isoliert von der Außenwelt, vollzogen sie Riten für die Schutzgottheit des Harems, zum Beispiel Amun, Min, Hathor, Isis oder Bastet. Die Abgeschlossenheit des ägyptischen Harems – denn so müssen wir diese Einrichtung aufgrund eingebürgerten »wissenschaftlichen« Sprachgebrauchs weiterhin nennen – hängt mit seinem geheimen Auftrag zusammen. Zudem bedeutet der Ausdruck *chener* auch »Musik machen, den Takt halten«, und wir werden sehen, daß der Musikunterricht tatsächlich eine der Aufgaben der altägyptischen Harems war.

Als Anhängerinnen der Göttin Hathor stellten die Priesterinnen des Harems auf rituelle Weise das Fortleben der Seele sicher und sorgten dafür, daß auf die Erde ein steter Regen himmlischer Energie niederging. Jeder Harem wird von einer »Ehrwürdigen *(schepset)*« geleitet, und die Vorsteherin aller Harems ist niemand anders als die Königin. Als »Gottesgemahlin« und Oberhaupt aller Priesterinnen des Reiches leitete sie all diese Einrichtungen, kümmerte sich um die Ausbildungsprogramme, ernannte die Lehrkräfte, wachte über die wirtschaftliche Solidität der Einrichtungen und über den ordnungsgemäßen Vollzug der Riten. In jedem Harem wurde die Königin von einer

Beauftragten im Rang einer abgeordneten Vorsteherin oder einer Assistentin des Vorstehers vertreten; bei diesem handelte es sich oftmals um einen Gaufürsten oder einen Hohepriester.

Man muß sich den Harem als eine kleine Siedlung mit Verwaltungsdienststellen und zahlreichen Werkstätten vorstellen; der Einrichtung flossen Einkünfte aus Grund und Boden zu, und die haremseigenen Domänen deckten den Bedarf an Lebensmitteln. Mer-Wer, der große Harem des Fayum, besaß sogar ein eigenes Jagd- und Fischfangrevier.

Posten in der Verwaltung eines Harems waren sehr begehrt und öffneten den Weg zu steilen Karrieren im Staatsdienst. Persönlichkeiten von außergewöhnlichem Format, wie Hapuseneb, der Hohepriester des Amun, und die Wesire Rech-mi-Re und Ra-mose, hatten sich hier ihre ersten Meriten verdient.

Im Neuen Reich wurde die Leitung der Harems gelegentlich Frauen anvertraut, Gemahlinnen von Hohepriestern des Amun. Übrigens scheinen die Damen des Harems bei der Ernennung der hohen Würdenträger des thebanischen Klerus einen nicht zu vernachlässigenden Einfluß gehabt zu haben.

An erster Stelle unter den handwerklichen Aktivitäten des Harems stand die Weberei, die dazu diente, den Tempel mit der benötigten rituellen Kleidung zu versorgen und den Vorgang der Schöpfung, der mit der Göttin Neith in Verbindung gebracht wurde, zu veranschaulichen. Hatte diese Göttin nicht die Welt gewoben, zugleich mit ihren Händen und mit dem Wort? Die Frauen stellten auch Toilettenartikel her, zum Beispiel Kästchen oder Schminktöpfchen.

Wer wurde in den Harem aufgenommen? Hohe Beamte, Verwalter, Handwerker, Diener, kurz ein ganzes Kollektiv von Männern und Frauen, die eine Gesellschaft im kleinen bildeten. Die Königinnen und die »Nebenfrauen« des Königs ließen ihre Kinder im Harem erziehen, der eine erstklassige Ausbildung gewährleistete. Moses, der Sohn einer Hofdame, soll angeblich die Weisheit der Ägpyter in der Gemeinschaft eines Harems erworben haben. Künftige Priesterinnen profitierten vom Wissen der Lehrer. Die Atmosphäre dieses Ortes war so beschaulich, daß hohe Persönlichkeiten dort ihren Lebensabend verbrachten; vermutlich starb die große Königin Teje im Harem von Gurob, einem Paradies auf Erden, in das sie sich zurückgezogen hatte.

Ausländerinnen, die als »diplomatische Gemahlinnen« Pharaos nach Ägypten gekommen waren, waren privilegierte Gäste der Harems. Als Garantinnen von Frieden und Freundschaft zwischen Ägypten und ihren Herkunftsländern hatten sie Anspruch auf eine Vorzugsbehandlung: ein schönes Haus, ein vielköpfiges Gesinde und ein glanzvolles Leben, das sie das Exil vergessen lassen sollte.

Die Haremsdamen lernten mehrere Musikinstrumente zu spielen – Laute, Harfe, Flöte, Leier und so weiter –, außerdem nahmen sie Gesangs- und Tanzunterricht. Diese Künste hatten eine magische Funktion; sie sorgten für Harmonie und vertrieben somit die unheilbringenden Kräfte, während sie gleichzeitig die segensreichen Mächte anlockten. Durch die Musik erhebt sich die Seele zu Gott, und der ganze Mensch wird geläutert. Obgleich es bislang noch nicht gelungen ist, die Notenschrift des Alten Ägypten zu identifizieren – sofern es eine solche gegeben hat –, war die Musik allgegenwärtig bei den Riten wie im Alltag.

Eine aus dem Alten Reich stammende Inschrift im Grab des Mereru-ka in Saqqara enthüllt uns »das Geheimnis der Frauen des Harems«: Es handelt sich um einen rituellen Tanz, an dem sieben Frauen teilnahmen, eingeteilt in zwei Gruppen: die erste bestand aus drei Tänzerinnen, die zweite aus vier. Sie stellen auf der Erde den Tanz des Universums nach, an dem Pharao selbst teilnimmt, wenn er sich vor Hathor bewegt, der Schutzpatronin der initiierten Frauen des Harems.

Einige Autoren nennen den Tempel von Luxor »Harem des Südens«; der Ausdruck ist so zweideutig, daß manch einer sich ausmalte, dieses göttliche Schloß habe schöne junge Mädchen beherbergt, die sich Pharao zur Kurzweil dargeboten hätten. Auch wenn es die Liebhaber pikanter Szenen enttäuschen mag: der Tempel von Luxor öffnete seine Pforten nur sittenstrengen

Ritualpriestern, die die göttliche Energie zu erfassen und ihre Entfaltung auf der Erde zu fördern hatten.

Die Verwirrung rührt von einer falschen Übersetzung des ägyptischen Ausdrucks *ipet* her, der nicht »Harem«, sondern »Ort der Zahl« bedeutet. Im Tempel des königlichen *Ka* in Luxor wurde das Mysterium der Schöpfung enthüllt. Es bestand aus einer Menge von »Zahlen«, aus Merkmalen, die jedem erschaffenen Wesen eigentümlich sind. Ipet ist auch der Name einer Göttin, die sich in einem weiblichen Flußpferd verkörpert; in ihrem Sanktuar in Karnak wurde der zerstückelte Leichnam des Osiris wieder zusammengefügt und zu neuem Leben erweckt. »Das Haus der Ipet« in Dendera war ein Isistempel, in dem ebenfalls die großen Mysterien der Auferstehung des Osiris gefeiert wurden.

Eine der finstersten Epochen der ägyptischen Geschichte firmiert unter dem Namen »Haremsverschwörung«. Deren Ziel war die Ermordung von Pharao Ramses III. (1184–1153), Erbauer von Medinet Habu und Retter Ägyptens, der gefährliche Invasoren, die »Seevölker«, zurückgeschlagen hatte.

Wie kam es zu diesem Drama? Der königliche Harem hatte viele ausländische Prinzessinnen aufgenommen, von denen einige ihre Zeit damit verbrachten, Intrigen zu spinnen. Die meisten davon blieben harmlos. Doch eine dieser Intrigen nahm so bedrohliche Ausmaße an, daß sie in den königlichen Archiven verzeichnet wurde. Der *Juristische Papyrus Turin* schildert die Einzelheiten.

In diesem Dokument wendet sich Ramses III. an seinen Nachfolger Ramses IV., um ihm die näheren Umstände der Verschwörung darzulegen, die die letzten Jahre seiner Herrschaft überschattet hatten, und ihn für die Zukunft zu warnen. Die Anstifterin des Putsches war eine königliche Konkubine, Teje, die die Thronbesteigung ihres Sohnes, des Prinzen Pen-ta-wer, den Ramses III. von der Thronfolge ausgeschlossen hatte, erreichen wollte. Enttäuscht und voller Groll beschloß sie, zum Äußersten zu greifen: den regierenden Pharao mit Hilfe der schwarzen Magie aus dem Weg zu räumen. Ihr wichtigster Helfershelfer war ein Mann, der »der Blinde« hieß (ein Pseudonym, das ihm während des Prozesses gegeben wurde zur Strafe, nachdem sein eigentlicher Name getilgt worden war); sie ersuchte ihn, möglichst viele Mitverschwörer zu gewinnen. Unter ihnen befanden sich ein General, zwei Schreiber, ein Magier, ein Hoherpriester der Sachmet, ein Beamter des Schatzamtes, ein königlicher Gutsverwalter, mehrere hohe Beamte des Harems und sechs Frauen, die als Verbindungspersonen dienten.

Trotz des großen Kreises der Verschwörer scheiterte das Unternehmen. Die Schuldigen wurden identifiziert, festgenommen und vor Gericht gestellt. Der Prozeß begann auf eine wenig verheißungsvolle Weise, denn zwei Richter wurden überführt, insgeheim mit den Angeklagten kollaboriert zu haben! Erst im zweiten Prozeß wurde endlich von unbestechlichen Richtern Recht gesprochen. Obgleich die gefährliche Intrige gescheitert war, waren die Richter der Ansicht, daß bereits die Absicht, den Pharao zu beseitigen, und der Einsatz von schwarzer Magie außerordentlich schwere Verbrechen waren. Der Prinz Pen-tawer, dem die Teilnahme an der von seiner Mutter angezettelten Verschwörung nachgewiesen wurde, wurde für schuldig befunden. »Sie ließen ihn an dem Ort zurück, an dem er sich aufhielt, und er setzte seinem Leben selbst ein Ende.« Was Teje, die Urheberin der Verschwörung, anlangt, so wissen wir nicht, welches Schicksal ihr bestimmt war.

Geschäftsfrauen

Die »Häuser der Ewigkeit« in dem weitläufigen archäologischen Bezirk von Giza enthalten eine Fülle spannender Informationen und machen uns mit zahlreichen hochstehenden weiblichen Persönlichkeiten bekannt. So war etwa die Dame Hemet-Re, »die Dienerin des Sonnengottes«, eine echte Unternehmerin.

Sie konnte sich auf die Dienste eines Verwalters und mehrerer Schreiber[1] stützen. Die Szenen in ihrem Grab, die ihr Fortleben im Jenseits gewährleisten sollten, verherrlichen das Ansehen dieser Prinzessin; sie erteilte mehreren männlichen Beamten Weisungen und leitete vermutlich einen ganzen Sektor der Staatsverwaltung.

Die Dame Tschat, »die junge Frau«, lebte im Mittleren Reich – während der 12. Dynastie – in der herrlichen Gegend von Beni Hasan in Mittelägypten. Die Gaufürsten waren damals wohlhabende Grundbesitzer, deren Stimme im Reich großes Gewicht hatte. Die Dame Tschat arbeitete als Beamtin[2] im Haus des mächtigen örtlichen Gouverneurs Chnum-hotep. Sie war sehr angesehen und einflußreich und trug die Titel »Schatzmeisterin und Aufseherin der Güter ihres Herrn«; Tschat war also »Finanzministerin« der Regierung eines Verwaltungsbezirks.

Die an der Seite der Hausherrin Cheti dargestellte Tschat war die Vertraute ihres Herrn; vielleicht war sie sogar mehr, wenn es stimmt, daß sie ihn nach dem Tod seiner Frau heiratete und ihm zwei Söhne schenkte.

Tschat ist zweifellos eine der ruhmreichen Vorläuferinnen jener Frauen, die sich der Verwaltung der Staatsfinanzen widmen und den Wohlstand einer ganzen Region gewährleisten.

Im Alten Reich werden die landwirtschaftlichen Güter von wunderschönen Frauen symbolisiert. Auf den Mauern der Tempel und Gräber sieht man, wie sie in einer langen Schlange den Göttern oder dem *Ka* des Verstorbenen ihre Gaben darbringen. Spätestens seit der 3. Dynastie – und vermutlich schon früher – wurde Frauen das Recht zuerkannt, große Grundstücke zu besitzen, und diese gesetzliche Bestimmung änderte sich auch während der Pharaonenherrschaft nicht. Trotz des bescheidenen Titels »Tänzerin« war die Dame Na-nefer, die im Neuen Reich lebte, eine sehr rührige Geschäftsfrau. Sie stand an der Spitze eines bedeutenden landwirtschaftlichen Betriebs, und sie war

Dendera. Eine Frau versinnbildlicht das Fruchtland, das seine Produkte dem Tempel darbringt.

obendrein Leiterin einer Gruppe von Handelsvertretern, die die Erzeugnisse des Gutes verkaufen sollten.

Jede Frau – auch wenn sie unverheiratet oder verwitwet war – konnte die Leitung einer Familiendomäne übernehmen, und es gab offenbar keinerlei Unterschied in der sozialen oder rechtlichen Behandlung einer Eigentümerin im Vergleich zu einem männlichen Eigentümer. Eine Frau, wie etwa die Dame Sebtitis, kann nach Belieben über ihre Vermögenswerte verfügen, eigenständig Waren kaufen und verkaufen. Und sie hatte wie die Dame Ipip um 775 v. Chr. auch das Recht, einen Handelsvertreter damit zu beauftragen, Geschäfte in ihrem Namen abzuschließen.[3]

Es gibt mehrere Beispiele für Domänenvorsteherinnen; so beaufsichtigt die Dame Hetepet die Flachsernte[4] und läßt sich dabei Getränke servieren. Und die Dame Ifi fährt allein an Bord einer Barke, auf einem würfelförmigen Stuhl mit niedriger Rükkenlehne sitzend und an einer Lotosblüte riechend, durch ihre Domänen.

Im Jahre 12 der Herrschaft Ramses' XI. versah die Dame Henut-ta-ui das Amt einer Amunsängerin in Theben, doch zugleich ging sie im Gottesharem weltlichen und administrativen Tätigkeiten nach.[5] Ihr Gemahl, Nes-Imen-Ipet, Schreiber der Nekropole, mußte ausgerechnet zu dem Zeitpunkt auf eine Dienstreise gehen, als er die Anlieferung von Korn überwachen wollte, das für die Arbeiter in Deir el-Medine bestimmt war. Die Erbauer und Dekorateure der Häuser der Ewigkeit im Tal der Könige duldeten nicht die geringste Verspätung bei der Auslieferung der ihnen zustehenden Lebensmittelrationen.

Da sich der Schreiber den Anordnungen nicht widersetzen und die Reise nicht absagen konnte, bevollmächtigte er seine Gemahlin, ihn zu vertreten. Henut-ta-ui war keine Anfängerin, sie gehörte dem örtlichen Gericht an und kümmerte sich um die Organisation der Feste.

Als die Schiffe anlegten, überprüfte sie höchstpersönlich die angekündigte Menge Korn und stellte fest, daß ein Fehler unterlaufen war. Sie leitete daraufhin unverzüglich eine Untersuchung ein, um die Verantwortlichen zu ermitteln, und sorgte für die Auslieferung der Lebensmittelrationen an die Handwerker in Deir el-Medine. Die Dame Henut-ta-ui war mit den gleichen Befugnissen wie ihr Gatte ausgestattet und vertrat diesen mit bemerkenswerter Tüchtigkeit.

Die Dame Ta-karet verwaltete in der Ramessidenzeit den Viehbestand eines Grundbesitzers.[6] Aus Gründen, die wir nicht kennen, war dieser mit der Arbeit Ta-karets nicht zufrieden und bat eine andere Frau, sich um sein Vieh zu kümmern.

Man kann sich leicht den Verdruß der Dame Ta-karet vorstellen, die jedoch allen Anlaß zur Genugtuung haben sollte, denn ihre Rivalin beschäftigte sie weiterhin. In der festen Überzeugung, daß Ta-karet grundlos entlassen worden war, verbündete sie sich sogar mit dieser, um den Grundbesitzer zu verklagen. Und diese Klage ging bis zur höchsten Rechtsinstanz, dem Gericht des Wesirs!

Weibliche Solidarität war mithin kein leeres Wort. Es war einer hohen Dame auch möglich, zugunsten eines Bauern einzuschreiten; als ein Grundbesitzer den Pachtvertrag mit einem seiner Pächter aufkündigte, mißbilligte seine Frau diese Entscheidung, und sie brachte ihren Gatten dazu, seine Meinung zu ändern. So mußte dieser dem Pächter schreiben: »Ich hatte dir angezeigt, daß ich dir die Bewirtschaftung meines Bodens nicht länger gestatten würde. Doch meine Gemahlin, die Hausherrin, hat gesagt: Nimm ihm dieses Feld nicht weg und erlaube ihm, es weiterhin zu bewirtschaften.«

Um 1550 v. Chr. hatte Pharao Ah-mose dem Neschi, Kapitän eines Kriegsschiffs, ein Grundstück in der Nähe von Memphis als unveräußerliches und unteilbares Gut geschenkt.[7] Die Erben jedoch fochten diese Verfügung an, und während der Regierungszeit Har-em-habs gab ihnen ein Gericht Recht. Doch der Rechtsstreit ging weiter. Die Situation wurde so verworren, daß die Dame Werl, die dieses Gut verwaltete, unter der Herrschaft

Ramses' II., dreihundert Jahre nach der Schenkung des Ahmose, in ernste Schwierigkeiten geriet.

Als Nachfahrin des Kapitäns Neschi hatte Werl von einem Gericht die Erlaubnis erhalten, das Land im Namen ihrer fünf Brüder und Schwestern zu bewirtschaften; doch eine ihrer Schwestern war damit nicht einverstanden und verlangte, daß das Grundstück unter den sechs Erben aufgeteilt werden solle. Werl und ihr Sohn riefen die Gerichte an, doch ihre Klage blieb erfolglos, und so mußte sie ihren Posten aufgeben.

Empört über diese Ungerechtigkeit, gab ihr Sohn, Mes, nicht auf und ließ die Schenkungsurkunde prüfen. Wie groß war sein Erstaunen, als er erfuhr, daß einige Akten gefälscht worden waren! Mes mußte den Beweis erbringen, daß er ein Abkömmling des Kapitäns Neschi war, daß sein Vater dieses Land bestellt und die Steuern entrichtet hatte. Obgleich das Ende des Textes nicht erhalten geblieben ist, steht außer Zweifel, daß der tapfere Mes seinen Prozeß gewann und Werl, die als Verwalterin auf dem rechten Weg geblieben war, eine große Freude bereitete.

Apollonia, die griechischer Abstammung war, lebte im 2. Jahrhundert v. Chr. in Pathyris, etwa dreißig Kilometer südlich von Theben.[8] Die Tochter eines Soldaten trug auch den Namen Senet-Montu, »die Schwester von Month (dem falkenköpfigen Kriegsgott von Theben)«. Ihre Großeltern, Eltern und andere Familienmitglieder trugen ebenfalls griechische und ägyptische Namen. Aus Kyrene stammend, hatten sie sich in Ägypten niedergelassen und die örtliche Lebensweise übernommen.

Im Alter von zwanzig Jahren heiratete Apollonia den Dryton, einen verwitweten vierzigjährigen Offizier der Reiterei und Vater eines Sohnes; sie schenkte ihm fünf Töchter. Bei seiner Heirat setzte Dryton seinen Sohn, seine Gattin und die Kinder, die sie gebären würde, als Erben ein.

Obgleich Ägypten von griechischen Königen, den Ptolemäern, regiert wurde, genossen die Ägypterinnen noch immer dieselben Rechte, die schon die Pharaonen anerkannt und in geltendes Recht umgesetzt hatten. Doch der Geist der Zeit bedrohte diese Errungenschaft, denn die Freiheitsrechte für Frauen im altägyptischen Recht waren den Griechen ein Dorn im Auge. Daß die Frauen rechtlich selbständig waren und Eigentum an Grund und Boden erwerben konnten, erschien ihnen als ein Greuel! Dennoch hatte bislang kein griechischer König gewagt, die seit so vielen Jahrhunderten geltenden Rechte anzutasten.

Vierundzwanzig Jahre nach seiner Heirat wollte Dryton seine Frau enterben. Dies war in Griechenland leicht zu bewerkstelligen, in Ägypten dagegen unmöglich. Alles, was Apollonia während der Ehe erworben hatte, blieb ihr Eigentum. Die junge Frau behielt außerdem alle Grundstücke, die sie zusammen mit ihren Schwestern von ihrem Vater geerbt hatte. Doch sie waren den heftigen Anfeindungen ihres Großonkels und einer finsteren Persönlichkeit namens Ariston ausgesetzt, der den Frauen das Recht absprach, eine Domäne zu besitzen und zu verwalten. Apollonia berief sich auf das ägyptische Recht und blieb standhaft, sie verpachtete Grundstücke, lieh einem Veteran Geld und Korn und verdiente sich ihren Lebensunterhalt weiterhin mit ihren Geschäften.

Doch unter der Herrschaft von Ptolemaios IV. Philopator (221–205 v. Chr.) war die Reform in Angriff genommen worden, die sich die Griechen so innig herbeiwünschten: Fortan brauchte die Frau als eine unselbständige und geschäftsunfähige Person einen Vormund, der als gesetzlicher Hüter der Gemahlin jedes Rechtsgeschäft von ihr gutheißen mußte.

Apollonia muß zutiefst niedergeschlagen gewesen sein! Sie mußte das Einverständnis Drytons, ihres verabscheuten Gatten, einholen, damit ihre Leih- und Mietverträge gültig waren. Ende des 2. Jahrhunderts v. Chr. hatten die Ägypterinnen ihre Unabhängigkeit und Eigenständigkeit verloren.

Frauen auf den Feldern

Welche Rolle spielte die Frau in einer landwirtschaftlich geprägten Kultur wie dem pharaonischen Ägypten bei der Feldarbeit?

Manchmal eine herausragende, wie etwa die Dame Aschaït,[1] »Die die Fülle besitzt«, Hathorpriesterin und »einzige Zierde Pharaos«. Diese reiche und angesehene Dame nahm, auf einem Stuhl mit Löwenpfoten sitzend und an einer Lotosblüte riechend, am Vorbeizug des Viehes teil. Die rechte Hand ausstrekkend, beherrschte Aschaït die Szene und die Situation; sie ist größer dargestellt als die übrigen Personen, die auf den Wänden ihres Grabes abgebildet sind, worin ihre Stellung als Herrin eines Landgutes zum Ausdruck kommt. Alle waren ihr zu Gehorsam verpflichtet, während sie ihrerseits für das Wohlergehen aller verantwortlich war.

Eine Dienerin wedelte ihr mit einem Fächer in Form eines Vogelflügels von hinten kühle Luft zu; ein Diener reichte eine Ente dar, die er am Hals und an den Flügeln hielt, und sagte dabei die rituelle Formel auf: »Für deinen *Ka*«. Eine Gruppe gewissenhafter Schreiber vermerkte minuziös die Anzahl der Rinder und die Menge des in den Silos eingelagerten Korns.

Auch wenn eine Frau ein Landgut besitzen, leiten und verwalten durfte, so war sie doch von jenen schweren Arbeiten befreit, die große körperliche Kraft erfordern.

Das Säubern und Worfeln des Getreides dagegen wurde häufig den Frauen übertragen, die Kornschwingen in der Form von ovalen Schaufeln handhaben. Sich leicht nach vorne beugend, heben die Kornschwingerinnen ihr Werkzeug hoch, so daß die Körner ziemlich weit entfernt zu Boden fallen. Sobald sich ein Haufen gebildet hat, treten die Sieberinnen in Aktion, um die Verunreinigungen zu entfernen. Fegerinnen säubern die Tenne und befreien sie von Stroh. Es bedarf mehrfachen Worfelns, um die Arbeit zu Ende zu führen. Obgleich es mehr oder minder informelle Zünfte von Kornschwingerinnen, Sieberinnen und Fegerinnen gab, war ihnen diese Arbeit nicht ausschließlich vorbehalten und konnte auch Männern anvertraut werden.

Die Frauen nahmen in bescheidenem Umfang, aber aktiv an der Weinlese teil. Man sieht, wie sie allein oder zusammen mit Bauern Trauben pflücken;[2] und wir wissen von Bankettszenen, daß die Damen gute Weine schätzten.

Es gab den Posten einer »Hüterin des Gartens«, der mehr mit Aufsichtspflichten als mit aktiver Gartenarbeit verbunden war, die vor allem aufgrund der obligaten mehrfachen täglichen Bewässerung als eine rechte Plackerei betrachtet wurde. Die Gärtner klagten darüber, daß ihr Hals durch das Tragen des Jochs, an dessen Enden schwere Wasserkrüge hingen, wie gerädert war.

Eine einfache Frau, dargestellt in der Mastaba des Ipi-anch in Saqqara, hat Berühmtheit erlangt.[3] Dabei handelt es sich bloß um eine arme Bäuerin, eine sich bückende Ährenleserin, die den sichelschwingenden Schnittern folgt. Die betagte, bucklige Frau hält mit ihrer Linken einen Henkelkorb, in den sie die Ähren stopft, die sie auflesen darf. Diese Ährenleserin besitzt Willensstärke, und sie macht keinen Hehl daraus; nach einer Rüge, deren Wortlaut wir nicht kennen, setzt sie sich energisch zur Wehr: »Bin ich etwa eine Faulenzerin? Jeden Tag bin ich die erste bei der Arbeit!« Jetzt wußten sie Bescheid, mit besonderen Empfehlungen einer Ährenleserin, die sich nichts vorzuwerfen hatte.

Eine scheinbar bedrückende Information: Im Jenseits ging die Feldarbeit weiter. Gewiß, es gibt die *uschebtis*, »die Antwortenden«, magische Figurinen, die jenen, welche die Zaubersprüche kennen, um sie zum Leben zu erwecken, die Arbeit abnehmen. In manchen Fällen pflügen und ernten die Auferstandenen jedoch auch im Jenseits; aber sie tun es lächelnd und heiter in makellosen weißen Kleidern, denn Mühsal und Erschöpfung sind verschwunden, um allein die Schönheit des vollendeten Aktes übrig zu lassen.

So sehen wir in dem kleinen, aber prächtigen Grab des Sennedjem in Deir el-Medine, wie der Mann die Kornähren schneidet, während seine Gemahlin sie aufsammelt und in einen Korb legt. Ii-nefer-ti, »Die Schöne kommt«, ist eine glückliche Ährenleserin; für sie haben die Felder der Ewigkeit einen paradiesischen Charakter.

Handwerkerinnen

Aufgrund der schweren körperlichen Arbeit wurden die meisten handwerklichen Aktivitäten von Männern ausgeübt. Wir kennen keine altägyptische Steinhauerin, keinen weiblichen Zimmerer, keine Bohrerin, keine Maurerin usw. Allerdings gibt es einen rätselhaften Fall aus dem Alten Reich.[1]

Der Hohepriester des Gottes Ptah in Memphis wurde als Vorsteher der Handwerker des Reiches betrachtet; das Wort »ptah« bedeutet übrigens »formen, schaffen«. Zwei Frauen, seine »Schwestern«, trugen den Titel »Leiterin der Arbeiten *(cherepet-kat)*«, was zumindest überraschend ist; doch um welche Arbeiten handelte es sich? Die Inschrift gibt keinen genaueren Aufschluß darüber, und unsere Neugierde bleibt ungestillt.

Ein Flachrelief aus der 11. Dynastie, das sich heute im Brooklyn Museum befindet, enthüllt uns die Existenz einer Friseuse, der Dame Inu. Man sieht, wie sie eine Haarlocke legt und eine Perücke zurechtmacht. Diese handwerkliche Tätigkeit ist nicht nur ein Brotberuf, sondern steht auch in Verbindung mit dem Hathorkult, der von seinen Anhängern gepflegte Haare und Perücken verlangte.[2]

Die Frisierkunst und die Körperpflege waren keine weiblichen Domänen; auch Männer übten diese Berufe am Hof, in den Städten und auf dem Land aus, wo ein Barbier von Ort zu Ort zog. Sein ambulanter Salon begleitete ihn überall hin und wurde im Schatten eines Baumes aufgeschlagen.

Die Darstellung von anmutigen jungen Frauen, die Lilien ernten und sie in Körben sammeln, schmückt das Grab von Psammetich aus der 26. Dynastie. Vermutlich sind es Parfümherstellerinnen, die Heilsalben und Kosmetika zubereiten. Jeder Tempel beherbergte eine eigene Werkstatt für die Produktion der im täglichen Kult verwendeten Parfums.

Die Kunst des Webens war eines der wichtigsten Unterrichtsfächer im Harem. Es war zugleich eine theoretische Disziplin, in der die Eingeweihten über die Mysterien der Schöpfung aufgeklärt wurden, und eine praktische Disziplin, in der ihnen beigebracht wurde, manuell zu konkretisieren, was sie im Geist geschaut hatten. Tatsächlich betrachtete man das Weben und das Erschaffen als ein und denselben Akt.

Am Anfang der Schöpfung steht die Göttin Neith, die mit Hilfe der Webkunst Ordnung in die Welt gebracht hat. Sie gebiert auf ungeschlechtliche Weise die Sonne. Isis und Nephthys waren selbst Handwerkerinnen und fertigten Kleider für die Gottheiten an. Isis webte das Gewand, das »beständig und zusammenhängend« genannt wurde. Nephthys spann »das Reine«. Die beiden Göttinnen woben zusammen Zaubersprüche gegen Gifte und Krankheiten.

Die ins Mysterium des Webens eingeweihten Frauen stellten die weißen Gewänder her, in die der Leichnam des Osiris bei der Feier der Mysterien eingewickelt wurde. In der *nait* genannten Webstube fertigten zwei Priesterinnen, die die Rollen von Isis und Nephthys einnahmen, Bahrtücher an. Was die Weberin »Chentaït, die Ehrwürdige« anlangt, so stellte sie im Lebenshaus Binden her und knüpfte die Knoten für die Sprossen jener Leiter, auf der der König in den Himmel stieg.

Offenbar war die Kunst des Webens im Alten Reich fast ausschließlich den Frauen anvertraut; die »Vorsteherinnen der Weberinnen« leiteten die Werkstätten von Fachkräften, deren Arbeit in hohem Ansehen stand. Im Neuen Reich arbeiteten auch Männer in diesen Werkstätten, einige wurden sogar von Männern geleitet.

Die auf dem Boden sitzende Weberin benutzte eine gekrümmte Stange als Weberschiffchen und arbeitete an einem einfach gestalteten Webstuhl. Dieser bestand aus zwei Pflöcken, die als Kettbäume dienten, und aus zwei weiteren, die das Fach festhielten. Im Neuen Reich kamen neue Techniken auf, etwa ein Kamm zum Festdrücken. Es gab keine Spinnrocken für die Spinnerinnen, aber diese besaßen eine außergewöhnliche Geschicklichkeit im Umgang mit der Spindel, wie insbesondere die Szenen in den Gräbern von Beni Hasan zeigen.

Die Werkstätten stellten eine breite Palette von Produkten her: Binden, Leichentücher, Kleider, Lendenschurze, Laken, Verbände, Tücher usw. Die Länge der Gewebe konnte bis zu 22 Meter betragen! Der Tempel benötigte zahlreiche Ritualgewänder, die einen zum Bekleiden der Götterstatuen, die anderen für die Priester und Priesterinnen. Ein Relief im Tempel von Luxor zeigt den König und eine Hohepriesterin hinter einem feierlichen Zug von Priestern hergehen, die Truhen tragen. Darin befinden sich Gewänder, mit denen die Kultstatuen bekleidet werden. Der König weiht sie mit einem Zepter viermal. Die Hohepriesterin trägt einen Hymnus vor; die Rede besteht aus gewobenen und gesponnenen Worten und verleiht dem Akt der Heiligung Wirksamkeit.

Der Nil schenkte Ägypten nicht nur den fruchtbaren Schlamm, der dem Land heute aufgrund des Staudamms von Assuan so sehr fehlt, sondern er diente auch als Hauptverkehrsweg. Obgleich das Rad seit dem Alten Reich bekannt war, wurden nur verhältnismäßig wenige Güter auf dem Landweg befördert; es war leichter, Schiffe zu bauen, von denen einige für den Transport sehr schwerer Lasten ausgelegt waren.

Der Nil war folglich eine stark befahrene Wasserstraße, auf der Schiffe unterschiedlicher Größe verkehrten, und dieser dichte Schiffsverkehr verlangte von den Steuerleuten große Sachkunde. In einem Grab in Saqqara, das aus der 5. Dynastie stammt, ist eine Frau dargestellt, die das Ruder eines Lastschiffes führt![3]

Ein Seemann reicht ihr ein Stück Brot, aber die Kapitänin

reagiert recht unwirsch: »Verstell mir nicht die Sicht, während ich gerade anlege.« Ganz offenbar eine willensstarke Frau.

Dienerinnen oder Sklavinnen?

Selbst in Werken, die als wissenschaftlich seriös gelten, liest man gelegentlich noch immer, daß es im pharaonischen Ägypten die Sklaverei gegeben habe. Hier haben gewisse Filme, wie *Die Zehn Gebote*, einen nicht unerheblichen Einfluß ausgeübt. Viele glauben noch heute, daß Tausende von Sklaven, von sadistischen Vorarbeitern mit Peitschen angetrieben, die Pyramiden in elender Fronarbeit errichtet hätten.

Es ist nicht leicht, dieses Klischee zu korrigieren. In Griechenland und in Rom wurden gewisse Arbeiten von Sklaven erledigt, die man kaufen und auch wieder verkaufen konnte; in Ägypten gibt es nichts Vergleichbares. Kein menschliches Wesen wurde hier als eine seelenlose Sache betrachtet. Weshalb benutzen einige Ägyptologen dennoch weiterhin diesen Ausdruck? Aufgrund einer falschen Übersetzung, die zu einem »eingebürgerten wissenschaftlichen Sprachgebrauch« geworden ist und sich nur schwer ausmerzen läßt.

Der ägyptische Ausdruck *hem* wird meist mit »Sklave« übersetzt, obwohl er niemals diese Bedeutung gehabt hat. *Hem* heißt soviel wie »Diener« und bezieht sich zunächst auf den Pharao in seiner Eigenschaft als Diener der Gottheiten. Nach ägyptischer Auffassung ist das Dienen ein würdevoller und kein serviler Akt. Aus diesem Grund wurden den Gräbern Statuetten von Dienern und Dienerinnen beigegeben, die auch auf den Wänden des Grabes abgebildet wurden; so nahmen sie an der Wiedergeburt ihres Herrn teil. Denken wir an die eleganten Trägerinnen von Opfergaben, die in einer Haltung voller Würde, Anmut und lächelnder Feierlichkeit verewigt worden sind; der Akt, den sie vollziehen, ist von weitreichender Bedeutung: Opfergaben darbringen heißt dazu beitragen, die Gegenwart Gottes im Diesseits zu erhalten.

Die vornehmen Damen standen einer mehr oder minder großen Hausgemeinschaft vor; ihnen gingen Dienerinnen zur Hand, von denen einige sehr jung waren. Darunter waren, vor allem ab dem Neuen Reich, Nubierinnen und Frauen aus Vorderasien. Die ägyptischen Dienerinnen waren verantwortungsbewußte Personen und demonstrierten häufig ihre Unabhängigkeit von der Herrin. Frauen aus bescheidenen Verhältnissen konnten bei Bedarf ebenfalls auf professionelle Zugehfrauen und Raumpflegerinnen zurückgreifen, die ihre fachkundigen Dienste für eine bestimmte Zeit vermieteten. Jede Dienerin konnte bewegliche Güter, aber auch Grundstücke besitzen und sie nach Belieben ihren Kindern vermachen.

Das Abenteuer der Dame Iri-nefret verdient es, erwähnt zu werden. Diese Hausherrin gehörte der Mittelschicht an und brauchte eine Dienerin und keine Sklavin, wie man im allgemeinen sagt. Sie wandte sich zu diesem Zweck an einen Händler, der ihr die Dienste einer Syrerin empfahl. Sie mußte einen hohen Preis dafür entrichten: sechs Bronzeschüsseln, mehrere Kleidungsstücke aus Leinen, eine Decke, einen Topf Honig ... Iri-nefret war gezwungen, bei ihrer Nachbarin einen Kredit aufzunehmen, den sie nicht rechtzeitig zurückzahlte, so daß sie verklagt wurde.

Das »Mieten von Arbeitskräften« war eine weit verbreitete Praxis in Ägypten und sollte nicht mit Sklaverei verwechselt werden. Dies gilt auch für den »Frondienst«, eine Art zeitlich begrenzter Dienstpflicht von Arbeitern auf den Großbaustellen oder in den landwirtschaftlichen Großbetrieben. Es handelte sich um eine Art Steuer in der Form von Arbeitsstunden. Und jene, die sich als Gesinde verdingten, verstanden es, sich ihre Fähigkeiten teuer bezahlen zu lassen; die Preise waren frei und manchmal geradezu schwindelerregend: ein Rind für vier Tage Arbeit!

Der einzige Fall unfreier Zwangsarbeit: das Dienstverhältnis von Häftlingen und Kriegsgefangenen. Aber wir haben gesehen, daß Ausländerinnen Ägypter und Ausländer Ägypterinnen heiraten durften. Nachdem sie ihre Freiheit wiedererlangt hatten, integrierten sich zahlreiche ehemalige Gefangene in die ägyptische Gesellschaft.

Wissenschaftler, die dennoch an der Verwendung des Begriffs »Sklave« festhalten wollen, müssen einräumen, daß diese eigenes Vermögen besitzen, die Person ihrer Wahl heiraten, ihre Habe den Kindern vermachen, ihren Herrn oder ihre Herrin verlassen konnten, wenn sie es wünschten ... und eigene Diener besitzen durften! Verdient diese »Sklaverei« wirklich ihren Namen?

Bis zum Ende der pharaonischen Kultur gab es eine spezielle Form freiwilliger »Knechtschaft«: der Dienst für eine bestimmte Gottheit und die Mitgliedschaft in einer Kultgemeinschaft. So brachte im Jahre dreiunddreißig der Herrschaft von Ptolemaios III. Euergetes eine Frau den Wunsch zum Ausdruck, im Tempel des Gottes Sobek in Tebtunis, im Fayum, zu leben.[1] Jeder weltlichen Unabhängigkeit entsagend, stellte sie sich unter den Schutz dieser Gottheit, die ihr Ausgeglichenheit und Gesundheit schenkte. Als Gegenleistung für ihre Aufnahme schenkte sie dem Tempel materielle Güter.

Das pharaonische Ägypten war keine Zivilisation der Sklaverei und Knechtschaft, sondern hatte hohe Achtung vor dem Akt des Dienens, wie die erste Maxime der Lehre des Weisen Ptahhotep bezeugt: »Vollkommene Rede ist verborgener als ein Malachit, und doch kann man sie entdecken bei den Mägden über den Mahlsteinen.«

Lohn und Strafe

Jede Frau konnte, wie wir sahen, außerhalb ihres Hauses einer Tätigkeit nachgehen, und weder ihr Vater noch ihr Gatte, noch ein anderer Mann hatten das Recht, sie in ihr Haus einzusperren. Der griechische Historiker Herodot stellte mit Verblüffung fest, daß die Ägypterinnen nach Lust und Laune gingen und kamen, Märkte aufsuchten und geschäftlichen Tätigkeiten nachgingen. Für gleiche Arbeit erhielten sie den gleichen Lohn wie ein Mann.

Weberinnen und Spinnerinnen übten ein nach Auffassung der Behörden so wichtiges Gewerbe aus, daß ihre Meisterwerke geradezu fürstlich entlohnt wurden. Ein Flachrelief aus der Spätzeit[1] zeigt fünf Frauen, die einer Zunft angehören. Sie stehen einer hochrangigen Persönlichkeit gegenüber, »dem Schreiber der Gottesbücher«, dem ein weiterer, auf dem Boden hockender Schreiber und ein Verwalter zur Seite stehen. Letzterer ruft eine der Frauen herbei und überreicht ihr als Belohnung für die gut gemachte Arbeit eine Halskette und weitere Schmuckstücke. Der dreimal wiederholte Text stellt klar, daß diese Weberinnen mit der »Goldgabe« geehrt werden. Diese Schätze entstammten einer Kammer des Schatzhauses, die der Schreiber der Gottesbücher geöffnet hatte; alle Abgänge aus dieser Kammer wurden vom »Goldschreiber« sorgfältig verzeichnet.

Teti war eine junge Bäuerin und lebte im Mittleren Reich. Sie war einem »Schreiber der Felder« unterstellt, weigerte sich jedoch zu arbeiten und ergriff die Flucht. Diese schwere Verfehlung zog polizeiliche Ermittlungen nach sich. Mitglieder der Familie Tetis, die man der Beihilfe verdächtigte, wurden festgenommen und im »großen Gefängnis« eingesperrt; mit diesem Ausdruck bezeichnete man eine Verwaltungsdienststelle, in der ein Strafregister geführt wurde und wo den Verurteilten je nach Schwere ihrer Strafe gemeinnützige Arbeiten auferlegt wurden. Instandhaltung von Deichen, Säuberung von Kanälen, landwirtschaftliche Arbeiten ... Das Spektrum war groß.

Als Teti von den verhängnisvollen Folgen ihrer Flucht erfuhr, reagierte sie auf bemerkenswerte Weise. Weil sie es nicht ertrug, daß an ihrer Stelle Unschuldige verurteilt wurden, stellte sie sich im großen Gefängnis.

Der Vermerk »anwesend« hinter ihrem Namen beweist, daß

sie die von ihr verlangte Arbeitsleistung erbrachte. Zweifellos mußte sie auf den Feldern Überstunden machen, ehe ihr endgültig verziehen wurde.

Frauen und Männer waren vor dem Gesetz, also auch vor dem Strafgesetz, gleich. Zwei Details verdienen es, eigens erwähnt zu werden: eine Mutter, die zu gemeinnützigen Arbeiten verurteilt wurde, wurde nicht von ihrem Kind getrennt. Und die Frau durfte nicht für die Vergehen ihres Gatten zur Rechenschaft gezogen werden und nicht Strafen, die ihm auferlegt waren, auf sich nehmen.

Im sechsten Jahr der Regierungszeit Sethos' II. erschien ein Arbeiter der Siedlung Deir el-Medine vor dem Dorfgericht. Er beschuldigte die Dame Her-ia, ihm ein wertvolles Werkzeug, das er in seinem Haus versteckt hatte, gestohlen zu haben.

»Habt ihr das Werkzeug entwendet?«, fragte der Vorsitzende des Gerichts. »Nein«, antwortete sie. Der Vorsitzende ließ nicht locker: »Könnt ihr beim Gott Amun schwören, daß ihr die Wahrheit sagt?« Her-ia kam der Aufforderung nach. Trotz dieser Einlassungen und eines mehr oder minder gestammelten Schwurs hatte der Richter seine Zweifel. Die Ermittlungen wurden fortgesetzt und führten zur Feststellung schwerer Vergehen: Man fand bei Her-ia nicht nur das gestohlene Werkzeug, sondern auch Ritualobjekte, die aus dem örtlichen Heiligtum entwendet worden waren!

Es war ein gravierender Fall: Diebstahl, Frevel und Meineid. Das Gericht des Ortes war nicht befugt, eine schwere Strafe zu verhängen; deshalb verwies es den Fall an das Gericht des Wesirs. Wir wissen nicht, wie die Angelegenheit ausging, aber die Geschworenen in Deir el-Medine legten großen Wert darauf, schriftlich festzuhalten, daß bei einem früheren Fall, in dem die Frau eines Beamten wegen Diebstahls verurteilt worden war, keine Milde geübt worden sei. Der Gang der Gerechtigkeit durfte durch keine Sonderrechte beeinträchtigt werden.

Die Ägypterin behält während ihres gesamten Lebens ihre rechtliche Selbständigkeit, die selbst durch eine Wiederverheiratung nicht in Frage gestellt wird. Niemand darf ihr das Vermögen wegnehmen, über das sie nach Belieben verfügen kann.

In der 3. Dynastie besaß die Dame Neb-es-Nit, die Mutter des hohen Beamten Metjen, ein bedeutendes Vermögen. Ohne auf die Einwilligung ihres Gatten angewiesen zu sein, setzte Neb-es-Nit ein Testament zugunsten ihrer Kinder auf und legte die Aufteilung ihres Vermögens fest.

Eine andere Dame aus dem Alten Reich, Ibib, legte Wert auf die Tatsache, daß sie selbst ihr Hab und Gut ihrem bei seinem Vater lebenden Sohn vermacht hatte. Der Sohn erkannte dies an: »Ich habe im Haus meines Vaters Iti Reichtümer erworben, aber es war meine Mutter Ibib, die sie mir vermachte.«[1] Eine andere Dame, Chent, hatte ebenso gehandelt.

Es ist nicht nötig, weitere Beispiele anzuführen. Der entscheidende Punkt war die Selbständigkeit der Ägypterin und das ihr zustehende – im Vergleich zu antiken, aber auch neuzeitlichen Kulturen ungewöhnliche – Recht, nach Belieben über ihr Vermögen zu verfügen.

Als Tochter oder Gemahlin konnte die Ägypterin als Allein- oder Miterbin das Vermögen ihres Vaters bzw. Gemahls vollständig oder teilweise erhalten. Bewegliche Güter und Immobilien stehen Frauen wie Männern in gleicher Weise zu, und das männliche Geschlecht wurde nicht bevorzugt. Im Fall eines Rechtsstreits über die Erbfolge kann eine Frau ihre Rechte an einem Grundstück geltend machen und obsiegen.

Idu, der Priester des *Ka* der Pharaonen Pepi I., Mer-en-Re und Pepi II., verkündet, daß er seiner geliebten Gemahlin Di-es-en-ek, »Möge sie dir geben«, ein Grundstück geschenkt habe und daß ihr dieses Land fortan zur alleinigen Nutzung zur Verfügung stehe. Er hat dies getan, weil Di-es-en-ek eine vorbildliche

Gemahlin war. Und die Erbin erklärt: »Ich verdiente es, geliebt zu werden, ich wurde von meiner ganzen Stadt geliebt. Ich werde mit Unterstützung des großen Gottes Anzeige gegen jeden erstatten, der mir dieses Land zu entwenden versucht.«

Ein Priester in Medinet Habu am Westufer von Theben hatte sich, nachdem er eine Zeitlang als Witwer gelebt hatte, wiederverheiratet und seiner zweiten Frau einen Teil seines Vermögens übertragen. Er hatte rechtliche Probleme lösen müssen, bevor die Urkunde als rechtsgültig anerkannt wurde. Folgender erstaunlicher Satz wurde geschrieben: »Selbst wenn seine Erbin nicht seine Gemahlin wäre, selbst wenn sie eine Ausländerin wäre, eine Syrerin, eine Nubierin, die er liebt und der er eines seiner Güter übertragen wollte, wer könnte jemals für ungültig erklären, was er verfügt hat?«

Eine Frau, die man zu berauben versucht, bleibt nicht untätig. Nehmen wir den Fall der Dame Ta-henut[2]. Ihr Vater hatte die Dame Seneb-tisi zur zweiten Frau genommen und ihr und ihren Kindern ein Vermächtnis ausgesetzt. Ta-henut verklagte ihn, nicht wegen dieser Ehe, der sie sich nicht widersetzen konnte, sondern weil ihr Vater über Vermögenswerte seiner Tochter verfügt hatte. Sie erstellte eine Liste und verlangte ihre Rückgabe. Da sie ihr vermacht worden waren, gehörten sie ihr und niemand anderem.

Im Jahre drei der Herrschaft Ramses' V. wohnte die Dame Naunachte, »Die Stadt ist mächtig«, im Dorf Deir el-Medine.[3]

In die Jahre gekommen, beschließt sie, ihr Testament aufzusetzen und ihre nicht geringe Habe zu vererben, da sie, mit ihren eigenen Worten ausgedrückt, eine »freie Frau im Lande Pharaos« war.

Ihre Vergangenheit Revue passieren lassend, schildert sie, daß sie acht Personen – Kinder und Diener – großgezogen hatte. Diesen geliebten Menschen hatte sie die Möglichkeit gegeben, einen Haushalt zu gründen und einzurichten, indem sie ihnen die nötigen Güter gewährte. Eine unübertreffliche Geste der Großzügigkeit ... Doch welche Undankbarkeit seitens derer, die sie mit ihren Wohltaten überschüttet hatte! Die meisten hatten sie im Stich gelassen, weil sie alt war.

Nau-nachte faßte einen spektakulären Entschluß. Sie vermachte ihr Eigentum demjenigen, der »seine Hand auf die ihre legt«, das heißt jenem, der sich um eine alte Dame kümmern würde, ohne etwas dafür zu erwarten. Sie erklärte vor Zeugen: »Demjenigen, der für mich sorgte, dem gebe ich einen Teil meines Eigentums. Derjenige, der dies nicht tat, soll nichts bekommen.«

So wurden vier Kinder enterbt. Sie hätten den ihnen zustehenden Teil der Erbschaft ihres Vaters, eines Schreibers, erhalten können, doch ist anzunehmen, daß sich dieser der Meinung seiner Frau anschloß und die undankbaren Kinder ebenfalls enterbte.

Nau-nachte berücksichtigte in ihrem Testament auch drei Handwerker, von denen einer eine metallene Kanne, die zehn Sack Weizen wert war, bekam, und zwei Frauen. Und das Urteil des Gerichts war unmißverständlich: »Was die Schriften betrifft, welche die Dame Nau-nachte hinsichtlich ihres Vermögens aufgesetzt hat, so bleiben sie wortwörtlich gültig.«

VIERTER TEIL

Eingeweihte und Priesterinnen

Ägypten – das Reich der weiblichen Spiritualität

In Ägypten gab es keine Ungleichheit zwischen Mann und Frau, weder auf der Erde noch im Himmel, weder in den Paradiesen des Jenseits noch im Bereich des Geistes. Auf diesem Gebiet hat die Menschheit später einen gewaltigen Schritt zurück gemacht.

Zur Zeit der Pharaonen konnte eine Frau die höchsten Priesterämter bekleiden. Die ägyptische Königin war Oberhaupt aller Kulte, vollzog die Rituale, übertrug ihre spirituellen und liturgischen Befugnisse auf Hohepriesterinnen, die in den wichtigsten Städten des Landes Gottesdienste abhielten.

Zu dieser herrlichen Entfaltung der weiblichen Spiritualität, die seit dem Untergang der pharaonischen Kultur nirgends mehr erreicht wurde, kommt eine weitere, nicht minder bewundernswerte Dimension hinzu: das Fehlen einer spirituellen und intellektuellen Rivalität zwischen Mann und Frau. Beide Geschlechter arbeiteten in den Tempeln zusammen und bildeten Gemeinschaften, die bald von einem Mann, bald von einer Frau geleitet wurden. Obgleich Männer und Frauen je eigene Wege der Initiation durchliefen, trafen sie sich im Wesentlichen, und die großen Mysterien wurden von einem Paar gefeiert, das aus dem König und der Großen Königlichen Gemahlin bestand. Diese spirituelle Hochzeit wurde übrigens beim Fest der Verbindung des Horus von Edfu, der das männliche Prinzip verkörperte, mit der Hathor von Dendera, dem weiblichen Prinzip, mit großem Prunk öffentlich gefeiert.

Einer Ägypterin, die den spirituellen Weg einschlagen wollte, standen die Tempelschulen offen, und sie war nicht auf einen Mann als Wissensvermittler angewiesen. Ni-ka-anch, ein Adliger aus dem Alten Reich und Priester der Hathor, mußte sein Priesteramt unter seinen Kindern aufteilen. Eines davon war ein Mädchen. Ni-ka-anch machte keinen Unterschied zwischen ihr und den Jungen: sie erhielt ein genauso wichtiges Amt wie ihre Brüder, und sie versah es in der Zeit, die gemäß der Vorschrift vom regelmäßigen Austausch des Personals für den Tempeldienst für sie festgelegt worden war.

Auch spielten im Bereich der Spiritualität der soziale Stand und die Vermögensverhältnisse keine Rolle. Reiche Damen, Frauen und Mädchen aus bescheidenen Verhältnissen, verheiratete Frauen, Witwen und Ledige konnten in den Tempel eintreten und an den Riten teilnehmen. Im Hinblick auf das Reich der Götter zählte einzig die Güte des *ib*, des Herzens.

Die Hohenpriesterinnen[1] trugen verschiedene Titel, wie etwa »die Gemahlin (*hebeset*, gemeint ist Hathor, die Gemahlin des Horus)« in Hierakonpolis, der Kapitale des zwölften Gaues in Oberägypten, »die Beschützerin« (*chuit*) in Athribis, »der Thron« in Edfu oder auch »die Gottesmutter« oder »die Stillende«.

Hetep-her-es war Priesterin der Hathor, der Neith und der Seele des Pharaos Cheops. Die Königinnen Hetep-her-es und Mer-es-anch standen im Dienst von Thot, Nofret war »die reine Priesterin« des Gottes Upuaut, des »Wegöffners«, der die Festzüge anführte. Nach Ausweis einer Stele, die sich heute im British Museum befindet, war die Dame Sement, die Mutter eines Schreibers, »reine Priesterin« des Gottes Chons, der wie der Mond den Himmel durchwandelte. Nach einer Inschrift in der Mastaba des Schepsi in Saqqara (5. Dynastie) war Ni-kau-Hathor »Die mit der Kraft Hathors verbunden ist«, Priesterin der Neith. Sie trug ein enganliegendes langes weißes Kleid und beschützte ihren Gemahl auf magische Weise, indem sie ihm die Hand auf die Schulter legte. Man kennt »Wächterinnen des Gottes Min« und eine »Gemahlin des Min«; die Prinzessin Inti, die während der 6. Dynastie lebte, erhielt ein Grabmal in der Nähe der Pyramide des Pharaos Teti. Was die Dame Hemet-Re betrifft, so war sie verbunden mit der Pyramide des Pharaos Unas und wurde als »geehrt vom großen Gott, der Göttin Hathor – Herrin der Sykomoren –, Anubis, Neith und Upuaut« bezeichnet.

Von der 6. Dynastie an fügte man den Namen und Titeln der Mutter, der Gemahlin und der Töchter des Königs den Namen der Pyramide des regierenden Herrschers bei. Sie wurden so zur »Gemahlin der Pyramide«, »Mutter der Pyramide« und übten auf diese Weise ihren magischen Schutz über das wichtigste aller Monumente aus.

Während des Alten Reiches sind die Frauen überwiegend mit den Kulten und den Ritualen der Hathor und der Neith, zwei großen Schöpfergöttinnen, verbunden; aber sie sind auch Priesterinnen des Thot, des Gottes der Erkenntnis, des Ptah, des Min, des Sobek und anderer Gottheiten.

Eine Priesterin brauchte sich um ihren materiellen Lebensunterhalt keine Sorgen mehr zu machen. Als Gegenleistung für ihren Dienst im Tempel erhielt sie etwa anderthalb Hektar Ackerland, darüber hinaus war sie anteilig an den Spenden beteiligt, die der von ihr geleiteten Gemeinschaft zuflossen. Ihr Arbeitspensum war beachtlich, da sie den reibungslosen Ablauf der täglichen Riten und zahlreicher Feste sicherstellen und das aus Festangestellten und Zeitkräften zusammengesetzte Personal leiten mußte. Die Frauen wurden wie die Männer in vier Gruppen eingeteilt und versahen abwechselnd einen Monat lang ihre Amtspflichten.[2]

Im Neuen Reich gehörten zahlreiche Damen als Musikerinnen und Sängerinnen der Amunpriesterschaft an. Bei Festen begleiteten sie die Kultbarke des Gottes, wenn diese aus dem Tempel herausgetragen wurde.

Was brachten diese Priesterinnen zum Ausdruck, wenn nicht die Freude an einer gelebten, erfüllenden Spiritualität, die weit wie der Himmel und freigebig wie die Erde war, einer Spiritualität, die zugleich auf dem Wunsch nach Erkenntnis und der täglichen rituellen Praxis beruhte?

Der Name der Göttin setzt sich aus zwei Wörtern zusammen, *Hut-Hor*, und wird mit »Tempel des Horus« übersetzt. Hathor ist der sakrale Raum und birgt als himmlische Gebärmutter Horus in sich, den Beschützer der Institution des Pharao. Hathor ist der Himmel, und sie streut in den Weiten des Himmels Smaragd, Malachit und Türkis aus, um sie in Sterne zu verwandeln. Man nennt sie oftmals »die Goldene«, weil sie das Gold der Gottheiten ist, der alchimistische Stoff, aus dem ihre Körper bestehen.

»Einzig und ohnegleichen im Himmel« – Hathor ist in einer riesigen Kuh von kosmischen Ausmaßen verkörpert, die großzügig ihre Milch anbietet und so die Sterne am Leben erhält.

Die Göttin erfreute sich in ganz Ägypten großer Beliebtheit; ihr bevorzugter Wohnsitz befand sich im oberägyptischen Dendera, wo ein ptolemäischer Tempel von großer Schönheit und fesselndem Reiz erhalten geblieben ist. Es ist ein unvergeßliches Erlebnis, bei Sonnenuntergang die in himmlisches Gold getauchte Landschaft vom Dach dieses Sanktuars aus zu betrachten. Als Mütter aller Mütter gebar Hathor die Sonne und verbreitete in den Herzen der Menschen die Freude am Leben. Sie gewährte Schönheit, Jugend und das Feuer der Liebe in all seinen Formen, vom körperlichen Verlangen bis zur Liebe Gottes. Sie förderte die Ehen und schenkte ihnen Harmonie, wenn Mann und Frau auf ihre Stimme hörten.

Hathor lehrte ihre Anhängerinnen tanzen und schenkte ihnen den Sinn für Feste; als Beschützerin der Weine lädt sie ihre Getreuen zur Tafel des Festmahls der Götter.

Ein Hathorpriester des Tempels von Deir el-Bahari ließ auf seiner Statue Texte einmeißeln, die reichen wie armen Frauen rieten, ihre Gebete an Hathor zu richten; die Göttin werde ihre Anrufungen erhören und ihnen alle ersehnten Glücksmomente bescheren. Aus diesem Grund tragen die Ägypterinnen häufig Namen, die sich auf Hathor beziehen; sie heißen »Stern der Menschen«, »Die Goldgöttin ist gekommen«, »Sie ist gekommen«, »Die vollendete Vollkommenheit«, »Die im Himmel erschienen ist« usw.

Als Beschützerin und Nährmutter der Seele der Gerechten wohnt Hathor oftmals in einer Sykomore; aus dem Holz dieses Baumes wurden Sarkophage angefertigt, deren ägyptischer Name »Die das Leben besitzen« lautet. Diese strahlende Göttin war nicht nur für die Lebenden, sondern auch für die Auferstandenen eine Mutter. Im Zentrum der Liebe zu Hathor enthüllt sich das Mysterium von Tod und Wiedergeburt. Als »Gebieterin des schönen Westens« empfängt Hathor die Männer und Frauen beim Antritt der großen Reise ins Jenseits. Lächelnd und geheimnisvoll verweilt sie am Rand der Wüste, die Hieroglyphe für »Leben« und den Papyrusstiel als Sinnbild des ewigen Wachstums der Seele der Gerechten in Händen haltend.

Um die Prüfungen im Jenseits zu bestehen, muß ein Mann sich in einen Osiris verwandeln; das gleiche gilt für die Frau, die insofern bevorteilt ist, als sie zugleich ein Osiris und eine Hathor ist. Genährt mit der Milch der Himmelskuh, durchstreift die Auferstandene auf ewig die Straße der Sterne, tanzt mit ihnen, vernimmt die Himmelsmusik und genießt den feinen Duft aller Dinge.

In der Ptolemäerzeit wurden die Hathormysterien in den Mammisis von einer Gemeinschaft von Frauen zelebriert, die als »Vollkommene, Schöne und Gelockte« tituliert wurden. Tatsächlich gingen diese Riten auf das frühe Altertum zurück, doch, wie so oft, hat erst das Ägypten der Spätzeit sie enthüllt.

Nach einem rituellen Ausflug in die Sümpfe, wo die Hathoren zu Ehren der Göttin die Papyrusstauden zum Rascheln gebracht und so die Erschaffung der Welt nachgestellt hatten, machten sie Musik, sangen und tanzten. Die Zeremonie ging mit der Opferung von Wein, der sonnendurchfluteten Flüssigkeit, die den Weg zur Erkenntnis des Göttlichen ebnete, zu Ende. Die Hathoren waren sieben an der Zahl – eine heilige Zahl, die insbesondere mit der weiblichen Spiritualität in Verbindung stand.

Diese sieben Hathoren wurden auch »die Ehrwürdigen«[1]

genannt; ihre Aufgabe bestand darin, das Böse abzuwehren, die Harmonie zu erhalten und jegliches Geburtsphänomen zu begünstigen. Ausgelassenen Herzens spielten sie Tamburin und klatschten in die Hände. Besänftigt und gesammelt nahmen sie sich bei den Händen und bildeten eine Kette.[2] An ihrer Stirn bäumte sich ein Uräus auf; über ihre Haube ragte das Gehörn der Himmelskuh empor, das die Sonnenscheibe einfaßte.

Die Vorsteherin der sieben Hathoren hielt ein Zepter in der Hand, dessen Ende die Form einer Papyrusdolde hatte. Ihre Schwestern trugen, wie sie, lange Kleider und Stirnbinden aus rotem Garn mit sieben Knoten, in denen das Böse eingesperrt war. Diese sieben Töchter des Sonnengottes Re waren für die Dauer des Lebens der Menschen und für ihr Schicksal verantwortlich. Daher waren sie bei jeder Geburt symbolisch anwesend und besuchten die Wöchnerin.

Die Uräusschlangen an der Stirn stoßen bald reinigende, bald vernichtende Flammen aus; alles hängt von der Aufrichtigkeit des Gegenübers ab. Es bedarf einer besonderen Begabung, um die Anwesenheit der sieben Hathoren zu bemerken und ihr Wohlwollen zu erreichen. Sie können Langlebigkeit, Beständigkeit, Gesundheit und Fruchtbarkeit schenken, aber auch Prüfungen und den Ausgang eines Schicksals festlegen. Die Feen des heidnischen Europas waren ihre Erbinnen.

In Dendera und in Edfu spielen die sieben Hathoren Tamburin und Sistrum zu Ehren der Göttin und des neugeborenen Pharaos. Die Vorsteherin der Genossenschaft spricht Worte, die bis zur Spitze des Himmelszeltes aufsteigen: »Wir machen Musik für Hathor, wir tanzen für sie, die Herrin der Zepter, der Halskette und des Sistrums, wir preisen sie alle Tage, vom Abend bis zum Morgengrauen, wir spielen Tamburin und singen im Takt für die Herrin der Freude, des Tanzes, der Musik, die Dame der Zaubersprüche, Gebieterin des Hauses der Bücher. Wie schön und strahlend sie ist, die Goldene! Himmel und Sterne geben ein Konzert für sie, Sonne und Mond singen ihr Lob.«

Die in die Hathormysterien eingeweihten Priesterinnen gebrauchten zehn Ritualgegenstände, die in Miniatur oder aus kostbaren Materialien gefertigt sein konnten: Die Auferstehungskette, deren Klänge die Welt neu erschaffen; die Wasseruhr, die mit Thot, dem Herrn der sakralen Zeit, in Verbindung steht; die beiden Sistren, die Gewalt abhalten und für Besänftigung sorgen; das königliche Hathorsymbol, bestehend aus zwei Flügeln, die Ägypten und den Kosmos schützen; das Mammisi, Ort der Erholung und Tempel, in dem das Mysterium der Geburt vollzogen wird; ein Krug süße Milch für den *Ka*, die erleuchtende und verjüngende Himmelsnahrung; ein Krug für das Getränk, das die heilige Trunkenheit erzeugt und das Verborgene enthüllt; eine Krone für die Stirn Hathors, gegossen von Ptah, der Gold, das Fleisch der Götter, ausgewählt hatte; eine Monumentaltür, gebaut für die weibliche Sonne, die das Land mit Opfergaben versieht und Zugang zum Tempel verschafft. Diese Gegenstände wurden übrigens auf den Mauern des Tempels der Göttin dargestellt und sind auf diese Weise lebendig geblieben.[3]

Sängerinnen, Musikerinnen und Tänzerinnen

Die an der Spitze der weiblichen Kultgemeinschaft stehende Königin ist auch Musikerin. Sie versteht es, die heiligen Texte zu psalmodieren; im Palast oder im Harem hat sie mehrere Musikinstrumente zu spielen gelernt. Bei manchen großen Staatsfesten vollführt sie die rituellen Tanzschritte.

Auch wenn Musik, Gesang und Tanz nicht die alleinige Domäne der Frauen sind, werden doch alle Priesterinnen in diese Disziplinen, die obligatorischen Etappen auf ihrem Weg zur Erleuchtung, eingeweiht. Die Musik wurde als ein Mittel zur geistigen Erweckung und zur Annäherung an die verborgenen Kräfte der Natur betrachtet; durch sie konnte man die Schwelle des Todes überschreiten, wie es später Mozart in seiner *Zauberflöte* dargestellt hat.

Lange vor Bach wurde der Ritus des *Musikopfers* geübt, denn die Subtilität der Klänge gehörte zur »Lieblingsnahrung« der Gottheit; durch die Musik konnte man sich mit dem Göttlichen vereinen und eine Neugeburt im Geiste herbeiführen.

Bei dem Fest, das dem Sieg des Horus über die Finsternis gewidmet war und in Edfu stattfand, trat eine Eingeweihte auf, deren üblicher Titel *schemaït*, »die Sängerin«, lautete. Sie spielte in dem Ritual eine tragende Rolle, und oftmals versah die Königin selbst, mit Unterstützung anderer Sängerinnen, »den Frauen von Busiris und Buto« – beides waren heilige Städte des Deltas –, dieses Amt. Diese *schemaït* – eine mächtige Magierin – verzauberte die Barke des Horus und machte sie so unverwundbar. Sie rief Harpuniere um Hilfe an, damit sie Horus in seinem Kampf gegen das rote Nilpferd, die Verkörperung der zerstörerischen Kraft, zur Seite stünden, und sie begabte den jungen Gott mit der Macht des Wortes. Am Ende des Rituals wurde das Nilpferd in Form eines aufgeschnittenen Kuchens geopfert und bei einem Bankett verzehrt.

Zahlreiche Frauen waren Sängerinnen dieser oder jener Gottheit; darunter waren bedeutende Persönlichkeiten. Etwa Merit, »die Geliebte«, Gemahlin des Sen-nefer, des Bürgermeisters von Theben, dessen berühmtes »Weinlaub-Grab« mit herrlichen Malereien ausgeschmückt ist. Merit war Amunsängerin, gelobt von der Göttin Mut, aber auch Hausherrin. Sie spielte bei der Auferstehung ihres Gemahls eine entscheidende Rolle; sie reichte ihm eine Halskette mit einem Skarabäus – Symbol der ewigen Verwandlungen im Jenseits –, Duftsalben und eine Lotosblume. Sie spielte auch Lieder für seine Seele, berührte ihn auf magische Weise voller Zärtlichkeit.

Nach Darstellung eines Papyrus aus der 21. Dynastie wurde an der Amunsängerin Her-uben ein außergewöhnlicher Ritus vollzogen: Sie wird von Horus und Thot gereinigt, während sie auf einem Sockel kniet. Die Götter halten Gefäße in den Händen, aus denen sich Hieroglyphenzeichen ergießen, die Leben und Entfaltung symbolisieren. Nun war dieser Ritus jedoch dem

Pharao vorbehalten; das bedeutet, daß eine einfache Sängerin Zugang zu Liturgien haben konnte, die zu den großen Mysterien gehörten.

Die Dame Irti-eru, Sängerin des Anubis, des Führers der Seelen im Jenseits, empfahl, Hathor, die Herrin der Sykomore des Südlands, Gebieterin aller Männer und Frauen, die Gebete erhörende Göttin, zu verehren. Verdankte es die Sängerin nicht Hathor, daß sie einem Weisen von vollkommenem Charakter begegnet war?

Eines der ältesten Lieder, das sich besonders großer Beliebtheit erfreute, war die Weise von den vier Winden. Wir kennen dieses Lied aus Kapitel 162 der *Sargtexte* und aufgrund von Darstellungen in den Gräbern von Beni Hasan. Fünf Frauen, eine Chorleiterin und vier Ausführende, nur mit einem Lendenschurz bekleidet, interpretierten dieses Werk. Ihre Haare waren straff nach hinten gekämmt und gebunden, so daß diese ein Pflanzenbüschel nachahmten. Sie traten in einem Ritual auf, in dessen Verlauf sich für den Auferstandenen die Himmelspforten öffneten. Die vier Tänzerinnen verkörperten die vier Himmelswinde. Der Nordwind brachte Leben und Milde, nachdem er den äußersten Rand der Welt erreicht hatte; der Ostwind öffnete die Dachfenster des Himmels, schenkte die sanfte Brise des Ostens und schuf einen guten Weg für Re, der die Eingeweihte an der Hand nahm und sie ins Paradies führte; der Westwind stammte aus dem Bauch des Gottes, er existierte schon, bevor Ägypten in zwei Länder geteilt wurde; der Südwind schaffte das Wasser herbei, das alles Leben zum Keimen brachte. Alle Winde zusammen ermöglichten es den Frauen, die das Geheimnis des Gesanges kannten, in einem Schiff zu einer Treppe aus Feuer zu segeln, auf der Reinigung und Auferstehung vollzogen wurden.

Wenn man den Text liest, der auf dem Sockel der Statue einer »großen (aus der Stadt Mendes stammenden) Sängerin« eingeschrieben ist, überkommt einen zwangsläufig eine tiefe Ergriffenheit: »Ihr, die ihr mich vor euch stehend seht, mit meiner Halskette geschmückt und meinen Spiegel tragend, betet für mich und bringt mir Blumen dar; erinnert euch an meinen schönen Namen.«[1]

Unter dem Namen »zwei Frauen, die geliebt werden« feierten zwei Musikerinnen – sie trugen Etuikleider mit Trägern und eigentümliche Frisuren: lange geflochtene Zöpfe, die an die Dikkichte und Pflanzen Ober- und Unterägyptens erinnern sollten – die Macht der Liebe, welche die göttlichen Kräfte auf der Erde zu halten vermag. Sich an die vier Himmelsrichtungen wendend, führten sie auf magische Weise ein Zwiegespräch mit der Gesamtheit des Kosmos. Diese beiden Meret,[2] Sängerinnen und Musikerinnen, psalmodierten Ritualtexte, schlugen den Takt und spielten Harfe. Mit Hathor, der Herrin der Liebe, verbunden, traten sie beim *Sed*-Fest auf, in dessen Verlauf Pharao symbolisch wiedergeboren wurde. Sie nahmen auch an der Verwandlung des gerechten Menschen in Osiris teil und wirkten bei der Wiedergeburt der Sonne mit. Am Bug der Barken des Tages und der Nacht stehend, identifizierten sie sich mit Ma'at, der himmlischen, von den Göttern ausgeströmten Harmonie.

Diese Musikerinnen hielten jeglichen schädlichen Einfluß von der Kultstatue fern, auf daß ihre Strahlkraft durch nichts beeinträchtigt würde; außerdem waren sie Hüterinnen des Sanktuars und verwehrten allen Nichteingeweihten den Zutritt. Den Pharao dagegen empfingen sie im Tempel mit Begrüßungsliedern und musizierten für seinen *Ka*.

Vor allem zwei Instrumente, Sistrum und *Menit*, wurden in den Hathormysterien verwendet. Das Sistrum wurde noch im Isiskult der ersten Jahrhunderte nach der Zeitenwende verwendet; es gab mehrere Formen, darunter zwei Grundformen: ein Schaft, der in einen ovalen Rahmen mit zahlreichen Löchern mündet, in denen bewegliche Stifte sitzen, die ein metallisches Geräusch erzeugen, wenn sie geschüttelt werden; ein zylindrischer Schaft, der in einem Hathorkopf oder einem Naos oder einer Monumentaltür ausläuft. Als Materialien wurden Gold, Silber, Bronze, emaillierter Ton und Holz verwendet. Die einfachsten wie die kompliziertesten Sistren werden von den

Hathormusikerinnen gespielt, weil die Klänge, die sie erzeugen, die Mächte der Finsternis und des Bösen vertreiben.

Am Morgen des Neujahrsfestes führten der König und die Königin im Tempel von Dendera den Festzug an, sie stiegen die Treppen hinauf, bis man auf dem Dach des Tempels anlangte. Die Königin schüttelte zwei Sistren: das erste hieß »das Säuselnde« *(seschesch)*, das zweite »das die Macht ausübt« *(sechem)*. Sie verkündete, daß durch das Rasseln der Sistren die der Herrin des Himmels feindlich gesinnten Mächte vertrieben würden. Der göttliche Rhythmus der Hathor selbst hieß die Musikerinnen die Sistren schütteln.

Die *Menit* genannte Halskette besteht aus zahlreichen mit Perlen besetzten Schnüren; sie ist mit einem Gegengewicht versehen, das oftmals eine Darstellung der Göttin Hathor schmückt. Entweder trägt die Musikerin diese Halskette, wobei das Gegengewicht auf den Rücken herunterhängt, oder sie hält sie in der Hand, um es der Person zu reichen, der sie heilkräftige Schwingungen schenken möchte. Die Musikerin ließ die Perlen aneinanderstoßen und gab so den Tänzen den Rhythmus vor. Der Klang dieser Kette spendete den jungen Frauen Leben und Kraft, brachte ihnen die Liebe und machte sie fruchtbar; aber sie war auch das Symbol der Wiedergeburt des Menschen im Jenseits. In Karnak beispielsweise reicht Hathor selbst, während sie ihn mit Himmelsmilch stillt, dem Pharao das *Menit*, so daß er neu geboren wird. Diese Kette fördert die geistige Wiedergeburt, bestätigt die Krönung des Königs und erhält die Macht Pharaos für Tausende von Jahren.[3]

Die Priesterinnen spielten zahlreiche Instrumente: Harfe, Flöte, Oboe, Laute, Kithara, Tamburin, Schlaginstrumente, Kastagnetten und Rasseln. Die großen Harfen mit kegelförmigem Resonanzkörper waren prächtige Kunstwerke; die eleganten viersaitigen Harfen trugen die Musikerinnen auf der Schulter. Die Laute, aus einem länglichen Resonanzkörper und einem langen Hals bestehend, wurde im Stehen gespielt. »Die Göttin mit dem schönen Antlitz ist gekommen, um Gerichte aufzutragen und einen Trank in einem goldenen Pokal zuzubereiten«, singen die Lautespielerinnen bei einem Bankett. Die Musik der Laute war fröhlich; die Instrumentalistinnen wiegten sich im Rhythmus der Klänge, wandten sich einander zu oder warfen, in ekstatischer Verzückung, den Kopf nach hinten. Mit einem Hathorkopf verzierte Rasseln und Kastagnetten dienten bei Geburts- und Wiedergeburtsritualen, bei denen die Göttin eine maßgebliche Rolle spielte, zur Angabe des Rhythmus. Die runden oder rechteckigen Tamburine bestanden aus einem Holzrahmen, auf dem zwei Häute festgenagelt waren. Das rechteckige Tamburin kam vor allem bei Banketten zum Einsatz, während das runde Tamburin offenbar Bestattungsfeiern und Wiedergeburtsriten vorbehalten war. Bei letzteren ist der entscheidende Moment die Aufrichtung des *Djed*-Pfeilers (dessen Name soviel bedeutet wie »Beständigkeit«) als Sinnbild der Auferstehung des ermordeten Gottes. Die Szenen im Grab des Cheru-ef, das aus der 18. Dynastie stammt, zeigen elegante Prinzessinnen, die bei einer Tanzprozession runde Tamburine spielen.

Im Alten Reich waren die Orchestermusiker meist Männer. Im Neuen Reich dagegen begegnen wir Orchestern, in denen nur Frauen musizieren; die Instrumentalistinnen schlagen den Takt mit den Händen und spielen – bald stehend, bald sitzend – die verschiedenen Instrumente, die wir beschrieben haben.

Es gab keine Festlichkeit, bei der Musikerinnen fehlten, angefangen vom Hathorfest selbst, das am ersten Tag des vierten Wintermonats begangen wurde. Dieses Fest ist im Grab des Imen-em-hat dargestellt, das aus der 12. Dynastie stammt. Die Frauen spielen dabei die Hauptrolle. Sie ziehen in feierlicher Prozession durch die Straßen der Städte und Dörfer und gehen von Haus zu Haus, um die Bewohner zu segnen. Einige singen und tanzen, andere berühren die Menschen mit den Kultsymbolen der Göttin, Sistrum und Menit.

In den riesigen Papyrusdickichten des Deltas, aber auch der Thebais wurde ein besonderer musikalischer Ritus abgehalten. Dabei wurden zu Ehren Hathors Papyrusstengel geschüttelt und gepflückt. Das zur Bezeichnung dieses Ritus, *seschesch*, benutzte

Wort entspricht einem der Namen des Sistrums. Diese Entsprechung bedeutet, daß es eine wesensmäßige Identität zwischen »Sistrum spielen« und »Papyrus pflücken« gibt. In beiden Fällen werden Schwingungen und ein Rascheln erzeugt, um die Ohren der Gottheit zu entzücken, die im Gegenzug die Erde in Freude versetzt. Dieser Kult für die im undurchdringlichen Pflanzendikkicht verborgene Göttin Hathor sorgte für das Aufblühen einer belebenden Jugendlichkeit und förderte den Beginn eines neuen Lebens, das die Göttin jenen Seelen gewährte, die rein klangen.[4]

Zweifellos muß man die herrliche Gestalt der Ah-mes Merit-Amun, der Gemahlin des Pharaos Amenophis I., mit der vollendeten Ausführung des Rituals in Verbindung bringen. Ihr Sarg aus Zedernholz, der in ihrem Grab in Deir el-Bahari entdeckt wurde, ist ein Meisterwerk von eindrucksvoller Größe, geschmückt mit gemalten Federn und mit Blattgold überzogen. Das Gesicht dieser Vogelfrau ist von berückender Schönheit und Frische; die Königin hält zwei Zepter in Papyrusform – Symbole der unvergänglichen Kraft der Seele – in Händen.

Verführerische Frauen mit vollkommenem Körper, straffen Brüsten, duftenden Haaren, die manchmal – bis auf Halsketten und Armreifen – nackt sind ... Die ägyptischen Tänzerinnen, deren rituelle Funktion man niemals vergessen sollte, waren sehr schön und konnten ihre Begabungen bei vielen Gelegenheiten zum Ausdruck bringen, gleich, ob es sich um Höhepunkte des landwirtschaftlichen Lebens, wie das Einbringen der Ernte oder die Weinlese, um Feste zu Ehren der Gottheiten oder um Bestattungen handelte.[5]

Als sakrale Handlung wurde der Tanz von Hathor erfunden. Im Grab des Wesirs Ka-gem-ni in Saqqara, das aus der 6. Dynastie stammt, tanzen fünf junge Frauen ein Ballett, dessen kühne Figuren den Gesetzen des Gleichgewichts zu spotten scheinen; sie feiern so, einem Rhythmus folgend, der große Freude zum Ausdruck bringt, die Erscheinung der Hathor im Osten, die von den Göttern und insbesondere von Re und Horus begrüßt wird.

Mastaba (Privatgrab) des Ka-gem-ni. Tänzerinnen in akrobatischer Haltung.

Im Grab des Schreibers Idu aus der gleichen Zeit tanzen vier junge Frauen zu einer Hymne, die drei Sängerinnen deklamieren; sie richten einen Gruß an Hathor, die Göttin, welche die Schönheit liebt und dem *Ka*, der Lebenskraft, ermöglicht, sich zu höchster Vollendung zu entfalten.

»Komm herbei, goldene Göttin«, wird Hathor angefleht, »die du dich von Gesängen nährst, die du dein Herz an Tänzen sättigst, die du zur Stunde der Ruhe vor Frohlocken erstrahlst und die dich nächtens Tänze erfreuen.« Das Geheimnis der Frauen des Harems ist, wie bereits erwähnt, nichts anderes als ein die Pforten des Himmels öffnender Tanz. Beim »Tanz mit den Spiegeln«, der besonders anschaulich in der Mastaba des Mereru-ka dargestellt ist, verjagen die Eingeweihten die bösen Geister, treten mit Sonne und Mond in Verbindung und verfallen in göttlichen Rausch.

Beim Fest der weiblichen Sonne in el-Medamud in der Region Theben erquickte die goldene Göttin das Herz ihrer getreuen Dienerinnen durch Ballettänze: Die ganze Nacht hindurch vereinigten sie sich auf dem Platz der Trunkenheit mit dem Geist Hathors.

Nach den bildlichen Darstellungen im Grab des Antef-iker, des Wesirs und Bürgermeisters von Theben in der 12. Dynastie, feierten die Tänzerinnen die Vereinigung Hathors mit dem Sonnengott. Dieses wunderbare Ereignis verbreitete auf der ganzen Erde Glück und Fruchtbarkeit.

Der Augenblick, in dem Hathor Ägypten verließ, um sich in den tiefen Süden zu begeben, und die Gestalt einer Löwin annahm, die entschlossen war, die Menschheit auszulöschen, war in den Augen der Ägypter ein gefährliches Drama. Dank der Vermittlung von Thot, dem Gott der Weisheit, und Schu, zugleich »Wort« und strahlende Luft, erklärte sich die ferne Göttin bereit, ins Land der Pharaonen zurückzukehren. In Philae wurden große Festlichkeiten begangen, um den Zorn der Göttin zu besänftigen und den Wunsch, die Herzen der Menschen zu erfreuen, erneut in ihr zu wecken. Die Hathorpriesterinnen, Sängerinnen, Musikerinnen und Tänzerinnen erfüllten bei dieser Gelegenheit ihre wichtigste Aufgabe: die zerstörerische Energie in Schöpferkraft umzuwandeln.

Die Gottesanbeterinnen: Theben wird von Priesterinnen regiert

Fast ein halbes Jahrtausend lang, von 1000 v. Chr. bis zum Einfall der Perser 525 v. Chr., wurde die bedeutende Stadt Theben von einer weiblichen Dynastie, »den Gottesanbeterinnen«, regiert. Es handelte sich dabei um Priesterinnen, die in die Mysterien des Amun eingeweiht worden waren. Der Pharao gewährte ihnen die geistige und weltliche Macht über die bedeutendste Kultstadt Oberägyptens.

Um dieses Ereignis zu verstehen, muß man auf die Institution der »Gottesgemahlin« zurückgehen. Jede Königin versah dieses Amt, wobei Ii-meret-neb-es, »Die von ihrem Herrn geliebt wird«, als erste offiziell den Titel einer »Gottesgemahlin« trug. Eine Statuette aus dem Mittleren Reich, die im Museum von Leiden aufbewahrt wird, zeigt sie uns in einem enganliegenden durchsichtigen Kleid und vergoldeten Sandalen, die Arme stramm an den Körper geschmiegt, mit dünnen langen Fingern, geschminkten Augen, straffen, runden Brüsten und einer sehr schmalen Taille sowie einer Perücke. Sie lächelt. Der sie begehrende Herr ist der Gott; während er seiner Schöpferkraft Ausdruck verleihen will, muß sie diese bändigen, um ihr eine segensreiche Wirkung zu verleihen.

Wie bereits erwähnt, richtete die Königin Ah-mes Nefertari die weltliche Domäne der Gottesgemahlin ein, diese wurde mit Ländereien und Bediensteten ausgestattet, es gab einen Verwalter, Schreiber, einen Vorsteher der Kornspeicher, Handwerker und Bauern. Zu den berühmtesten »Gottesgemahlinnen«, die nicht unbedingt der Königsfamilie angehörten, zählten Hatschepsut und Ta-usret, die späteren Pharaoninnen.

Als Musikerinnen verstanden sie es, die Schwingungsenergien gezielt einzusetzen, um die Gottheit zu erfreuen und gnädig zu stimmen. Sie erfüllten das Sanktuar mit herrlichen Wohlgerüchen und sangen mit besänftigender Stimme, die allein den Ohren der Gottheit vorbehalten war.

Ein Block der »Roten Kapelle« der Hat-schepsut zeigt uns einen merkwürdigen Ritus. Ein Priester mit dem Titel »Gottesvater« reicht der Gottesgemahlin eine Fackel. Sie entzündet damit ein Kohlenbecken. Anschließend überreicht ihr derselbe Priester einen halbkreisförmigen Fächer mit einem Bild, das den Feind, das Chaos und das Böse symbolisiert. Die Gottesgemahlin wirft dieses Bild ins Kohlenbecken.

Die Gottesgemahlin, die vor dem Betreten des Tempels in einem Wasserbecken gereinigt wurde, rief den Gott auf, zu erscheinen, sie überwachte die Anlieferung heiliger Tücher und wirkte an der Wahrung der Harmonie zwischen Himmel und Erde mit.

In der zweiten Hälfte des 11. Jahrhunderts v. Chr. übernahm eine neue Institution, die der »Gottesanbeterinnen«, die Gesamtheit dieser Aufgaben.

Eine anmutige, elegante Silhouette, eine große, eingeschnürte Haube, die einen Geierbalg nachahmt, die Uräusschlange an der Stirn, ein enganliegendes langes Kleid, eine breite Halskette, Armreifen: das ist das typische Erscheinungsbild der Gottesanbeterinnen. Sie besaßen die Fähigkeit, »alle Amulette zusammenzuschnüren«, also die Staatsmagie zu vollziehen, in deren Geheimnisse sie eingeweiht waren.

Als Gemahlinnen des Amun legten die Gottesanbeterinnen kein Keuschheitsgelübde ab, sie nahmen jedoch keinen irdischen Ehemann und hatten keine Kinder, damit sie sich ausschließlich dem Dienst an der Gottheit widmen konnten. Auch wenn sie kein völlig weltabgeschiedenes Dasein führten, verbrachten sie doch den größten Teil ihres Lebens im Innern des Amuntempels von Karnak, wo sie täglich den Geist des Gottes erweckten und seine Gegenwart auf der Erde bewahrten.

Man sieht, wie die Gottesanbeterin Amun umarmt, wobei sie den linken Arm auf seine Schulter legt. In der rechten Hand hält sie die Auferstehungskette und das Hieroglyphenzeichen für Leben. In einer Haltung noch innigerer Vertrautheit legt die Gottesanbeterin ihre Arme um den Hals von Amun, um ihn an ihr Herz zu drücken. Während der göttliche Gemahl ihr in anderen Szenen den Lebensodem einhaucht, berührt die Priesterin die Krone des Amun, so daß sie dessen himmlischer Abkunft teilhaftig wird. Eine kleine Gruppe aus Terrakotta zeigt sogar seine Gottesanbeterin auf dem Schoß Amuns; auf diese Weise wird die mystische Vereinigung des Gottes mit seiner Hohenpriesterin zum Ausdruck gebracht. Er sagt: »Mein Herz ist hoch zufrieden.«

Die Gottesanbeterin wird von Amun gekrönt. Sie kniet nieder, ihm den Rücken zuwendend; Amun legt ihr die Hand auf, und durch die magische Berührung überträgt er seine Kraft auf sie. Die Priesterin vollzieht die Handlung *dua*, »anbeten, verehren«, welche die Gebete begleitet, mit denen die ersten Sonnenstrahlen bei Tagesanbruch – Zeichen der erneuerten Schöpfung – begrüßt werden.

»Die sich mit Gott vereint« ist auch »die Gotteshand«. Dieser Titel bezieht sich auf die Masturbation des Schöpfergottes, als er in der Einsamkeit des Uranfangs seine eigene Hand als Ehefrau benutzte. Die Gottesanbeterin wurde mit dieser rührigen Hand des Gottes gleichgesetzt, der aus seiner eigenen Substanz die Welt geformt hatte, ohne Geist und Stoff zu scheiden.

Die Einsetzung einer Gottesanbeterin war eine wahrhafte Krönung, an der zahlreiche Priester und hochrangige Höflinge teilnahmen. Geführt von einem Ritualpriester, betrat die Gottesanbeterin den Tempel. Der Schreiber des Gottesbuches und neun reine Priester legten ihr Ornat, Schmuck und Amulette an, die ihrem Amt zugeordnet waren. Sie wurde zur Herrin des gesamten Himmelskreises, den die Sonnenscheibe durchläuft, ausgerufen. Schließlich wurde die Titulatur derjenigen verkündet, von der es hieß, sie »sorge für den Unterhalt aller Lebewesen«.

Es ist durchaus angebracht, von Titulatur zu sprechen, denn die Namen der Gottesanbeterinnen waren wie die der Pharaonen in Kartuschen eingeschrieben. Sie bildeten eine Dynastie und genossen Regalprivilegien, zugleich trugen sie die traditionellen Titel von Königinnen, wie »mit großem Liebreiz versehen«, »sanft an Liebe« usw. Ihr Krönungsname drückt oftmals eine Huldigung an die Göttin Mut aus.

Die Gottesanbeterin wurde im Rahmen des Ritus des »königlichen Aufstiegs« zum Tempel in die Mysterien ihres Amtes eingeweiht und dabei von ihrem Gottesgemahl Amun geleitet. In den geheimen inneren Sälen des Tempels von Karnak wurde sie über die kosmische Funktion des Pharaos aufgeklärt. Aus diesem Grund konnte die Gottesanbeterin, wie der Herr der Beiden Länder, Monumente weihen, Gründungsriten leiten, die Grenzpflöcke des heiligen Bezirks einschlagen, Tieropfer vollziehen, Opfergaben weihen und sich selbst die Ma'at, die ewige Ordnung, schenken.

Die Gottesanbeterin, ausgestattet mit der »Krone Beider Länder«, konnte als Sphinx dargestellt werden, was ein weiteres Privileg Pharaos war. Zudem wirkte sie an dem Erneuerungsritual des *Sed*-Festes mit. Dieses Fest, bei dem die magische Kraft des Königs, die nach einer bestimmten Anzahl von Regierungsjahren erschöpft war, wiederhergestellt werden sollte, war ausschließlich dem Pharao vorbehalten. Und doch zeigen manche Szenen die Gottesanbeterinnen bei der Leitung des Rituals des *Sed*-Festes; das belegt die Anwesenheit eines doppelten Pavillons als Symbol für Ober- und Unterägypten. Man sieht auch, wie diese Hohenpriesterinnen Königsriten vollziehen: Sie umschreiten viermal einen heiligen Bezirk, sie schießen mit dem Bogen auf Ziele, die in den vier Himmelsrichtungen aufgestellt sind, sie binden die Knoten der Schöpferkraft; diese stehen in Beziehung zu den vier Gottheiten, die den Himmelsrichtungen entsprechen.

Kann man die Gottesanbeterinnen als Pharaonen betrachten? Nein, denn die Jahre ihrer Herrschaft sind in die Regierungszeit des herrschenden Pharaos eingeschrieben. Zudem führten sie nicht alle Königsriten aus, so beispielsweise nicht das große Nilopfer für eine fruchtbringende Überschwemmung. Und sie erbauten auch keine großen Tempel, sondern nur kleine Kapellen, und zwar ausschließlich in Theben. Die großen Bauten der sogenannten »Kuschitenzeit«, der 25. Dynastie, in der die Macht der Gottesanbeterinnen ihren Zenit erreicht, wurden ausschließlich von den Pharaonen errichtet.

Daher sollte man von einem eher geistigen als weltlichen Königtum sprechen, dessen Ausstrahlung sich auf die thebanische Region beschränkte. Dennoch galten auch für die Gottesanbeterinnen nach ihrem Tod, wie für die Pharaonen, die stellaren und solaren Vorstellungen, und ihre kaum erforschten Grabstätten sind von großem Interesse.

Zu erwähnen sind hier ihre Kapellen in Medinet Habu: Die Texte zu dem auf den Wänden abgebildeten Ritual müssen noch gründlich ausgewertet werden. Weiterhin erwähnenswert sind die Kapellen von Karnak: »Osiris, dem Herrn des Lebens«, »Osiris im Herzen des Perseaholzes« und »Osiris, dem Regenten der Ewigkeit« geweiht. Die letztgenannte Kapelle ist ein außergewöhnliches Gebäude und befindet sich in der Nähe der großen Pforte des Ostens. Es ist eine der ergreifendsten Stätten in Karnak. Der vollständige Name des Denkmals lautet »die große Pforte der Gottesgemahlin und Gottesanbeterin Amen-ir-dis, die von jenen verehrt wird, die im Haus ihres Vaters Osiris, des Regenten der Ewigkeit, zur Erleuchtung gelangt sind«. Die Gottesanbeterin feiert dort ihr eigenes Fest der Wiedergeburt, das ihr die Pforten zum Jenseits öffnet. Sie weiht das Gebäude Osiris, spielt vor Amun-Re Sistrum, empfängt von Isis die Auferstehungskette, wird gekrönt und bringt das Ma'at-Opfer dar.

Jenseits der Pforte des Ostens, jenseits des äußersten Tempels der Gottesanbeterinnen gibt es nichts mehr. Nichts außer der Sonne einer anderen Welt.

Die Gottesanbeterinnen verfügten über einen eigenen Verwaltungsapparat, der von einem Oberhofmeister geleitet wurde, »einem persönlichen Bekannten des Königs, einem Mann, den er schätzt«, anders gesagt: einem nahen Berater des Pharaos. Dieser Oberhofmeister hatte die Aufsicht über eine beträchtliche Zahl von Gütern, wie etwa Edelmetallen, Kleidung und Nahrungsmitteln, ganz zu schweigen von den Feldern und den Viehherden.

Privatpersonen konnten ihre Statuen einer Gottesanbeterin weihen und sie um ihren Schutz bitten. Wir kennen sogar Statuen, auf deren Schultern der Eigentümer den Namen des Pharaos und der Gottesanbeterin eingravieren ließ, wodurch er seine Verbundenheit mit dieser doppelten Erscheinung des Königtums zum Ausdruck brachte. Mindestens ein juristischer Text beweist, daß man die Person der Gottesanbeterin als heilige Zeugin eines Rechtsgeschäfts anrufen konnte.

Die Gottesanbeterin sicherte ihr Nachfolge durch Adoption. Die Wahl erfolgte nach Absprache mit dem herrschenden Pharao, der häufig eine Prinzessin aus seiner Familie vorschlug. Die Amtsinhaberin hieß »Mutter« und die auserkorene Nachfolgerin »Tochter«. Die Mutter erzog die Tochter und weihte sie in die Geheimnisse des hohen Amtes ein, das diese übernehmen sollte. Die beiden Frauen regierten zusammen, bis zum freiwilligen Rücktritt der »Mutter« oder ihrem Tod.

In der Ptolemäerzeit, viele Jahrhunderte nach dem Tod der letzten Gottesanbeterin, bezeichnete dieser Titel noch immer die Hohepriesterin von Theben – eine letzte Reminiszenz an die weibliche Dynastie, die über die große Stadt regiert hatte.

Atum, zugleich das Sein und das Nicht-Sein, erschuf das Urpaar, Schu und Tefnut. Schu ist das Leben, die strahlende Luft und der Hauch; Tefnut ist die Ma'at, die Weltordnung. Männliche Polarität und weibliche Polarität sind untrennbar und stehen in einem Verhältnis der Wechselwirkung. Das Leben erzeugt die Ordnung, die Ordnung erzeugt das Leben.

Die Gottesanbeterin wurde, wie die Königin, mit Tefnut gleichgesetzt;[1] alle Riten, mit denen sie betraut war, wurden wie »beim ersten Mal gegenüber Tefnut« vollzogen. Wenn die Gottesanbeterin auf dem Stuhl von Tefnut erschien, verkörperte sie darüber hinaus die Ma'at; sie befestigte die Töpferscheibe, auf der die Lebewesen geschaffen wurden.

Die Dynastie der Gottesanbeterinnen

Ma'at-ka-Re, »die Schöpferkraft des Sonnengottes ist die Ordnung«, die Tochter des Pharaos Psusennes I. (1043–993 v. Chr.), war die erste Gottesanbeterin. Sie begründete eine zwölf Frauen umfassende Dynastie.[1]

Ihr Amtsantritt markiert einen grundlegenden Wandel im Vergleich zu den ihr vorausgegangenen »Gottesgemahlinnen«, da ihr Name Ma'at-ka-Re in eine Kartusche eingeschrieben ist. Ihr Holzsarkophag[2] wurde im Jahre 1875 in der berühmten Cachette von Deir el-Bahari gefunden. Das mit Blattgold belegte Gesicht der ersten Gottesanbeterin ist von vollendeter Schönheit. Sie trägt eine Perücke mit langen Strähnen, umschlossen von einem Uräusdiadem, ihr Körper ist mit Symbolen und Abbildungen von Schutzgottheiten überzogen, und ihr Blick ist lebhaft und ausdrucksvoll.

Der französische Ägyptologe Daressy hatte recht, als er behauptete, diese Tochter des Königs und seiner Großen Königlichen Gemahlin habe ein heiliges Zölibat eingehalten und sich nur mit dem Gott Amun verheiratet. Ihm widersprach sein Kollege Maspero, der im Sarg von Ma'at-ka-Re die Mumie eines Säuglings gefunden hat, was zu beweisen schien, daß diese hohe Dame im Kindbett gestorben war. Man besaß jedoch zahlreiche Informationen über die Existenz eines Verwalters dieser Gottesanbeterin, eines Verwaltungsapparats und einer Institution, die von dieser Hohenpriesterin verlangte, keinen Sterblichen zu heiraten und kein Kind zu bekommen. Der Säugling im Sarg von Ma-at-ka-Re stellte in Frage, was man über ihr Amt zu wissen glaubte.

Die Radiographie half der Ägyptologie bei der Feststellung

der Wahrheit. Amerikanische Wissenschaftler bewiesen, daß diese verstörende Mumie die ... eines Affen war! Auf ihrer letzten Reise hatte sich die Gottesanbeterin nicht von ihrem Lieblingstier trennen wollen.

Über die zweite Gottesanbeterin, Henut-ta-ui, »die Herrin der Beiden Länder«, und über die dritte, Mehit-use-chet, »die mächtige Göttin Mehit«, die von Mut Geliebte, die ihr Amt während der ersten bzw. zweiten Hälfte des 10. Jahrhunderts versahen, wissen wir praktisch nichts.

Dagegen erlangte Karomama,[3] »Die von Mut Geliebte, der Uranfänglichen«, die in der ersten Hälfte des 9. Jahrhunderts Gottesanbeterin war, aufgrund einer sie verewigenden Statuette aus Bronze eine gewisse Berühmtheit. Jean-François Champollion beschrieb sie in einem Brief vom 27. Dezember 1829 in folgenden Worten: »Ich bringe die schönste Bronze, die jemals in Ägypten entdeckt wurde, in den Louvre. Es handelt sich um eine Statuette, ... die vollständig – vom Kopf bis zu den Füßen – mit Gold eingelegt ist. Es ist in künstlerischer Hinsicht ein kleines Meisterwerk und ein Wunder, was die Qualität der Ausführung anlangt. Ich bin sicher, daß Ihr die Prinzessin auf beide Wangen küssen werdet, trotz des Oxyds, das sie ein klein wenig überdeckt und das in Form eines Höckers zwischen den beiden Schultern zutage tritt. Es ist ein bedeutendes Werk.«

Karomama trägt eine große Halskette und kunstvollen Schmuck und hat ein Plisseekleid an; große Flügel umhüllen den Unterleib und machen die Gottesanbeterin zu einer Vogelfrau. Die Statuette ist mit Gold, Kupfer und Silber eingelegt. Die Arme, die Hände, die Füße und die Falten des Gewandes waren mit Blattgold überzogen. »Die Gottesgemahlin mit den reinen Händen, die Gebieterin der Beiden Länder, die Gottesanbeterin des Amun, die Dame der Kronen, Karomama, die von Mut Geliebte, die von Amun-Re Geliebte« wurde durch dieses Gold, das Fleisch der Götter, in ihrer Göttlichkeit verewigt.

Eine Inschrift klärt uns darüber auf, daß der Vorsteher des Schatzhauses und Kämmerer die Statue seiner Geliebten, Karomama, im Innern des Tempels von Karnak aufgestellt hat, damit ihr fromme Huldigungen dargebracht würden. Übrigens streckt die junge Frau den Arm aus; sie vollzog also den Ritus, der darin bestand, zwei Sistren aus Gold – die verlorengegangen sind – erklingen zu lassen. Dieser Typus von Statuette, der die Gottesanbeterin dabei zeigt, wie sie den segensreichen Einfluß der Gottheiten auf die Erde herabfleht, wurde bei Festzügen getragen.

Karomama, »mit dem anmutigen Gang im Haus des Amun«, stand in so hohem Ansehen, daß im Bezirk des Ramesseums, des Millionenjahrhauses Ramses' II., eine Grabkapelle für sie erbaut wurde.[4]

Auf die fünfte Gottesanbeterin, Kedemerut, über die so gut wie nichts überliefert ist, folgte Schep-en-Upet I., »die Gabe von Upet«, wobei diese Göttin Upet vielleicht die Verkörperung der geistigen Fruchtbarkeit ist.

Schep-en-Upet, eine Tochter des libyischen Pharaos Osorkon III., lebte noch im Jahr 700 v. Chr.; sie ist in der Kapelle des Osiris, Regent der Ewigkeit, in Karnak dargestellt. Leider wurde ihre Kapelle in Medinet Habu zerstört.

Während ihrer Herrschaft kam Pianchi aus dem fernen Sudan, um die Ordnung in Ägypten wiederherzustellen und der Teilung in Nord und Süd ein Ende zu setzen. Pianchi hielt an den altüberlieferten Bräuchen fest und sorgte für die Wiedereinsetzung der Kulte in ihrer ursprünglichen Strenge und Pracht, dabei bewahrte er die heilige Institution der Gottesanbeterinnen.

Mit dem Einverständnis des neuen Pharaos adoptierte Schep-en-Upet Amen-ir-dis, »Amun hat sie gegeben«, als geistige Tochter.

Amen-ir-dis, eine Tochter des kuschitischen Königs Kaschta, deren Name das Epitheton »die Vollkommenheit von Mut ist strahlend« trug, war eine lange Regierungszeit vergönnt. Im Jahre 1858 entdeckte Mariette in Karnak eine Statuette, die sie auf dem Schoß des Gottes Amun in einem Zustand liebender Hingabe zeigt; diese Geste veranschaulichte die metaphysische Vereinigung mit dem Urschöpfer.

Diese Gottesanbeterin hinterließ in Karnak und in Medinet Habu, wo ihre wunderschöne Kapelle mit einem bemerkenswerten Steingewölbe versehen ist, Spuren ihrer Bautätigkeit. Zahlreiche rituelle Szenen schmücken die Mauern. Die Kapelle hatte eine Fülle von Grabbeigaben enthalten, insbesondere einen Opfertisch und Osirisstatuen mit dem Namen der Amen-ir-dis.

Sie nahm an Gründungsriten teil und leitete eine Hofhaltung, die der Verantwortung eines Verwalters namens Har-wa unterstand. Übrigens hat dieser in seiner Eigenschaft als Anubispriester das Begräbnis von Amen-ir-dis I. und ihren Totenkult organisiert.

Dank Mariettes, der eine Zeitlang als Librettist arbeitete, blieb das Andenken dieser Gottesanbeterin, wenn auch entstellt, in der Oper *Aida* von Verdi erhalten.

Ab 700 v. Chr. amtierte die Tochter des Eroberers Pianchi, Schep-en-Upet II., als achte Gottesanbeterin etwa fünfzig Jahre lang, in denen sie drei Pharaonen kommen und gehen sah.

Einige ihrer Porträts zeigen sie als eine Afrikanerin mit vorstehenden Backenknochen und üppigen Hüften und Schenkeln. Während ihrer Amtszeit übte sie einen prägenden Einfluß auf die thebanische Region aus; als Baumeisterin mehrerer Grabkapellen in Karnak und Medamud erscheint sie häufig alleine, ohne den Pharao, der ihr hinsichtlich der Verwaltung der Region völlig vertraute.

Schep-en-Upet II., die den Kult leitete und ein Erneuerungsfest beging, trug den Namen »Herrin der Beiden Länder«. In Medinet Habu ließ sie die Grabkapelle ihrer »Mutter« Amen-ir-dis bauen und ausschmücken. Als »Tochter« adoptierte sie ihre Nichte Amen-ir-dis II., genannt »die Jüngere«, die Tochter des kuschitischen Pharaos Taharqa.

Schep-en-Upet II. erlebte die Beendigung der Kuschitenherrschaft und den Beginn der 26. Dynastie, deren erster Pharao Psammetich I. war.

Amen-ir-dis die Jüngere, die »von Tefnut Geliebte«, lebte im Schatten ihrer mächtigen »Mutter«. Auf sie folgte die Tochter des Königs Psammetich I. (664–610 v. Chr.), Nitokris I., genannt »die Große«.

Die zehnte Gottesanbeterin leitet die sogenannte »Saïtenzeit« ein, während der sich die Pharaonen, die aus der Stadt Saïs im Delta stammten, am Vorbild des Alten Reiches orientierten und auf die Wertvorstellungen des Goldenen Zeitalters rückbesannen, wobei sie sich insbesondere von den *Pyramidentexten* anregen ließen. Ist das der Grund, weshalb diese starke Persönlichkeit den Namen Nitokris annahm, den Namen einer Pharaonin aus dieser fernen Zeit?

Die in Karnak errichtete »Adoptionsstele« der Nitokris gibt uns Aufschluß über die Umstände dieses Ereignisses. Im Jahre 9 der Herrschaft von Psammetich I., 655 v. Chr., verließ Nitokris die Königsresidenz in Saïs, der Stadt der Göttin Neith. An Bord eines Schiffes, das von einer großen Flottille begleitet wird, brach sie Richtung Theben auf, das sie sechzehn Tage später erreichte.

Von der Anlegestelle bis zum Tempel wurde Nitokris in einer mit Gold und Silber verkleideten Sänfte getragen. Schep-en-Upet II. empfing ihre Nachfolgerin in Gegenwart zahlreicher Würdenträger und Ritualpriester. Zuvor hatte Month-em-het, der reiche und mächtige Statthalter von Theben, überzeugt werden müssen; dieser beugte sich den Forderungen des Pharaos und nahm an den Einsetzungsfeierlichkeiten teil.

Als Schep-en-Upet Nitokris in einer rituellen Geste alles vermachte, was sie besaß, erkannte Theben die Herrschaft des Saïtenkönigs an. Der Amtsantritt der neuen Gottesanbeterin versinnbildlichte die Vereinigung von Nord- und Südland, von Ober- und Unterägypten. Ihre Inthronisation war folglich ein bedeutsamer politischer Akt, der nach einer Zeit der Wirren wieder ein einheitliches und starkes Königreich herstellen sollte.

Nitokris restaurierte den Palast der Gottesanbeterinnen; die

Altäre sowie der gepflasterte Fußboden und die Küche wurden erneuert. Ihre Domäne umfaßte neunhundert Hektar, die in sieben Gauen Oberägyptens und vier Gauen Unterägyptens lagen. Jeden Tag würden die Amunspriester das Gesinde der Gottesanbeterin mit 190 Kilo Brot, 6 Litern Wein, dazu mit Milch, Gemüse, Kuchen, Korn und Kräutern versorgen. Jeden Monat würden sie drei Ochsen, fünf Gänse, zwanzig Krug Bier und andere Nahrungsmittel abliefern. Der Oberhofmeister wurde mit dem *Ka* des Königs verglichen; anders gesagt, er mußte der Gottesanbeterin die Kraft verschaffen, die diese für die Erfüllung ihrer Aufgabe brauchte.

Eine herrliche, 96 Zentimeter hohe Statue aus grünem Schiefer stellt die Göttin Thoëris dar, das auf den Hinterbeinen stehende und mit Armen versehene weibliche Nilpferd, das sich auf das Hieroglyphenzeichen des magischen Schutzes stützt.[5] Das Werk stand im Innern eines Naos aus Kalkstein, durch ein Loch konnte die Göttin nach draußen blicken. Auf diesem Naos ist Nitokris abgebildet, wie sie in Gegenwart der sieben Tamburin spielenden Hathoren der Göttin mit dem Sistrum ein Musikopfer darbringt. Thoëris, »die große Mutter«, und die Gottesanbeterin verschmolzen auf diese Weise zu einer untrennbaren Einheit.

Im Jahre 594 v. Chr., nach einer langen Herrschaft, adoptierte die »Mutter« Nitokris die Große als ihre »Tochter« Anch-nes-nefer-ib-Re. Sie weihte diese in die Geheimnisse des Amtes ein, lehrte sie zu regieren und starb im Jahre 4 der Regierungszeit des Pharaos Apries, im Jahre 585, nach neunjähriger gemeinsamer Regentschaft mit der elften Gottesanbeterin.

Anch-nes-nefer-ib-Re, die Tochter des Königs Psammetich II., war in Theben von Nitokris empfangen worden. Diese hatte ihr die Pforten des Amunshauses geöffnet und sie dem verborgenen Gott vorgestellt. Wie Pharao hatte Anch-nes-nefer-ib-Re den Ritus des »Aufstiegs zum Tempel« vollzogen.

Im Innern des Sanktuars war sie gekrönt und mit ihrem rituellen Ornat bekleidet worden. Ihre Titulatur machte sie zur »großen Sängerin, die Blumen trägt, die dem Stamm des Amun vorsteht« und ferner zum »ersten Propheten des Amun«.

Anders gesagt, Anch-nes-nefer-ib-Re stand an der Spitze der thebanischen Hierarchie und wurde Vorsteherin aller Priester von Karnak. Der Schreiber des Gottesbuches, der alle Einzelheiten der Zeremonie aufzeichnete, hielt fest, daß die Gottesanbeterin, allen Lobpreis verdienend und von sanfter Liebe erfüllt, die Fahrt der Sonnenscheibe lenkte. Um ihre Freude zum Ausdruck zu bringen, spielte sie Sistren und psalmodierte mit ihrer schönen Stimme ein geistliches Lied.

Der Name der elften Gottesanbeterin bedeutet »Pharao lebe für sie, vollkommen ist das Herz des Sonnengottes«. Anch-nes-nefer-ib-Re, die von Mut geliebte Herrin der Vollkommenheit, versah das Amt ab dem zwölften Tag nach dem Tod von Nitokris der Großen als alleinige Inhaberin.

Sie ließ eine Jubiläumspforte in Karnak-Nord, zwei kleine Kapellen an der Allee, die zum Tempel des Ptah führte, und eine Osiriskapelle erbauen, und sie herrschte etwa siebzig Jahre lang. Als sie spürte, daß ihre Kräfte nachließen, nahm sie Nitokris II., die Tochter des Pharaos Amasis, als »Tochter« an und übertrug ihr das Amt der ersten Prophetin des Amun.

Die zwölfte Gottesanbeterin sollte die letzte Repräsentantin dieser außerordentlichen Dynastie von Hohepriesterinnen sein.

Denn im Jahre 525 v. Chr. fielen die Perser in Ägypten ein und verwüsteten Theben. Ihr Anführer, Kambyses, soll sogar das Grab von Anch-nes-nefer-ib-Re in Deir el-Medine geschändet und ihre Mumie verbrannt haben. Der Sarkophag der hohen Dame entging glücklicherweise der Zerstörung. Eine französische Expedition fand ihn im Jahre 1832, aber die Vertreter des Staates hielten ihn nicht für interessant genug, um ihn zu erwerben. Die Engländer besaßen ein besseres Urteilsvermögen und bemächtigten sich dieses Meisterwerks, das sich heute im British Museum befindet. Der Sarkophag ist mit äußerst aufschlußreichen Texten beschrieben, die den spirituellen Werdegang der Gottesanbeterin nachzeichnen.

Welches Schicksal bereiteten die persischen Barbaren der letzten Gottesanbeterin? Wir wissen es nicht.

Zu den architektonischen Meisterwerken des großen Tempels von Medinet Habu auf dem thebanischen Westufer gehören die Grabkapellen der Gottesanbeterinnen. Auf einem der Türstürze kann man folgenden »Aufruf an die Lebenden« lesen:

»Ihr Lebenden, die ihr auf Erden weilt und durch dieses Haus der Schöpferkraft (*Ka*) kommt, das Schep-en-Upet II. für ihren Vater erbaute, den Gott Anubis, der dem Pavillon der Götter vorsteht, und den sie auch für die Gottesanbeterin, Amen-ir-dis, mit der gerechten Stimme, erbaute. So wie ihr eure Kinder liebt und möchtet, daß sie eure Ämter, eure Häuser, eure Wasserbekken und eure Kanäle bewahren, entsprechend dem, was euch gewünscht wurde, als ihr sie erbautet und sie selbst aushobt; so wie ihr den sanften, wohlriechenden Hauch der großen Allee einatmet und dem ehrwürdigen Gott folgt, dem Machtvollen, bei all seinen prächtigen Umzügen; so wie ihr die Feste des großen Gottes feiert, der sich in Medinet Habu aufhält, und wie eure Gemahlinnen die Riten für Hathor vollziehen, die Gebieterin des Westens, die ihnen erlaubt, Söhne und Töchter ohne Krankheit und Leiden auszutragen, ich bitte euch: Sagt den Spruch ›Opfergabe, die Pharao darbringt‹.«

Die Klagefrauen

Der Tod hat zugeschlagen. Die Mumie ist hergerichtet und in einen Sarkophag gelegt worden; der Sarkophag wird auf einen Schlitten gewuchtet, vor den Rinder gespannt sind. Der Leichenzug nimmt Aufstellung. »Klagefrauen«[1], die weiße Kleider und keinerlei Schmuck tragen, erscheinen. Sie schlagen sich auf den nackten Oberkörper und streuen Erde auf ihr Haupt.

In Tränen aufgelöst, wehklagen sie, stoßen Schmerzens-

Grab des Rai. Klagefrauen in Trauerhaltung.

schreie aus, beschwören den guten Hirten, der ins Land der Ewigkeit fortgegangen ist. Anders gesagt, der Verstorbene oder die Verstorbene werden mit dem auferstandenen Gott gleichgesetzt, der die Menschenherde sicher zu den Paradiesen des Jenseits führt.

»Du, unter dessen Dach viele Menschen leben«, deklamieren die Klagefrauen, »du bist jetzt an einem abgeschiedenen Ort. Der sich gerne die Beine vertrat, kann sich heute nicht rühren, denn er ist mit Binden gefesselt.«

Tatsächlich verfügen die Klagefrauen über ein festes Repertoire an Texten und Totenliedern, das keinen Raum für Improvisationen läßt. »Möge dem Durstigen Wasser gereicht werden«, flehen sie, an den Toten erinnernd, der schwere Prüfungen durchmachen muß, bevor er wiedergeboren wird.

Diesen Klagefrauen, Sängerinnen der Göttin Hathor und Mitwirkende an den Bestattungsriten, obliegt ferner, wie man im Grab des Ra-mose sieht, die Ausführung der Geste des *Ka*, um die Schöpferkraft zu erhalten, die das Nichts überleben wird.

Die beiden Vorsteherinnen der Klagefrauen hießen *djerit*,[2] das heißt »Milanweibchen«, Raubvögel, die sich auf das Kopf- und Fußende des Sarkophags setzten und ihn beschützten. Man sieht sie auch auf dem Schiff, das den Sarg ins Paradies der Gerechten befördert.

Diese beiden Vögel sind Isis und Nephthys, »mit der gerechten Stimme«; bei den Riten werden die Göttinnen von Frauen verkörpert, etwa der während der 6. Dynastie lebenden Dame Ni-anch-Hathor, »Die dem Leben angehört, Hathor«. Diese Initiierten trugen ein langes Kleid mit Trägern, das die Brüste frei ließ; ein Stirnband umschnürte ihre kurze Perücke. Sie trugen Holztruhen mit Auferstehungstüchern und -gewändern.

Isis ist »die große Klagefrau«, Nephthys »die kleine Klagefrau«; manchmal berühren sie den Sarkophag, um ihre Energie darauf zu übertragen. Wenn die Eingeweihten die Rolle der Isis und der Nephthys spielten, mußten sie – im Abstand von jeweils sieben Tagen – viermal gereinigt werden, bevor sie an der Tür des großen Saales erschienen, wo ihnen Ritualpriester räucherten. In der ersten Nachtstunde sagten sie den Spruch auf: »Ich bin rein, klar und beräuchert.«

Sie rezitierten die Wehklagen von Isis und Nephthys,[3] die Osiris zugute kamen, das heißt jedem Menschen, der vom Totengericht als gerechtfertigt anerkannt wurde.

Beim Fest der Klagefrauen wurden die Räume, in denen sie den Kult zelebrierten, gereinigt. Isis und Nephthys waren beide enthaart worden, sie trugen Lockenperücken und hatten ihren Namen auf ihre Arme geschrieben. Viermal hintereinander huldigten sie Osiris, und ein Ritualpriester antwortete ihnen: »Der Himmel ist mit der Erde versöhnt.«

Um den Mund zu reinigen, kauten die Klagefrauen Natron; dann wurde ihnen geräuchert. Das Horusauge, Synonym der Opfergabe, umgab sie mit seinem Duft. Gesang und Musik erhoben sich und kündigten die Verwandlung des toten in den lebenden Osiris an. Himmel und Erde freuten sich und waren glücklich, denn nun hatte das Bangen um das Geschick des Osiris ein Ende. Der Herr war in seinem Haus der Auferstehung anwesend, er war weder verschwunden, noch hatte er sich verirrt.

»Komm zu mir«, flehte Isis, »du hast keine Feinde mehr. Komm zu mir, um mich zu betrachten. Ich bin deine Gemahlin, die dich liebt. Trenne dich nicht von mir. Ich begehre dich. Wie wunderbar wäre es, dich zu sehen! Komm zu der, die dich liebt, deiner Gemahlin, der Herrin deines Hauses. Ich bin deine geliebte Schwester. Götter und Menschen haben sich dir zugewandt, sie betrachten dich, sie sehen mein Leid. Ich rufe dich an, und meine Wehklagen erschallen bis zur Spitze des Himmelszelts. Hörst du nicht meine Stimme? Ich bin deine geliebte Gemahlin auf der Erde, und du liebst keine andere Frau. Hier bin ich von Finsternis umfangen, obwohl die Sonne scheint. Himmel und Erde sind eins, und Dunkelheit hat die Erde heimgesucht. Die Städte leben in Sorge, die Wege führen nirgendwo hin. Mein Herz leidet, denn das Verhängnis hat dich hinweggerafft. Ich vermisse deine Liebe. Bleibe nicht allein, verharre nicht in der Ferne!«

Die Bitten der Klagefrau, die Stärke ihrer Liebe führen zu dem gewünschten Ergebnis. Der Gemahl der Isis kehrt in ihre Arme zurück. Zunächst spürt sie seine Anwesenheit durch den Wohlgeruch, den er verbreitet – den Duft von Weihrauch aus dem sagenumwobenen Lande Punt –, dann sieht sie ihn. Der auferstandene Osiris verbreitet Leben um sich. Und die Klagefrauen haben zu diesem Wunder beigetragen.

Die Dienerinnen des *Ka*

Der *Ka* ist die jede Lebensform beseelende Schöpferkraft. Er wird jedem Menschen eingehaucht, und sein Überleben hängt von den Beziehungen ab, die er zu seinem *Ka* unterhält. Daher ist es von entscheidender Bedeutung, daß Ritualpriester nach dem Tod eines Individuums jene Gesten vollziehen, die für die Erhaltung dieser unsichtbaren und immateriellen Kraft unverzichtbar sind.

Dieses Amt des »Dieners des *Ka*« steht schon ab der Frühzeit Frauen offen, den »Dienerinnen des *Ka*«. Sie zelebrieren in den Grabkapellen, verbrennen Weihrauch und Duftstoffe, bringen flüssige und feste Weihopfer dar, denen sie Wirksamkeit verleihen, indem sie diese »mit der Stimme herausholen«, das heißt ihre Namen aussprechen. Auf diese Weise wird Materie in Geist verwandelt.

»Dienerin des *Ka*« war ein Beruf; für die geleisteten Dienste erhielt die Ritualpriesterin einen Naturallohn. Sie konnte das Grabmal eines Mannes weihen, gleich, ob es sich um ihren Gemahl, einen Verwandten oder einen Freund handelte.

Im Jenseits werden Mann und Frau gleich behandelt. Wie der Mann kann auch die Frau die höchste Stufe der spirituellen Vollkommenheit erreichen, die mit dem Ausdruck *ach* bezeichnet wird, was soviel bedeutet wie »nützlich sein, leuchten«. Die eingeweihte Frau ist ein »verehrtes Wesen« *(imach)*, »die Verehrte beim großen Gott«. So ist die Dame Chu-en-su, auf deutsch: »Ich habe ihn beschützt«, »Priesterin der Hathor, Herrin der Sykomore, die Priesterin, die die Wege öffnet, Neith des Nordens der Mauer, die Priesterin der Herrin von Dendera, an all ihren Orten die Verehrte beim großen Gott, eine Bekannte des Königs, die Zierde des Königs«.[1]

Ebenso wie der Mann möchte auch die Frau eine schöne Grabstätte im Westen haben, zum großen Gott aufsteigen und Opfergaben erhalten. Die während der 5. Dynastie lebende Prinzessin Ni-sdjer-kai wurde in einer großen Mastaba in Giza beigesetzt. Die Königstochter, Priesterin der Hathor und der Seele des Cheops, starb in vorgerücktem Alter. Pharao und Anubis gewährten ihr die ewige Ruhe und Opfergaben bei jedem Fest. Daher reiste sie in Frieden auf den schönen Wegen der Ewigkeit, auf denen die Gerechten wandeln.

»Sie möge reisen und den Himmel durchwandern«, wird der Hathorpriesterin Hedj-ui gewünscht, die in der Nekropole von Naga ed-Der begraben ist. »Möge der große Gott, der Herr des Himmels, sie an der Hand nehmen, um sie zum reinen Ort zu geleiten.«

Die Dame Nefret-iabet, »die schöne Orientalin«, war eine außergewöhnliche Persönlichkeit. Auf ihrer Stele,[2] die in Giza gefunden wurde und aus der Regierungszeit des Cheops stammt, sitzt sie auf einem Hocker mit Stierfüßen. Sie trägt eine lange geriffelte Perücke und ein Pantherfell; die Rechte hat sie zu einem Opfertisch hin ausgestreckt. Durch diese Geste weiht sie tausend Brote, tausend Krüge Bier, tausend Stück Vieh, tausend Stück Wild, tausend Gefäße aus Alabaster, tausend Stück Tuch, Weihrauch, Öl, grüne Schminke, schwarze Schminke, Obst, Wein und alle anderen guten und reinen Dinge, die bei den Festen und Banketten im Jenseits verwendet werden. Im Gesicht der als Beseelerin des *Ka* auftretenden Nefret-iabet befindet sich eine Hieroglyphe mit der Bedeutung »frisches Wasser, Erneuerungswasser«. Indem sie Lebensmittel und rituelle Produkte weihte, machte sie diese für immer lebendig.

Das Flachrelief der Dame Kit-sen und ihres Gemahls Huti[3]

gibt uns Aufschluß über den Stellenwert der Frauen als Dienerinnen des *Ka*, die der Materie einen sakralen Charakter verleihen konnten. Die beiden Eheleute stehen sich gegenüber. Vor jedem befindet sich ein Opfertisch, auf dem Brote angeordnet sind. Beide Personen sind gleich groß. Huti hat eine strenge, würdevolle Miene, seine Gemahlin Kit-sen ist von außerordentlicher Schönheit. Wichtiges Detail: Alle Hieroglyphen sind auf die Frau und nicht auf ihren Mann gerichtet. Das Wort und die Magie, die sie übertragen, sind für Kit-sen bestimmt, die treibende Kraft dieser Szene und »Eigentümerin« der Opfergabe. Die für immer in den Stein eingravierten aufgezählten Produkte stehen ihr zu, und sie verfügt nach Belieben darüber. Ihr Gemahl Huti nimmt gegenüber seiner Gattin, deren Vorrangstellung auch dadurch zum Ausdruck kommt, daß sie beide Hände zum Opfertisch hin ausstreckt, eine Haltung der Verehrung ein. Huti ist Gast der Dame Kit-sen, er verspricht ihr eine unübersehbare Menge von Opfergaben, damit es ihr im Jenseits an nichts mangele.

Die Damen des Gottesharems

Die Damen des Gottesharems *(chenerut)* waren in die Mysterien eingeweiht und hielten sich über einen langen Zeitraum oder auch bis an ihr Lebensende im Innern eines Tempels auf. Die ägyptische Königin war die Vorsteherin der Damen des Gottesharems, die sich dem Schutz Pharaos, Amuns, Mins, Chons', Sobeks, Osiris', Chnums, Upuauts, Isis', Muts, Bastets oder Nephthys – kurz der meisten Götter und Göttinnen – unterstellten.

Von ihnen wurde weder ein zölibatäres Leben noch Jungfräulichkeit gefordert; sie mußten sich vor dem Betreten des Tempels und der Teilnahme an den Riten lediglich mehreren Reinigungen unterziehen. Die Eingeweihten wurden in einem Becken gewaschen, enthaart und mit Weihrauch beräuchert.

Ein langes, enganliegendes Kleid, das bis zu den Knöcheln

herabfiel, ein kurzer oder mittellanger Lendenschurz, der manchmal von auf der Brust und auf dem Rücken gekreuzten Bändern gehalten wurde, ein Gürtel mit zwei langen Bändern auf der Vorderseite, Schmuckstücke, Schmuckreifen am Handgelenk und an den Knöcheln – das waren die wichtigsten Kleidungsstücke und Zierden der Damen des Gottesharems, deren Aufgabe darin bestand, die Energie der Götter auf die Erde zu lenken und sie im Sanktuar zu sammeln.

Ihre hauptsächliche Betätigung war das Musizieren; außerdem hüteten die Damen des Gottesharems heilige Ritualobjekte, und sie sagten die magischen Sprüche der Hymnen auf. Sie besänftigten die kosmischen Kräfte, deren Macht zerstörerisch sein konnte.

Diesen Eingeweihten, die daran gewöhnt waren, gemäß den Mysterien des Tempels zu leben, oblag es, bei der nichtöffentlichen Aufführung der Mythen die Göttinnen zu verkörpern. Die Klagefrauen, über die wir berichtet haben, waren mit einer Gemeinschaft von Damen des Gottesharems verbunden, »denen des Akazienhauses«.[1] Sie wurden von einer »Vorsteherin des Akazienhauses« geleitet, welche die gefährliche Kraft der Göttin Sachmet nutzbringend einsetzen konnte, um ihren Schwestern die Überwindung des Todes zu ermöglichen.

Die Königin Tia, Gemahlin von Pharao Amenophis II., war »Leiterin der Schlächter des Akazienhauses«;[2] neben dem Sanktuar, in dem diese Eingeweihten den Gottesdienst zelebrierten, befand sich ein Wirtschaftsbereich zur Sicherstellung ihres materiellen Wohlergehens.

Ein Flachrelief auf der Mastaba des Mereru-ka zeigt drei tanzende Gottesharemsdamen des Akazienhauses in kurzem Lendenschurz, die Arme nach hinten über den Kopf gebogen. Zwei Schwestern begleiten sie. Die Quintessenz ihres rituellen Gesangs liegt in den Worten beschlossen: »Sein Leib bleibe heil«, anders gesagt, Osiris möge vor dem Tod bewahrt werden. Die Gottesharemsdamen des Akazienhauses nahmen an den Mysterien der Auferstehung des Osiris teil und stellten sich unter den Schutz der Hathor, »der Akaziendame«.

Die Dame Tui, die während der Regierungszeit Amenophis' III. lebte, ist durch eine 33,4 cm hohe Statuette aus Holz bekannt.[3] Diese stellt sie als betagte Frau dar, mit ernster Miene, strenger Haltung und einer Auferstehungskette, einem *Menit*, in der Linken. Sie war nicht nur Hausherrin, sondern auch »große Sängerin« und »große Gottesharemsdame des Min«, Titel, die auf einen hohen Rang in der Priesterhierarchie hindeuten.

So wie die berühmte Tuja, die Große Königliche Gemahlin Sethos' I. und Mutter Ramses' II., war die Dame Hui zur Zeit von Thutmosis III. »Vorsteherin der Gottesharemsdamen des Amun« gewesen. Eine Statue[4] zeigt sie auf einem Thron sitzend und gibt ihre weiteren Titel an: »Vorsteherin der Gottesharemsdamen im Haus des Re, Anbeterin des Gottes, Anbeterin im Tempel des Atum«. Also eine bedeutende Persönlichkeit! Auf ihren Unterarmen hielt sie ein nacktes Kind, die Große Königliche Gemahlin, deren Mutter sie war.

Nach Darstellung der Inschriften erhielt der *Ka* von Hui bei allen Festen des Himmels und der Erde Brot, Bier, Fleisch, Geflügel, Wein und Milch als Opfergaben. Der Gott Amun und die Göttin Mut sorgten dafür, daß ihr Herz von Freude erfüllt war, daß sie sich alle Tage frei im Tempel bewegen konnte, Zugang zu allen geheimen Kammern hatte und bei guter Gesundheit blieb.

Die Zauberkundige Seherin

Insbesondere die Archive des Dorfes Deir el-Medine enthüllen uns, daß es in allen großen und kleinen Gemeinden eine »weise Seherin« gab, an die man sich mit den vielfältigsten Problemen wandte. Als Seherin konnte sie einem Kind den Namen geben, in dem dessen Schicksal beschlossen war; als Heilkundige sagte sie die Zukunft voraus, linderte sie seelische und körperliche Leiden, sie fand verlorengegangene Gegenstände wieder und konnte Wahrheit von Lüge unterscheiden. Als Hüterin der Überlieferungen gab sie auf mündlichem Wege die Mythen, Legenden und Erzählungen weiter. Jedem, der zu ihr kam, konnte diese Seherin sagen, ob er von positiven oder negativen Kräften beherrscht war[1] und, in letzterem Fall, wie er sich davon befreien konnte.

Diese »Seherinnen« übten einen großen Einfluß auf das Alltagsleben der alten Ägypter aus; die Dame Hor-sedjem, genannt »Osiris, an den man Lobgesänge richtet«, ein seltener Titel, war zweifellos eine von ihnen. Man sieht sie vor Thot knieen, der in Gestalt eines Ibis die in das Haus des Gottes Eingelassene[2] anhört. Eingeweiht in die Geheimnisse des Gottes der Erkenntnis, konnte sie beteuern: »Ich bin die Frau, die die Finsternis erhellt.«[3]

Die Magie als Kunde vom Weg zur Erkenntnis der universellen Gesetze ist in der ägyptischen Welt, in der die Grenze zwischen Leben und Tod nur eine scheinbare Trennlinie ist, allgegenwärtig. Die Gottheiten haben auf der Erde ihren Wohnsitz aufgeschlagen und durchdringen selbst die unbedeutendste Alltagsverrichtung mit ihrer Kraft; so fordern sie dem Bauern, dem Handwerker und der Hausherrin ein Bewußtsein für das Spirituelle ab. Deshalb benutzen sie magisch aufgeladene »Medien«, wie etwa Skarabäen oder Amulette.

Die Seherin ist zugleich eine Magierin. Der Ausdruck »groß, reich an Magie« bezeichnet zugleich die Königskrone, die Uräusschlange an der Stirn Pharaos und mehrere Göttinnen, darunter Isis. Als sie sich auf den Weg machte und den Menschen in Gestalt einer Frau begegnete, wurde Isis von sieben Skorpionen begleitet, die ihr aufs Wort gehorchten und sie vor jedem Angreifer beschützten. Als Isis in ein Dorf am Rande des Fruchtlands, nahe der Grenze zu den Sümpfen des Deltas, gelangt war, äußerte sie den Wunsch, das Haus einer Frau zu betreten, die sie jedoch abwies, indem sie die Tür schloß. Isis gab nicht nach und erreichte, daß ihr geöffnet wurde, doch einer ihrer Skorpione stach den Sohn der Hausherrin. Das Herz der Isis wurde von Mitleid erfüllt; sie rettete den Unglücklichen, indem sie ihm die Hand auflegte und dem Gift befahl, den Körper zu verlassen und im Boden zu versickern.

Die Magierin weiß alles über die unheilvolle und segensreiche Wirkung gefährlicher Tiere wie Skorpione und Schlangen. Sie versteht es, die frauenköpfige Kobra Renenutet herbeizurufen, damit sie die Ernte schützt und für reiche Erträge sorgt. Das Gesicht von einer Maske mit Löwenohren verdeckt, ergreift sie mit jeder Hand eine Schlange[4] und spricht Beschwörungsformeln, die sie daran hindern sollen, Schaden zuzufügen.

Die mit den vier Winden gleichgesetzte Magierin öffnet die Pforten des Himmels, blickt bis an den Rand der Erde, geht den Weg des Lichts und des Wassers und lebt in der Einheit, die vor der Entstehung der Vielfalt existierte. Die zur Zeit des Neuen Reiches in Theben lebende Dame Nesi-ta-iret-Re fürchtete, wie jeder Mensch, alles Unglück, das sie heimsuchen konnte, angefangen von einem schweren Schnupfen bis zum Einsturz einer Mauer. Die kleinen und großen Mißgeschicke wurden von den Gottheiten gesandt, wenn sie nicht angemessen verehrt wurden. Es gab ein gutes Mittel, um sich zu schützen: einen Papyrus bei sich tragen, dessen Text sich für den Schutz des Eigentümers bzw. der Eigentümerin vor Katastrophen verbürgte. Die großen Götter Thebens versprachen der Dame Nesi-ta-iret-Re Gesundheit und schöne Träume.[5] »Ich werde sie vor dem Krokodil, der Schlange, Skorpionen, Krankheit, Verleumdung, Ungerechtigkeit und Dämonen schützen«, beteuert der Gott Chons. »Ich werde ihre Ländereien, ihr Gesinde, ihr Vieh, ihre Ziegen, all ihre Güter im Land zur Blüte bringen, so daß keine Gottheit aus dem Süd- oder dem Nordland gegen sie einschreitet. Ich werde sie auf all ihren Reisen schützen, gleich, ob sie ein Boot nimmt oder auf einem Fuhrwerk fährt. Ich werde sie von Kopfschmerzen, Zungen- und Augenleiden verschonen. Ich werde ihr Herz, ihre Lungen, ihre Leber, ihre Nieren und ihren Bauch gesund halten.« In einer abschließenden Bemerkung heißt es, daß jene Leiden, die vielleicht vergessen worden seien, dennoch gebannt würden und daß auch unerwähnt gebliebene freudige Ereignisse einträten.

Der Dame Mut-hotep gewährten die Gottheiten eine glänzende Karriere als Priesterin; sie sorgten dafür, daß sie ein hohes Alter erreichte und ihren Lebensabend in der Beschaulichkeit des Tempels verbringen konnte. Ein in einem kleinen Zylinder enthaltener Text, den sie am Hals trägt, sichert ihr zu, daß sie im Jenseits von Amun empfangen wird, der ein großes Fest zu ihren Ehren abhalten wird.

Frauen, die in Mysterien eingeweiht wurden

Im Jahr 1880 entdeckte Auguste Mariette in Abydos eine Stele aus dem Mittleren Reich, die den Namen der Dame Ta-nii trug; der zunächst fehlende obere Teil wurde unlängst entdeckt, so daß wir heute über das vollständige Denkmal verfügen.[1] Wir wissen nicht genau, zur Zeit welchen Pharaos sie gelebt hat – möglicherweise unter Amen-em-het II. –, aber das Wesentliche ist der außerordentliche Text dieser Stele.

Außerordentlich, weil er die Teilnahme einer Frau an den Mysterien des Osiris beschreibt, über die wir nur wenig wissen.

Ta-nii wurde bei Osiris verehrt *(imachet)*, sie besaß den Stand eines Ehrwürdigen *(imach)* und war als Frau, »die die Wahrheit spricht«, anerkannt. Sie konnte vor Osiris, dem großen Gott, Herrn von Abydos, seiner Gemahlin Isis und seinem Sohn Horus erscheinen. Sie trug ein langes Kleid mit Trägern, die unter ihren nackten Brüsten geschnürt waren, eine kurze, mit einer großen Kette geschmückte Perücke, und sie hielt eine Lotosblüte in der Linken und vergoß ein Trankopfer auf einen Opfertisch. Für die Ewigkeit würde sie über Tausende von Broten, Krügen Bier, Rindern, Geflügel, Duftessenzen und Weihrauch verfügen. Die Dame richtete eine Aufforderung an die reinen Priester und an die Diener des Gottes, die Zugang zum Tempel des Osiris hatten: Sie mögen jeden Tag und bei jedem Fest Opfer darbringen.

Dann berichtet Ta-nii, was sie erlebt hat:

»Ich besitze Willensstärke, stehe an der Spitze der Wissenden, eine Ehrwürdige, gelobt von ihrem Herrn, vollkommen, nach dem, was seinem Mund entfährt, ausgezeichnet durch den König aufgrund seiner Rechtschaffenheit. Er hat mich mit täglichen Geschenken belohnt; ich bin unter Lobpreis eingetreten, und ich bin als Geliebte gegangen; ich bin jemand, dessen Sprache seine Vorzüge enthüllt, der die Riten abfaßt, die man für sie[2] vollzieht, eine Ehrwürdige bei der Großen Königlichen Gemahlin, die sich mit der weißen Krone vereint.«

Ta-nii war also eine Vertraute des Königshofes oder doch zumindest dort so bekannt, daß ihre Fähigkeiten geschätzt wurden. Sie fährt fort, einige Episoden der Mysterien von Abydos enthüllend:

»Die Bekannte des Königs, Ta-nii, ist nach Abydos gegangen, an dem Tag, an dem man nicht spricht. Nachdem sie das Zelt des Gottes betreten hatte, sah sie die geheimen Riten.«

Dieses Zelt war eine Art Kapelle, in der sich ein Symbol des Osiris befand, zweifellos eine Statuette, die ihn in Gestalt einer Mumie zeigte, wie sie bei den Auferstehungsriten verwendet wurde.

»Nachdem sie in die Barke (*neschmet*) gestiegen war«, fährt Ta-nii, über sich selbst sprechend, fort, »hat sie in der Gottesbarke den Fluß überquert. Die Bekannte des Königs, Ta-nii, ist mit Pflanzen, die ›das Leben, das in dir ist‹ heißen, an ihren Augen, an ihrer Nase und an ihren Ohren, und dem Produkt namens ›die Himmelsbrüder‹ auf ihren Gliedern in die Ebene des Re hinausgetreten. Sie wurde von Taït (der Göttin der Webkunst) eingekleidet, und ihre Gewänder wurden ihr von Horus, dem Erstgeborenen, geschenkt, an dem Tag, an dem er die große Krone nahm.«

Und der Text schließt:

»Deine Nase[3] möge dir gehören, und zugleich mögen deine Augen sehen, o wahre Bekannte des Königs, Ta-nii, die die Wahrheit spricht, verehrte Dame.«

Henut-udjebu, »die Herrin der großzügigen Geschenke (oder: der Stoffe)«, wurde in einem prächtigen vergoldeten und bemalten Holzsarg bestattet, der im Grab des Hat-iai in Theben gefunden wurde.[4] Die Hausherrin und Amunsängerin Henut-udjebu war zu einem Osiris geworden. Ihr Gesicht aus stuckiertem Gold strahlt eine innere Heiterkeit aus; das schwarze Glas, aus dem ihre Pupille gefertigt wurde, und das weiße Glas für die Hornhaut haben ihren lebendigen Blick bewahrt. An ihrer Perlenkette hingen vergoldete Lotosblüten.

Der Text des Sarkophagdeckels verdient unsere Aufmerksamkeit:

»Worte, gesprochen von dem Osiris Henut-udjebu, mit gerechter Stimme: ›O meine Mutter Nut (der Himmel), breite dich über mich aus, damit ich unter den unvergänglichen Sternen, die in dir sind, einen Platz finde, und nicht sterben muß.‹«

Henut-udjebu, die von der Himmelsgöttin Geliebte, vereinigte sich mit dieser, um wie die Pharaonin des Alten Reiches als unsterblicher Stern fortzuleben.

Ta-uau spielte das Sistrum des Amun-Re und lebte in der Ptolemäerzeit; ein Papyrus, der glücklicherweise erhalten blieb,[5] schildert die Etappen ihrer Initiation und die bemerkenswerten Folgen.

Nachdem sie vom Gericht der Götter gerechtfertigt worden war, erhielt sie die Herrschaft über das Wort und ihr Herz; daher erfüllte sie sich drei Wünsche: ihr Herz »erfrischen«, das heißt, es unentwegt erneuern, so mächtig wie die Göttin Sachmet werden und, wie der auferstandene Osiris, einen schönen Lebensabend im Jenseits haben. Da die Dame Ta-uau ein Lichtwesen war, verwandelte sie sich in Atum, den Schöpfer; Ptah, den Gestalter; Thot, den Wissenden; Amun, den König der Götter; Osiris, den Herrn des Jenseits; Hathor, die Himmelskuh. Sie identifizierte sich mit allen Gottheiten, wurde zum Vater und Herrn aller göttlichen Kräfte.

Aus diesem Grund starb sie kein zweites Mal und genoß in den Räumen des Jenseits völlige Freizügigkeit.

Die aus der 25. Dynastie stammende Statue der Dame Ta-Kaschet bringt eine ähnliche Symbolik zum Ausdruck. Auf ihrem Körper aus Stein sind die Namen der Gottheiten von Heliopolis, Memphis, Mendes und anderen heiligen Orten aufgeführt. Das gesamte Pantheon erweckt sie zum ewigen Leben, denn ihre auferstandene Seele wird von sämtlichen Mächten der Schöpfung geformt.

In der archäologischen Sammlung der Universität Liverpool befindet sich eine schlichte, stark beschädigte Skulptur ohne Köpfe und Füße.[6] Es handelt sich aber zweifelsfrei um zwei Frauengestalten. In der ägyptischen Bildhauerkunst ist dies ein ungewöhnliches Sujet. Stellt die Plastik vielleicht zwei eingeweihte Frauen dar, zwei Schwestern, die einer Gemeinschaft von Gottesharemsdamen angehören, dasselbe Mysterium teilen und für immer beieinander zu bleiben wünschen?

Erst Ptolemaios Philopator (221–205 v. Chr.) beschnitt die Rechtsstellung der Ägypterin und stellte sie einer griechischen Frau gleich, indem er ihr für jedes Rechts- und Handelsgeschäft einen Vormund aufoktroyierte. Die Gleichberechtigung von Mann und Frau, einer der Grundwerte der pharaonischen Kultur, ging verloren.

Einen weiteren Schritt vollzog das Christentum. Während Klemens von Alexandrien, einer der ersten Kirchenväter, um 180 n. Chr. noch der Ansicht war, daß »in Christus weder Mann noch Frau war«, vertrat sein Zeitgenosse Tertullian einen offen frauenfeindlichen Standpunkt; Frauen sei es »nicht gestattet, in der Kirche zu sprechen, zu unterrichten, zu taufen, zu opfern, noch, einen Teil eines männlichen Amtes für sich zu fordern, noch, eine Messe zu lesen«. Im Christentum, Judentum und Islam finden sich eine Fülle derartiger Aussagen, die den Frauen nur eingeschränkt spirituelle Fähigkeiten zuschreiben.

Zur Zeit der Pharaonen war dies anders, und man hat treffenderweise darauf hingewiesen, daß der Umfang der Rechte, welche die Ägypterin genoß, bis zum Ersten Weltkrieg nirgendwo mehr auf der Erde erreicht worden ist. Obendrein muß man diese Wiedererlangung in der Moderne auf einige Länder und auf den sozialen und wirtschaftlichen Bereich beschränken.

Denn auf spirituellem Gebiet wurde der Gipfel, auf dem die Ägypterinnen angelangt waren, nach dem Untergang der pharaonischen Kultur nie mehr erreicht. Von ihrem Wesen her waren Frauen einfach zu reich, zu frei, zu schöpferisch, als daß man sie in den engen Rahmen dogmatischer Religionen hätte einsperren können.

Eine der letzten großen Frauengestalten der ägyptischen Geschichte, die Gemahlin des Weisen Petosiris, entsprach dem Leitbild der vollkommenen Frau, wie es die antike Weisheitslehre definierte. In den Jahren 350 bis 330 v. Chr. war die alte heilige Stadt Hermopolis, wo sich der bei der Schöpfung aus dem

Urwasser aufgetauchte Urhügel und das Ei der Welt befunden hatten, nur noch eine heruntergekommene Kleinstadt. Im Jahre 333 hatte Alexander der Große Ägypten vom Joch der Perser befreit, um ihm das der Griechen aufzuerlegen; nie mehr wieder sollte Ägypten von einem Pharao, der aus den Beiden Ländern stammte, regiert werden. Doch in Hermopolis wollte der Hohepriester Petosiris die Unabwendbarkeit der Geschichte vergessen.[1] Als Vorsteher der Priester der Sachmet und Hoherpriester des Thot schaute er den Gott in seinem Naos und riet den Menschen, auf dem Weg Gottes zu wandeln und so die Ordnung der Ma'at einzuhalten. Petosiris restaurierte den Tempel des Thot, führte wieder feste Arbeitszeiten ein, füllte die Gersten- und Weizenspeicher und sorgte dafür, daß die Gärten und die Fruchtbäume gewissenhaft gehegt wurden.

Als er die Kapelle der Gottesgemahlinnen und die Hathorkapelle wiederaufbaute, erfüllte er den Wunsch seiner Gemahlin, die in folgenden Worten beschrieben wird:

»Seine Frau, seine Geliebte, von vollendeter Anmut, sanfter Liebe, die die Worte geschickt zu setzen weiß, angenehm in ihren Reden, von klugem Rat in ihren Schriften; alles, was ihr über die Lippen kommt, ist in Übereinstimmung mit der Ma'at. Vollkommene Frau, groß an Gunst in ihrer Stadt, allen ihre Hand reichend, die sagt, was gut ist, wiederholt, was man mag, jedem Freude bereitet. Wenn man ihr zuhört, erfährt man nichts Böses, sie, die von allen innig geliebt wird, sie, die Renpetnefret, ›Das vollkommene Jahr‹, heißt.«[2]

Petosiris und seine Gemahlin, »das vollkommene Jahr«, wurden zusammen in einem prächtigen Grabmal beigesetzt. Nach den Worten des Weisen wird einem das eigene Tun in gleicher Münze vergolten, und ein gutes Wort zu hinterlassen heißt ein wahrhaftes Monument zu erbauen. Um die Glückseligkeit zu finden und den schönen Westen zu erreichen, muß man redlich sein und Rechtschaffenheit üben.

Die Ägypterinnen lebten in einer Welt, in der die Frau weder Gegnerin noch Rivalin des Mannes war. Eine Welt, die ihnen erlaubte, sich als Gemahlin, Mutter, Berufstätige und Eingeweihte in die Mysterien des Tempels zu verwirklichen, ohne ihre Eigenart preiszugeben und männliche Wesenszüge anzunehmen. Eine Welt, in der ihnen die Sphäre des Sakralen in ihrer Ganzheit offenstand.

Eine Riesin, die Göttin Nut, verschlingt die Sonne am Abend und gebiert sie am Morgen. In ihr vollzieht sich allnächtlich aufs neue die Alchimie der Schöpfung; und jeden Morgen bringt sie ein neues Licht zur Welt. Mit ihr erscheinen alle Lebewesen, in ihr gelangen sie zur Vollendung.

Diese Auffassung von der Rolle der Himmelsfrau, der Göttinnen, der weiblichen Polarität bei der Schöpfung war der Grund für die Hochachtung der pharaonischen Kultur gegenüber den Frauen und für die Rolle, die sie ihnen in der Gesellschaft zuerkannte, von der Großen Königlichen Gemahlin bis zur Hausherrin, von der Gottesanbeterin bis zur Dienerin.

Ich hätte viele andere Ägypterinnen schildern, viele weitere Porträts entwerfen müssen. Der Zufall, dem die Überlieferung von Dokumenten unterliegt, hat uns vieler aufschlußreicher Zeugnisse beraubt, und man muß oftmals langwierige Recherchen durchführen, um zuverlässige Angaben zu erhalten. Trotz seiner Schwächen ist dieses Werk eine Huldigung an die strahlenden und unsterblichen Ägypterinnen.

»Wer mich, geziert mit meiner Halskette, sieht, bete für mich und bringe mir Blumen dar«, bat eine schöne Frau, die aus der Stadt Mendes stammte, »man möge sich meines glänzenden Namens erinnern.« Ja, der Historiker hat die Pflicht, die »glänzenden Namen« der Ägypterinnen, ihr Abenteuer und ihr Exempel zu neuem Leben zu erwecken.

Wenn man Isis bei der Magisierung des »Lebensspenders« (der so unzulänglich mit »Sarkophag« übersetzt wird), Nofretete beim Betrachten der Sonne, eine Frau, die zu einem thebanischen Bankett geladen war, eine Trägerin von Opfergaben im Alten Reich, die strahlende Heiterkeit Nefertaris und das Lächeln der Ma'at gesehen hat, wie könnte man da auch nur einen Augenblick die Ägypterinnen vergessen?

Anhang

Verzeichnis der Abkürzungen

ASAE	Annales du Service des Antiquités de l'Égypte, Kairo
BES	Bulletin of the Egyptological Seminar, New York
BIFAO	Bulletin de l'Institut Français d'Archéologie Orientale, Kairo
BSEG	Bulletin de la Société d'Égyptologie de Genève, Genf
BSFE	Bulletin de la Société Française d'Égyptologie, Paris
DE	Discussions in Egyptology, Oxford
GM	Göttinger Miszellen, Göttingen
JARCE	Journal of the American Research Center in Egypt, New York
JEA	The Journal of Egyptian Archaeology, London
JNES	Journal of Near Eastern Studies, Chicago
JSSEA	The Journal of the Society for the Study of Egyptian Antiquities, Toronto
Kairo, CG	Catalogue Général
Kairo, JE	Journal d'Entrée
MDAIK	Mitteilungen des Deutschen Archäologischen Instituts Abteilung Kairo, Wiesbaden
LdÄ	Lexikon der Ägyptologie, Wiesbaden
RdE	Revue d'Égyptologie, Paris
SAK	Studien zur Altägyptischen Kultur, Hamburg

Anmerkungen

Einleitung

1 Papyrus Harris I, 79, 8 f. und 13.

Erster Teil
Herrscherinnen

Königin Isis

1 Die Statue befindet sich heute im Ägyptischen Museum, Kairo: CG 42.072.
2 Vgl. H. Junker, Die Stundenwachen in den Osirismysterien, Wien 1910.
3 Vgl. zum Beispiel M.-O. Jentel, De la »Bonne Déese« à la »Mauvaise Femme«: Quelques avatars du motif de la femme-serpent, in: Échos du monde classique. Classical Views, Calgary 28 Nr. 2, S. 283–289.
4 Vgl. L. V. Zabkar, Hymns to Isis in Her Temple at Philae, Hanover / London 1988.
5 Vgl. F. Junge, »Isis und die ägyptischen Mysterien«, in: Aspekte der spätägyptischen Religion, Wiesbaden 1979, S. 93–115.

Merit-Neith

1 Vgl. W. B. Emery, Archaic Egypt, 1967, S. 65 ff.
2 Esna V., S. 107 und 281.
3 Die Göttin verkörpert sich in einem Käfer (Agrynus notodanta), der leuchten kann und sich durch Selbstbefruchtung fortpflanzt.
4 Text im Grab des Rech-mi-Re (Urkunden IV, 1077, 1, 39).
5 Sargtexte II, 161a; wörtlich: »Ich bin dieser (*pen*) und diese (*ten*).«
6 Vgl. dazu das grundlegende Buch von J. Assmann, Ma'at – Gerechtigkeit und Unsterblichkeit im Alten Ägypten, München 1989.

Hetep-her-es

1 Zu dieser Entdeckung und zur archäologischen Erforschung des Grabes vgl. G. A. Reisner, A History of the Giza Necropolis, vol.

II, completed and revised by W. Stevenson Smith: »The Tomb of Hetep-heres, the Mother of Cheops«, Cambridge (Massachussets), 1955. M. Lehner, The Pyramid Tomb of Hetep-Heres and the Satellite Pyramid of Khufu, Mainz 1985.

2 Eines der Wörter für die Sänfte, *hetes*, ist zugleich der Name eines der Zepter, das die Königin insbesondere dazu benutzt, ein Gebäude zu weihen, indem sie es in ein »Zentrum der Erzeugung spiritueller Energie« verwandelt.

3 »Königstochter« ist ebenfalls ein Titel: Vgl. M. A. Nur El Din, in: Orientalia Lovaniensia Periodica 11, 1980, S. 91–98. Vgl. auch A.-S. Naguib, in: Studies Kákosy, 1992, S. 437-447.

Mer-es-anch

1 Dritte Möglichkeit: »Der Lebende (ein nicht näher bestimmter Gott) liebt sie.«

2 Vgl. D. Dunham / W. Simpson, The Mastaba of Queen Mersyankh III., G 7530–7540, Giza Mastabas I, Boston 1974.

3 Zwei verschiedene Gruppen: die erste, bestehend aus drei Frauen (mit der Anführerin an der Spitze), die zweite, bestehend aus sieben Frauen, darunter vier erwachsenen und drei jüngeren Frauen mit abnehmender Körpergröße.

4 Vgl. G. A. Wainwright, »Seshat and the Pharaon«, JEA 26 (1941), S. 30–40.

Chent-ka-u-es

1 Vgl. M. Verner, SAK 8 (1980), S. 243 ff.

Die Frauen von Pepi II.

1 Vgl. J. Malek, JSSEA 10 (1979–1980), S. 229–241.

2 Vgl. G. Jéquier, Fouilles à Saqqarah. La pyramide d'Oudjebten, Kairo 1928; Les pyramides des reines Neit et Apouit, 1933.

Nitokris

1 Zum Fall Nitokris vgl. LdÄ IV, S. 513 f.

2 Vgl. B. van de Walle, La »Quatrième pyramide« de Gizeh et la légende de Rhodopis, in: L'Antiquité classique, III, S. 303–312; C. Coche-Zivie, »Nitocris, Rhodopis et la troisième pyramide de Giza«, in: BIFAO 72, S. 115 ff.

Nefru-Sobek

1 Mentu-hotep: »(Der Kriegsfalke) Mentu ist in Frieden«; Amen-em-het: »(Der verborgene Gott) Amun erscheint (wörtlich: ist vorn)«; Sesostris: »Der Mann der mächtigen (Göttin)«.
2 Das heißt der Kobra und des Geiers, die Ober- und Unterägypten verkörpern.
3 Vgl. C. Dolzani, Il Dio Sobk, Rom 1961, und LdÄ 39 (1984), S. 995–1032.
4 Im Ägyptischen *hekau-chasut*, »Die Herrscher der Fremdländer«. Vgl. J. van Seters, The Hyksos, New Haven / London 1966. Herkunft und Identität der Hyksos sind umstritten.
5 Es bleibt eine gewisse Unsicherheit hinsichtlich der richtigen Lesart ihres Namens. Für manche Ägyptologen handelt es sich um Sobek-nefru.
6 Vgl. zu diesem Punkt C. Vandersleyen, L'Égypte et la vallée du Nil, Bd. 2, S. 117, Anm. 2.

Ah-hotep

1 Näherungsweise Übersetzung. Die *hau-nebut* scheinen in diesem Zusammenhang »die Inseln des Nordens« zu bezeichnen, also die Sumpfregionen des Deltas, die auf Initiative der Ah-hotep hin zurückerobert wurden.
2 Urkunden IV, 21.3–17.
3 Vgl. M. Eaton-Krauss, The Coffins of Queen Ahhotep, Consort of Seqeni-en-Re and mother of Ahmose, in: Chronique d'Égypte XLV/130 (1990), S. 195–205.

Ah-mes Nefertari

1 Man könnte auch »Ah-mose« transkribieren, doch hat sich »Ah-mes« mittlerweile eingebürgert. Der zweite Teil des Namens, Nefertari, wird von der ersten Großen Königlichen Gemahlin Ramses' II. aufgegriffen werden.
2 Schu ist das Leben, Tefnut die Ordnung.
3 Vgl. zum Beispiel L. Manniche in: Acta Orientalia 40 (1979), S. 11–19.

Königin Hat-schepsut

1 Vgl. insbesondere S. Ratié, La Reine Hatshepsout, Sources et Problèmes, Leyden 1979; Hatchepsout, Femme-Pharao, Les Dossiers d'Archéologie, Nr. 187, November 1993.
2 Nach Ansicht von C. Vandersleyen erlaubt die Fundlage nicht, ihr eine Regierungszeit von mehr als drei Jahren zuzuschreiben.
3 Das heißt der Sohn der göttlichen Macht, die ihn zum König werden ließ, und nicht unbedingt der leibliche Sohn des verstorbenen Monarchen.
4 Urkunden IV, 1–60,4.
5 In einer der ägyptischen Darstellungen von der Erschaffung der Welt zeugt Atum das erste Götterpaar durch Masturbation, also indem er die Welt aus seinem eigenen Fleisch formte, um die Einheit aller Erscheinungsformen zu gewährleisten. Die zeugende »Gotteshand« Atum wurde als seine Gemahlin betrachtet. Durch diesen Titel wurden die Königinnen mit dem Prozeß der Selbstzeugung in seiner ursprünglichen Gestalt in Verbindung gebracht.
6 Insbesondere auf der Grundlage der Statue, die sich heute im Metropolitan Museum of Art in New York befindet, Inventar Nr. 29.3.2.
7 Vgl. J. Yoyotte, Kêmi XVIII, 1968, S. 85–91.

Hat-schepsut – die weibliche Sonne

1 Vgl. zu dieser weiblichen Sonne BIFAO 90 (1990), S. 85 und 88.
2 Vgl. P. F. Dorman, The Monuments of Senenmut, London / New York 1988; The Tombs of Senenmut, San Antonio.
3 P. F. Dorman ist der Ansicht, daß das Grab Nr. 71 als Kapelle und das Grab Nr. 353 als Gruft diente.
4 Vgl. zum Beispiel die Hypothesen von S. Ratié, Attributes et destinée de la princesse Néféroure, BSEG 4 (1980), S. 77–82.

Hat-schepsut und das Land Punt

1 Vielleicht wurde diese Fettleibigkeit als ein Zeichen von Reichtum und Wohlstand betrachtet.

Vom Fest zum Jenseits

1 Zwei Obelisken zu Beginn ihrer Regierungszeit, zwei im fünfzehnten und sechzehnten Jahr. Zwei sind vollständig verschwun-

den, ein einziger steht noch immer an seinem Platz in Karnak, die Spitze des vierten liegt an der nordwestlichen Ecke des heiligen Sees.

2 Hat-schepsut spricht von sich bald als Mann, bald als Frau und zeigt auf diese Weise, daß sie Mann und Frau ist und für sich allein das Königspaar verkörpert.

3 Nach neueren Studien soll Hat-schepsut die »Schöpferin« des Tals der Könige gewesen sein, und ihr Grab soll das erste gewesen sein, das hier angelegt wurde.

4 Vgl. C. Jacq, Maître Hiram et le Roi Salomon.

5 Vgl. E. Danielus, in: Kronos, Glassboro, N. I. 1, Nr. 3 (1976), S. 3–18, und Nr. 4, S. 9–24.

Teje

1 Vgl. zum Harem S. 228–232.

2 Ägyptisches Museum, Kairo, JE 38257.

3 Vgl. D. Wildung, BSFE 125 (1992), S. 15–28. Röntgenaufnahmen haben gezeigt, daß sich unter der Haube – eine Art Mütze aus blauen Perlen – ein Uräus und Ohrringe verbargen. Ursprünglich trug die Königin eine Krone mit zwei Federn, die eine Sonnenscheibe einrahmten, und ein Kuhgehörn, das sie zur Verkörperung von Hathor machte.

Nofretete

1 Vgl. zu Nofretete und ihrer historischen Bedeutung C. Jacq, Néfertiti et Akhénaton, le couple solaire, 1990.

2 Vgl. C. Traunecker, BSFE 107 (1986), S. 17–44.

3 Echnaton scheint eine »Nebenfrau« namens Kija gehabt zu haben, für die der König im heiligen Bezirk des Aton eine Kapelle errichten ließ. Ihr Name wurde nicht in eine Kartusche geschrieben, und sie trug keine Krone. Nach dem zwölften Jahr der Regierungszeit Echnatons verlieren sich ihre Spuren. Vielleicht erwählte der König als seine Nachfolgerin eine Pharaonin namens Anch-cheperu-Re Nefer-neferu-Aton, die über zwei Jahre regiert haben soll. Bei ihr könnte es sich um Merit-Aton, die Tochter Echnatons, gehandelt haben.

Die Grosse Königliche Gemahlin Tut-anch-Amuns

1 Vgl. K. Bosse-Griffiths, The Great Enchantress in the Little Golden Shrine of Tutankhamun, in: JEA 59 (1973), S. 100–108.

2 In meinem Roman *La Reine Soleil* habe ich eine Erklärung für das ungewöhnliche Verhalten der Witwe Tut-anch-Amuns vorgeschlagen. Danach hat diese durch eine Art gezielte Provokation eine Reaktion der ägyptischen Behörden gegen die hethitischen Machenschaften auslösen wollen.

Mut-nedjmet

1 Vgl. R. Hari, Horemheb et la reine Moutnedjemet, Genf 1964.

2 Eine Statuengruppe in Turin zeigte eine weibliche Sphinx, die den in eine Kartusche geschriebenen Namen der Königin Mut-nedjmet anbetet. Muß man daraus folgern, daß sie Pharaonin gewesen ist? Vgl. E. Strouhal / G. Callender, The Bulletin of the Australian Center for Egyptology 3 (1992), S. 67–75.

3 Vgl. zu Mut H. Te Velde, JEOL 26 (1979–80), S. 3–9.

Tuja

1 Vgl. zu Tuja L. Habachi, RdE 21 (1969), S. 27–47.

2 JE 37484.

Das Tal der Königinnen

1 Vgl. über das Tal der Königinnen C. Leblanc, Ta Set Neferou. Une nécropole de Thèbes-Ouest et son histoire, I, Kairo 1989; La Vallée des Reines, Dossiers de l'Archéologie, Dijon 1992.

2 Im Ägyptischen *ta set nefru*. Andere Übersetzungen: »Ort der Vollkommenheit«, »Ort der Schönheit«, »Ort der Königskinder«. Sie schließen sich nicht gegenseitig aus.

Nefertari

1 Vgl. H. Schmidt / J. Willeitner, Nefertari, Mainz 1994.

2 Vgl. G. Thausing / H. Goedicke, Nofretari. A Documentation of the Tomb and its Decoration, Graz 1971; In the Tomb of Nefertari. Conservation of the Wall Paintings, Santa Monica, The J. Paul Getty Trust, 1992.

Die hethitische Gemahlin Ramses' II.

1 Vgl. A. R. Schulman, Diplomatic Marriage in the Egyptian New Kingdom, in: JNES 38 (1979), S. 177–193.

2 Über den genaueren Charakter dieser klimatischen Störungen gehen die Meinungen auseinander. Es wurde vielfach behauptet, Ramses habe Regen und Schneefall ein Ende gesetzt; aber es wurde auch darauf hingewiesen, daß Trockenheit und Hitze in Wirklichkeit anomale klimatische Verhältnisse für einen anatolischen Winter waren. Vermutlich hat Ramses Regen erzeugt, um die Harmonie wiederherzustellen.

3 Vgl. M. Broze, La Princess de Bakhtan. Essai d'analyse stylistique, Brüssel 1989.

Ta-usret

1 Vgl. zum Beispiel H. Altenmüller, JEA 68 (1982), S. 107–115. Vom selben Autor in: After Tutankhamun, London / New York 1992, S. 141–164.

2 Einige Wissenschaftler sind der Ansicht, daß ihre Regierungszeit die des Si-Ptah überlagerte.

3 Vgl. zu dieser Persönlichkeit H. Altenmüller, SAK 19 (1992), S. 15–36.

4 Ägyptisches Museum, Kairo, CG 52644.

5 Jeder Tempel wurde mit einer oder mehreren »Gründungsbeigabe(n)« versehen, die im Boden vergraben wurden und aus Miniaturobjekten bestanden, die Wachstum und Wohlstand des Gebäudes gewährleisten sollten. Die Gründungsbeigabe des Tempels der Ta-usret enthielt Blöcke aus Sandstein und Ziegel aus blauer Fayence mit ihrem Namen, florale Amulette und Amulette in Form eines Stierschenkels (ein Symbol von Kraft), Stierkopfes, von Fischen, Werkzeug aus Kupfer usw. In Bubastis im Delta wurde ein Schatz gefunden, der aus Gold- und Silbergefäßen bestand, die ebenfalls ihren Namen trugen.

Arsinoë II.

1 Arsinoë ist nicht das einzige Beispiel für eine vergöttlichte Frau im alten Ägypten. In der Spätzeit wurde die Dame Udja-ren-es im siebten Gau Oberägyptens als eine Heilige verehrt und wie eine Gottheit angebetet (vgl. Revue d'Égyptologie 46, S. 55 ff.). Frauen konnten wie Männer den Stand der »Heiligkeit« erlan-

gen, und der Begriff »weibliche Heiligkeit« stammt zweifellos aus Ägypten.

2 Vgl. S. Sauneron, Un document égyptien relatif à la divinisation de la reine Arsinoé II., in: BIFAO 60 (1960), S. 83–109.

Kleopatra

1 Vgl. E. Flamarion, Cléopatra. Vie et mort d'un pharaon, Paris, Gallimard, 1993.

2 Vgl. F. Le Corsu, BSFE 82 (1978), S. 22–32.

3 Über die Ägyptische Kobra – und nicht etwa eine Viper –, mit der sich Kleopatra angeblich das Leben nahm, vgl. J. A. Josephson, A Variant Type of the Uraeus in the Late Period, in: JARCE 29 (1992), S. 123–130.

Zweiter Teil
Liebende, Ehefrauen und Mütter

Eine Verliebte

1 Im Neuen Reich wurden »Liebeslieder« komponiert, denen wir die Entwicklung der verliebten Frau entnehmen. Vgl. zu diesen Texten S. Schott, Les chants d'amour de l'Égypte ancienne, Paris 1956, und P. Vernus, Chants d'amour de l'Égypte antique, Paris 1992.

Freuden der Liebe

1 Diese Organe wurden bei der Mumifizierung besonders aufmerksam behandelt. Während des Alten Reiches unterstrichen Bandagen und Binden die sexuellen Merkmale der Frau, die Brüste und Genitalien, die mit Tüchern gefüllt oder mit einer harzigen Masse bestrichen wurden.

2 Vgl. P. H. Schulze, Frauen im Alten Ägypten, S. 69 f.

3 Vgl. J. A. Omlin, Der Papyrus 55001 und seine satirisch-erotischen Zeichnungen und Inschriften, Turin 1973.

4 Vgl. Hellmut Brunner, Die Weisheitsbücher der Ägypter, »Die Lehre des Ptahhotep«, Maxime 20, S. 120 f., Düsseldorf / Zürich 1973/1998.

Die Zeit der Ehe

1 Vgl. Hellmut Brunner, Die Weisheitsbücher der Ägypter, S. 205.
2 Vgl. zum Beispiel S. Allam, Quelques aspects du mariage dans l'Égypte ancienne, in: JEA 67 (1981), S. 116–135. Die analysierten Verträge stammen zwar aus der 21. Dynastie, lehnen sich jedoch an ältere Vorbilder an.
3 Vgl. zum Beispiel W. K. Simpson, JEA 60 (1974), S. 100–105.

Die Liebe der Gemahlin

1 Hellmut Brunner, Die Weisheitsbücher der Ägypter, S. 122.
2 Ebd., S. 127.
3 Ebd., S. 289.

Die erstaunliche Ehe der Dame Senet-it-es

1 Ägyptisches Museum, Kairo, JE 51280.
2 Diese in Abydos gefundene Statuette stammt aus der Spätzeit der 12. Dynastie (Museum der Universität Liverpool, E. 7081).
3 Urkunden IV, 1369, 4–16.

Die Toilette von Kawit

1 Ägyptisches Museum, Kairo, JE 47397.
2 New York, Metropolitan Museum of Art, Inventar Nr. 26. 8. 117.
3 Über die symbolische Verknüpfung der Perücke mit der Mutterschaft und der Fruchtbarkeit vgl. zum Beispiel C. Karlshausen, in: Amosiadès. Mélanges Vandersleyen, 1992, S. 153–173.
4 Es gab ein furchtbares Rezept (dessen Inhaltsstoffe wir nicht kennen), um die Haare einer Rivalin zu zerstören, doch zugleich wurde das passende Gegenmittel aufgeführt, um die Arme zu kurieren.
5 Ägyptisches Museum, Kairo, CG 18576 = JE 26046.

Sat-Hathor

1 Dendera in Oberägypten war einer der Hauptkultorte der Göttin Hathor. Man kann dort noch heute den spätesten ihrer Tempel betrachten, der unter den Ptolemäern erbaut wurde und dessen Wände mit bemerkenswerten Texten beschrieben sind.
2 Ägyptisches Museum, Kairo, CG 52663 = JE 44920.

Die Schwangerschaft

1 Esna V, S. 235.
2 Papyrus Berlin Nr. 199, übersetzt von G. Lefebvre, in: La médecine égyptienne de l'époque pharaonique, Paris 1956. Vgl. auch T. Bardinet, Les papyrus médicaux de l'Égypte pharaonique, Paris 1995.

Die Niederkunft der Dame Rudj-djedet

1 Die vier Ziegelsteine verkörpern vier Göttinnen: die Große (Nut, der Himmel), die Erstgeborene (Tefnut, die weibliche Polarität des Urpaars), die Schöne (Isis) und die Vortreffliche (Nephthys).
2 Das von Champollion geprägte Wort *Mammisi* ist vom altägyptischen *ma-meset* abgeleitet, das »Geburtsort« bedeutet.

Die Amme

1 Zu bildlichen Darstellungen des Stillens vgl. F. Maruéjol, ASAE 69 (1983), S. 311–319.
2 Dieser Akt wird auf diese Weise im Papyrus Louvre 3148 beschrieben: »O irgendeiner, als dich deine Mutter zur Welt brachte, hat sie den schönen Namen verkündet, der dich betrifft.«
3 Ägyptisches Museum, Kairo, CG 34125.
4 Vgl. J. Leclant, Le rôle du lait et de l'allaitement d'après les Textes des Pyramides, in: Journal of Near Eastern Studies, Vol. X, Nr. 2 (1951), S. 123 ff. Es gibt eine dreifache Geburt des Pharaos: die irdische Geburt (die jedes Individuum durchmacht), die Geburt zum ewigen Leben (nach dem Urteilsspruch der Götter) und die Geburt zum Leben als König (die Krönung). Das rituelle Stillen anläßlich der Krönung – »damit es einen König gebe« – wurde noch in Rom praktiziert. Übrigens bezeichnet der Ausdruck »die Amme der Menschen« den Pharao selbst (Kitchen, Ramesside Inscriptions II, 336, 7–8.)

Die Gottheiten mögen mein Kind retten

1 Vgl. J. Loose, Laborious »Rites de passage«: Birth Crisis in this World and in the Beyond, in: Sesto Congresso Internazionale di Egittologia, Atti II, Turin 1993, S. 285–289.
2 Vgl. A. Erman, Zaubersprüche für Mutter und Kind aus dem Papyrus 3027 des Berliner Museums, Berlin 1901.

3 Vgl. zum Beispiel J. Bulté, Talismans égyptiens d'heureuse maternité, Paris 1991.
4 Vgl. M. Lichtheim, Ancient Egyptian Literature III, S. 58 f.

Die Dame Ta-Imhotep

1 Stele 147 im British Museum; vgl. M. Lichtheim, Ancient Egyptian Literature III, S. 59–65.
2 Sargtexte, Kapitel 146.

Das Bankett der Dame Itjui

1 Die Bedeutung dieses Namens läßt sich nur schwer präzisieren: »die Herrscherin« oder »die entzückt«.

Neferu

1 Vgl. ASAE VIII (1907), S. 272.
2 Ägyptisches Museum, Kairo, JE 66624 (Ende der 5. Dynastie).
3 Text im thebanischen Grab des Neb-Amun (Nr. 90) für seine Gemahlin Teje.

Die Dame Mut erzieht ihre Tochter

1 Hellmut Brunner, Die Weisheitsbücher der Ägypter, »Die Lehre des Ani«, Düsseldorf/Zürich 1977, 1998, S. 208.

Na-nefer

1 Vgl. A. H. Gardiner, A Dynasty XX deed of Adoption, in: JEA 26 (1960), S. 23 ff.; E. Cruz-Uribe, A new look at the Adoption Papyrus, in: JEA 74 (1988), S. 220–223; C. J. Eyre, The Adoption Papyrus in Social Context, in: JEA 78 (1992), S. 207–221.

Drei unglückliche Fälle

1 Vgl. JEA 70 (1984), S. 92–105. Ein Papyrus aus Deir el-Medine droht dem Ehebrecher Verstümmelungen und Verbannung an.
2 Vgl. D. Franke, LdÄ VI, 1279–1289.

Anch-iri

1 Vgl. M. Guilmot, Lettre à une épouse défunte, in: Zeitschrift für ägyptische Sprache 99 (1973), S. 94–103. Der Brief war an der hölzernen Statuette einer Frau, die mit Gips überzogen und bemalt war, befestigt. Über die Briefe an Verstorbene vgl. A. H.

Gardiner / K. Sethe, Egyptian Letters to the Dead, London 1928.

2 Gardiner / Sethe, S. 5.

Dritter Teil

Frauen bei der Arbeit

Die Dame Nebet, Wesirin

1 Stele aus Abydos, Ägyptisches Museum, Kairo, CG 1578.

Die Schreiberin Idut

1 Vgl. die Publikation von B. Macramallah, Le Mastaba d'Idout, fouilles à Saqqarah, Kairo 1935.

2 In einem Text des Tempels von Luxor; vgl. JEA 61, S. 132.

3 Vgl. B. M. Bryan, Evidence for Female Literacy from Theban Tombs of the New Kingdom, in: BES 6 (1984), S. 17–32; Non-Royal Women's Titles in the 18th Egyptian Dynasty, in: Newsletter ARCE 134 (1986), S. 13–16. Vgl. insbesondere die thebanischen Gräber Nr. 69, 84, 147, 148, 162.

4 Vgl. KMT 5/4, 1994, S. 20.

5 Vgl. J. J. Janssen, Literacy and Letters at Deir el-Medina, in: Village Voices, Leiden 1992, S. 81–94; D. Sweeney, Women's Correspondance from Deir el-Medineh, in: Sesto Congresso Internazionale di Egittologia, Atti II, Turin 1993, S. 523–529.

Die Dame Peseschet

1 Vgl. H. G. Fischer, Egyptian Studies I, S. 71 ff.; E. B. Harer / Z. el Dawakhly, Obstetrics and Gynecology 74 (1989), S. 960 f. Peseschet bedeutet »diejenige, die trennt, teilt und schlichtet«, vielleicht auch »diejenige, die diagnostiziert«.

2 Vgl. D. Cole, DE 9 (1987), S. 25–29.

3 Vgl. D. Cole, Obstetrics for the Women of Ancient Egypt, in: DE 5 (1986), S. 27–33.

4 Papyrus Kahun Nr. 2.

5 Vgl. M. T. Derchain-Urtel, Synkretismus in der ägyptischen Ikonographie. Die Göttin Tjenenet, Wiesbaden 1979.

Die Haremsdamen

1 Vgl. B. Bryan, BES 4 (1982), S. 35–54; D. Nord, in: Studies in Ancient Egypt, the Aegean and the Sudan, Boston 1981, S. 137–145.

Geschäftsfrauen

1 Vgl. H. G. Fischer, Egyptian Women, S. 9.
2 Vgl. W. A. Ward, The Case of Mrs. Tchat and her sons at Beni Hassan, in: GM 71 (1984), S. 51–59. Zu den Schatzmeisterinnen vgl. auch E. Thompson, The Bulletin of the Australian Centre for Egyptology 3 (1992), S. 77–83.
3 Vgl. LdÄ II, 290.
4 Papyrus Grenfell I, XXVII und XXXII.
5 Mastaba de Leyde = Vandier, Manuel VI, S. 66.
6 Vgl. J. Janssen, A Notable Lady, in: Wepwawet 2 (1986), S. 30 f.
7 Laut Papyrus Anastasi V.
8 Vgl. A. H. Gardiner, The Inscription of Mes, Leipzig 1905.
9 Vgl. S. B. Pomeroy, Apollonia (also called Senmonthis), wife of Dryton: woman of two cultures: paper delivered at the colloquium in »Social History and the Papyri«, Columbia University, 9. April 1983.

Frauen auf den Feldern

1 Ihr Sarkophag wurde in Deir el-Bahari gefunden; er befindet sich heute im Ägyptischen Museum von Kairo (JE 47267).
2 Zum Beispiel im Grab des Pa-heri in El-Kab und im thebanischen Grab Nr. 165.
3 Vgl. J. Vandier, Manuel VI, S. 117.

Handwerkerinnen

1 Vgl. H. G. Fischer, Varia, S. 62.
2 Vgl. zu den Friseusen *(irit-scheni)* H. G. Fischer, Egyptian Studies I, S. 72, Nr. 23, und S. 47, Abb. 14.
3 Vgl. H. G. Fischer, Egyptian Women, S. 20.

Dienerinnen oder Sklavinnen?

1 Vgl. H. Thompson, JEA 26 (1940), S. 68 ff.

Lohn und Strafe

1 Neomemphitisches Relief von Nefer-sechem Psammetich, Ägyptisches Museum, Kairo, JE 10978.

Erblasserinnen oder Erbinnen

1 Vgl. H. G. Fischer, Egyptian Women, S. 4 f.
2 Papyrus Turin 3, 11–4, 1.
3 Papyrus Brooklyn 35.1446.
4 Vgl. J. Černý, The Will of Naunakhte, in: JEA 31 (1945), S. 29 ff.

Vierter Teil
Eingeweihte und Priesterinnen

Ägypten – das Reich der weiblichen Spiritualität

1 Vgl. H. G. Fischer, LdÄ IV, 1100–1105.
2 Diese Gruppen werden häufig mit dem griechischen Wort *Phyle* bezeichnet. In der weiblichen Hierarchie unterscheidet man die folgenden Rangstufen: »die Gereinigten« *(wabut)*, »die Wachenden« *(wereschut)*, »die lieben oder geliebt werden« *(merut)* und, an der Spitze, »die dem göttlichen Wesen dienen« *(hemut-netjer)*.

Hathor-Priesterinnen

1 Vgl. zum Beispiel Y. Koenig, Le papyrus Boulaq 6, Kairo 1981, S. 105–107; K. A. Kitchen, Ramesside Inscriptions II, 264, S. 5–11.
2 Stele von Den Haag; vgl. die Zeitschrift für ägyptische Sprache 61, S. 83 ff., und der Salbenbecher im Louvre, Nr. E 25298.
3 Vgl. F. Daumas, Les objets sacrés de la déesse Hathor à Dendera, in: RdE 22 (1970), S. 63–78. Über die Göttin Hathor vgl. S. Allam, Beiträge zum Hathorkult, München 1963; C. J. Bleeker, Hathor und Thot, Leiden 1973.

Sängerinnen, Musikerinnen und Tänzerinnen

1 Vgl. S. Schott, Les Chants d'amour de l'Égypte ancienne, S. 99.
2 Vgl. W. Guglielmi, Die Göttin Mr.t. Entstehung und Verehrung einer Personifikation, Leiden 1991.
3 Vgl. J. Leclant, Mélanges Mariette, 1961, S. 251 ff.; P. Barguet, L'origine et la signification du contrepoids de collier-*menat*, in: BIFAO LII (1953), S. 103–515.

4 Vgl. zum Beispiel Y. M. Harpur, GM 38 (1980), S. 53–61.
5 Vgl. H. Wild, Sources Orientales VI, 1963, S. 37–117.

Die Gottesanbeterinnen

1 Ägyptisches Museum, Kairo, CG 42199.
2 Vgl. J. Leclant, Tefnout et les Divines Adoratrices thébaines, in: MDAIK XV, S. 166–171.

Die Dynastie der Gottesanbeterinnen

1 Für die Liste der Gottesgemahlinnen und Gottesanbeterinnen vgl. LdÄ II, 792 ff.
2 Ägyptisches Museum, Kairo, CG 61028.
3 Die Bedeutung des Namens *ka-ro-mâmâ* ist unbekannt.
4 Zu Karomama vgl. J. Yoyotte, BSFE 64 (1972), S. 31 ff.
5 Ägyptisches Museum, Kairo, CG 39194.

Die Klagefrauen

1 Vgl. M. Werbrouck, Les Pleureuses dans l'ancienne Égypte, 1938.
2 Vgl. H. G. Fischer, Varia, S. 39–50.
3 Vgl. H. Junker, Die Stundenwachen in den Osirismysterien, Wien 1910; R. O. Faulkner, The Lamentations of Isis and Nephtys, in: Mélanges Maspero I (1934), S. 337 ff., und The Songs of Isis and Nephty, in: JEA 22 (1936), S. 121 ff.

Die Dienerinnen des *Ka*

1 Stele des Ka-nefer, Musée du Louvre E. 11.286.
2 Stele Louvre E 15591.
3 Ägyptisches Museum, Kairo, CG 1392 (aus der Mastaba Nr. 88 von Saqqara stammend).

Die Damen des Gottesharems

1 Vgl. E. Edel, Das Akazienhaus, München 1970.
2 Vgl. Mélanges Mokhtar, Kairo 1985, S. 389 ff.
3 Musée du Louvre E 10655.
4 British Museum 1280; vgl. M. Gitton, Les Divines Épouses de la XVIII dynastie, S. 79 ff.

Die zauberkundige Seherin

1 Vgl. KMT 4/2, 1993, S. 35.

2 Stele CG 22120 aus Achmim.
3 Totenbuch, Kapitel 30.
4 Vgl. Sources orientales 6, S. 81.
5 Vgl. Edwards, Amuletic Decrees of the Late New Kingdom, 1960, S. 81–84, und C. Ziegler, Naissance de l'écriture (Katalog), S. 301.

Frauen, die in die Mysterien eingeweiht wurden

1 Vgl. H. de Meulenaere, Retrouvaille de la dame Taniy, in: Pyramid Studies, 1988, S. 68–72. Die Bedeutung des Namens »Tanii« läßt sich nur schwer ermitteln; vielleicht bedeutet er soviel wie »die vom Bösen Befreite«.
2 Die hier verwendete Ausdrucksweise ist gewöhnlich Königinnen vorbehalten.
3 Das heißt ihre Fähigkeit, in Ewigkeit zu atmen.
4 Der Sarg befindet sich heute in der Washington Gallery of Art, St. Louis; vgl. Aménophis III, le Pharaon-Soleil, Paris 1993, S. 270.
5 Vgl. J.-C. Goyon, Le Papyrus du Louvre n° 3279, Kairo 1966. Der Name »Ta-uau« bedeutet möglicherweise »die Ferne«.
6 Vgl. S. Snape, GM 39, S. 61–64.

Schlusswort

1 Vgl. G. Lefebvre, ASAE XX, XXI und XXII für die Texte im Grab des Petosiris.
2 Inschriften im Grab des Petosiris 58,8–11a.

Zeittafel[1]

Prädynastische Epoche (um 3300–3150 v. Chr.)

Archaische Epoche: *1. und 2. Dynastie* (um 3150–2690 v. Chr.)

Altes Reich: *3. bis 6. Dynastie*: (um 2690–2181 v. Chr.)

3. Dynastie (2690–2613 v. Chr.)
- Neb-ka Sanacht (2690–2670)
- Djoser (2670–2650)
- Sechem-chet (2650–2643)
- Sedjes (Cha-bai?) (2643–2637)
- Nefer-ka-Re
- Huni (2637–2613)

4. Dynastie (2613–2498 v. Chr.)
- Snofru (2613–2589)
- Cheops (2589–2566)
- Ra-djed-ef (2566–2558)
- Chephren (2558–2532)
- Baka (?)
- Mykerinos (2532–2504)
- Schepses-kaf (2504-2500)

5. Dynastie (2500–2345 v. Chr.)
- User-kaf (2500–2491)
- Sahu-Re (2491–2477)
- Nefer-ir-ka-Re (2477–2467)
- Schepses-ka-Re (?)
- Nefer-ef-Re (2460–2453)
- Ni-user-Re (2453–2422)
- Men-kau-Hor (2422–2414)
- Djed-ka-re Isesi (2414–2375)
- Unas (2375–2345)

6. *Dynastie* (2345–2181 v. Chr.)
- Teti (2345–2333)
- User-ka-Re (?)

---

1 Die Daten sind Näherungswerte. Die Chronologie des Alten Ägypten ist weiterhin Gegenstand wissenschaftlicher Kontroversen. Vgl. C. Jacq, Initiation à l'égyptologie, S. 32 f.

Pepi I.
Mer-en-Re I. (2283–2278)
Pepi II.
Mer-en-Re II.
Nitokris (2184–2181)

ERSTE ZWISCHENZEIT: *Anfang 7. bis 11. Dynastie*
7. bis 10. Dynastie
Zahlreiche unbekannte Pharaonen
11. Dynastie
Mentu-hotep I. (2133–?)
Antef I.
Antef II. (2088–2069)
Antef III. (2069–2060)

MITTLERES REICH: *11. und 12. Dynastie* (um 2060–1785 v. Chr.)
11. Dynastie (Folge)
Mentu-hotep II. (2060–2010)
Mentu-hotep III. (2009–1997)
Mentu-hotep IV. (1997–1991)
(und andere Pharaonen, die sich noch nicht einordnen lassen)
12. Dynastie (1991–1785 v. Chr.)
Amen-em-het I. (1991–1962)
Sesostris I. (1962–1928)
Amen-em-het II. (1928–1895)
Sesostris II. (1895–1878)
Sesostris III. (1878–1842)
Amen-em-het III. (1842–1797)
Amen-em-het IV. (1797–1790)
Nefru-Sobek (1790–1785)

ZWEITE ZWISCHENZEIT: *13. bis 17. Dynastie* (1785–1570 v. Chr.; Fremdherrschaft der Hyksos)

NEUES REICH: *18. bis 20. Dynastie* (1570–1069 v. Chr.)
18. Dynastie (1570–1293[2] v. Chr.)
Ah-mose (1570–1546)

2 Für die Daten und die Länge der Regierungszeit der einzelnen Pharaonen vgl. C. Vandersleyen, L'Égypte et la vallée du Nil, Bd. 2, S. 663.

Amenophis I. (1551–1524)
Thutmosis I. (1524–1518)
Thutmosis II. (1518–1504)
Hat-schepsut (1498–1483)
Thutmosis III. (1504–1450)
Amenophis II. (1453–1419)
Thutmosis IV. (1419–1386)
Amenophis III. (1386–1349)
Amenophis IV./Echnaton (1350–1334)
Semench-ka-Re (1336–1334)
Tut-anch-Amun (1334–1325)
Eje (1325–1321)
Har-em-hab (1321–1293)

19. Dynastie (1293–1188 v. Chr.)
Ramses I. (1293–1291)
Sethos I. (1291–1278)
Ramses II. (1279–1212)
Mer-en-Ptah (1212–1202)
Sethos II. (1202–1196)
Amen-messe (1202–1199)
Si-Ptah (1196–1188)
Ta-usret (1196–1188)

20. Dynastie (1188–1069 v. Chr.)
Seth-nacht (1188–1186)
Ramses III. (1186–1154)
Ramses IV. (1154–1148)
Ramses V. (1148–1144)
Ramses VI. (1144–1136)
Ramses VII. (1136–1128)
Ramses VIII. (1128–1125)
Ramses IX. (1125–1107)
Ramses X. (1107–1098)
Ramses XI. (1098–1069)

DRITTE ZWISCHENZEIT: *21. bis 25. Dynastie* (1069–672 v. Chr.)
21. Dynastie (1069–945 v. Chr.)
22. und 23. – sogenannte »libysche« – Dynastie (949–715 v. Chr.)
24. Dynastie (730–715 v. Chr.) im Delta
25. – sogenannte »kuschitische«-Dynastie (750–656 v. Chr.)

Spätzeit: *26. Dynastie bis zur Eroberung durch Alexander den Großen* (672–333 v. Chr.)

26. Dynastie: sog. »Saïtenzeit« (672–525 v. Chr.)

Necho I. (672–664)
Psammetich I. (664–610)
Necho II. (610–595)
Psammetich II. (595–589)
Apries (589–570)
Amasis (570–526)
Psammetich III. (526–525)

27. Dynastie: Erste Perserherrschaft (525–405 v. Chr.)

28. Dynastie

Amyrtaios (405–399)

29. Dynastie (399–380 v. Chr.)

Nepherites I. (399–393)
Psammuthis (393)
Achoris (393–380)
Nepherites II. (380)

30. Dynastie (380–342 v. Chr.)

Nektanebos I. (380–362)
Teos (362–360)
Nektanebos II. (360–342)

Zweite Perserherrschaft: auch 31. Dynastie genannt (342–333 v. Chr.)

Herrschaft der Ptolemäer (333–30 v. Chr.)

Ägypten, Römische Provinz (30 v. Chr.–395 n. Chr.)

Byzantinisches und Koptisches Ägypten (395–639)

Einfall der Araber (639)

ALLAM, S., Beiträge zum Hathorkult (bis zum Ende des Mittleren Reiches), München 1963.
– Ehe, in: LdÄ I, S. 1162–1181.
– Familie, in: LdÄ II, S. 101–113.
– Geschwisterehe, in: LdÄ II, S. 568–570.
– Quelques aspects du mariage dans l'Égypte ancienne, in: JEA 67 (1981), S. 116–135.
– Die Stellung der Frau im alten Ägypten, in: Bibliotheca Orientalis 26 (1969), S. 155–159.
ALTENMÜLLER, H., Bemerkungen zu den neu gefundenen Daten im Grab der Königin Twosre (KV 14) im Tal der Könige von Theben, in: After Tutankhamun, London / New York 1992.
– Das Grab der Königin Tausret im Tal der Könige von Theben, in: SAK 10 (1983), S. 1–24; in: GM 84 (1985), S. 7–17.
– Tausret und Sethnacht, in: JEA 68 (1982), S. 107–115.
ASSAAD, F., À propos de Hatchepsout. Mythe et Histoire. VI Congresso Internazionale di Egittologia, Atti I, 1992, Turin, S. 23–27.
ASSMANN, J., Maât. Gerechtigkeit und Unsterblichkeit im Alten Ägypten, München 1990.
– Muttergattin, in: LdÄ IV, S. 264–266.
– Muttergottheit, in: LdÄ IV, S. 266–271.

BLACKMANN, A. M., On the Position of Women in the Ancient Egyptian Hierarchy, in: JEA 7 (1921), S. 8 f.
BRINGMANN, L., Die Frau im ptolemaisch-kaiserlichen Ägypten, 1939.
BRUNNER-TRAUT, E., Liebe, in: LdÄ III, S. 1034–1048.
– Die Stellung der Frau im Alten Ägypten, in: Saeculum 38 (1987), S. 312–335.
– Der Tanz im Alten Ägypten nach bildlichen und inschriftlichen Zeugnissen, Glückstadt 1992.
– Die Wochenlaube, in: Mitteilungen des Instituts für Orientforschung III (1955), S. 11 f.
BRYAN, B. M., Evidence for Female Literacy from Theban Tombs of the New Kingdom, in: BES 6 (1984), S. 17–32.
BUTTLES, J. R., The Queens of Egypt, 1908.

Cole, D., The Role of Women in the Medical Practice of Ancient Egypt, in: DE 9 (1987), S. 25–29.

Desroches-Noblecourt, La Femme au temps des pharaons, Paris 1986.

Drioton, E., La Femme dans l'Égypte antique, in: La Femme nouvelle, Cairo 1950, S. 8–38.

Dunham, D. / Simpson, W., The Mastaba of Queen Mersyankh III G 7530–7540, Giza Mastabas I, Boston 1974.

La Femme au temps des pharaons, Musées Royaux d'Art et d'Histoire de Bruxelles, Mainz 1985.

Feucht, E., Kind, in: LdÄ III, S. 424–437.

– Mütter, in: LdÄ IV, S. 253–263.

Fischer, H. G., Administrative Titles of Women in the Old and Middle Kingdom, in: Varia (Egyptian Studies I), The Metropolitan Museum of Art, New York 1976, S. 69–79.

– Egyptian Women of the Old Kingdom and of the Heracleopolitan Period, The Metropolitan Musem of Art, New York 1989.

Galvin, M., The Priestesses of Hathor in the Old Kingdom and the 1st Intermediate Period. Brandeis University, Diss. 1981 (= University Microfilms International Order n° 8126877).

Gauthier-Laurent, M., Les Scènes de coiffure féminine dans l'ancienne Égypte, in: Mélanges Maspero II, 1935–1938, S. 673 f.

Gitton, M., L'Épouse du dieu Ahmes Néfertary, 1975.

– Les Divines Épouses de la 18e dynastie, Besançon 1984.

– Le Rôle des femmes dans le clergé d'Amon à la 18e dynastie, in: BSFE 75 (1976), S. 31–46.

Gitton, M. / Leclant, J., Gottesgemahlin, in: LdÄ II, S. 792–812.

Goyon, J.-C., Isis-Scorpion et Isis au Scorpion, in: BIFAO 78 (1978), S. 439–458.

Graefe, E., Untersuchungen zur Verwaltung und Geschichte der Institution der Gottesgemahlin des Amun von Beginn des Neuen Reiches bis zur Spätzeit, Wiesbaden 1981.

Habachi, L., La Reine Touy, femme de Séthi Ier, et ses proches parents inconnus, in: RdE 21 (1969), S. 27–47.

Harari, I., La Capacité juridique de la femme au Nouvel Empire,

in: Revue Internationale des Droits de l'Antiquité, Bruxelles 30 (1983), S. 41–54.
HATCHEPSOUT, FEMME PHARAON. Les Dossiers d'Archéologie, Dijon 1993.
HELCK, W., Beischläferin, in: LdÄ I, S. 684–686.
– Scheidung, in: LdÄ V, S. 559–560.
HOPKINS, K., Brother-Sister Marriage, in: Roman Egypt, Comparatives Studies in Society and History, Cambridge 22 (1980), S. 303–354.

JÁNOSI, P., The Queens of the Old Kingdom and their Tombs, in: BACE 3 (1992), S. 51–57.
JÉQUIER, G., Les Femmes de Pépi II, in: Studies presented to F. LL. Griffith, 1932, S. 9–12.
JUNGE, F., Isis und die ägyptischen Mysterien, in: Aspekte der spätägyptischen Religion, 1979, S. 93–115.

KANAWATI, N., Polygamy in the Old Kingdom of Egypt, in: SAK 4 (1976), S. 149–160.
KMT, VOLUME 5/4, 1994–1995, Goddesses and Women.
KUCHMAN, L., The Titles of Queenship, in: Newsletter SSEA 7, n° 3 (1997), S. 9–12; 9 (1978–79), S. 21–25.

LECLANT, J., Gottesgemahlin, in: LdÄ II, S. 792–815.
– Tefnout et les divines adoratrices thébaines, in: MDAIK XV (1966), S. 166–171.
LE CORSU, F., Isis, mythe et mystères, Paris 1977.
LESKO, B., The Remarkable Women of Ancient Egypt, Providence 1987.
LESKO, B. (Hg.), Women's Earliest Records from Ancient Egypt and Western Asia, Atlanta 1989.
LÜDDECKENS, E., Eheurkunde, in: LdÄ I, S. 1181–1183.

MACRAMALLAH, B., Le Mastaba d'Idout, Cairo 1935.
MALAISE, M., La Position des femmes sur les stèles du Moyen Empire, in: SAK 5 (1977), S. 183–198.
MANNICHE, L., Sexual Life in Ancient Egypt, London 1987.
MARUÉJOL, F., La Nourrice: un thème iconographique, in: ASAE 49 (1983), S. 311–319.

MONTET, P., Reines et pyramides, Kêmi XIV (1957), S. 92–101.
MORENZ, S., Die Stellung der Frau im Alten Ägypten, 1967.
MÜLLER, D., Gottesharim, in: LdÄ II, S. 815.
MÜNSTER, M., Untersuchungen zur Göttin Isis vom Alten Reich bis zum Ende des Neuen Reiches, München 1968.
MYŚLIWIEC, K., La Mère, la femme, la fille et la variante féminine du dieu Atoum, in: Études et Travaux 13, Warschau (1983), S. 297–304.

NAGUIB, S.-A., Le Clergé féminin d'Amon thébain, Louvain 1990.
– »Fille du dieu«, »épouse du dieu«, »mère du dieu« ou la métaphore féminine, in: The Intellectual Heritage of Egypt. Studies Kákosy, Budapest 1992, S. 437–447.
Nofret – Die Schöne. Die Frau im Alten Ägypten, Hildesheim 1985.

PESTMAN, P., Marriage and Matrimonial Property in Ancient Egypt, Leiden 1961.
PIRENNE, J., Le Statut de la femme dans l'ancienne Égypte, in: Recueils de la Société Jean Bodin, XI: La femme, Brüssel 1959, S. 63–77.
POMEROY, S. B., Women in Hellenistic Egypt from Alexander to Cleopatra, New York 1984.

QUAGEBEUR, J., Reines ptolémaïques et traditions égyptiennes, in: Das ptolemaische Ägypten, 1978, S. 245–262.

RATIE, S., La Reine Hatchepsout. Sources et problèmes, Leiden 1979.
REISER, E., Der königliche Harim im alten Ägypten und seine Verwaltung, Wien 1972.
REISNER, G. A., A History of the Giza Necropolis, Bd. 2, completed and revised by W. Stevenson Smith. The Tomb of Hetep-Heres, the Mother of Cheops, Cambridge (Massachussets) 1955.
REVILLOUT, E., La Femme dans l'Antiquité égyptienne (l'ancienne Égypte d'après les papyrus et les monuments, tome second), 1909.

SAMSON, J., Nefertiti and Cleopatra. Queen-Monarchs of Ancient Egypt, London 1985.

SANDER-HANSEN, C. E., Das Gottesweib des Amun, Kopenhagen 1940.
SCHMIDT, H. C. / WILLEITNER, J., Nefertari, Gemahlin Ramses II., Mainz 1994.
SCHOTT, S., Les Chants d'amour de l'Égypte ancienne, Paris 1955.
SCHULMAN, A. R., Diplomatic Marriage in the Egyptian New Kingdom, in: Journal of Near Eastern Studies 38 (1979), S. 177–193.
SCHULZE, P. H., Frauen im Alten Ägypten. Selbständigkeit und Gleichberechtigung im häuslichen und öffentlichen Leben, Bergisch Gladbach 1987.
SEIPEL, W., Harim, Harimsdame, in: LdÄ II, S. 982–987.
– Hatschepsut I, in: LdÄ II, S. 1045–1051.
– Königin, in: LdÄ III, S. 464–468.
– Königsmutter, in: LdÄ III, S. 538–540.
– Untersuchungen zu den ägyptischen Königinnen der Frühzeit und des Alten Reiches, Hamburg 1980.
SIMPSON, W. K., Polygamy in Egypt in the Middle Kingdom? in: JEA 60 (1974), S. 100–105.
STROUHAL, E. / CALLENDER, G., A Profile of Queen Mutnodjmet, in: The Bulletin of the Australian Centre for Egyptology 3 (1992), S. 67–75.

TANNER, R., Untersuchungen zur Rechtstellung der Frau im pharaonischen Ägypten, in: Klio 45 (1966); 46 (1967).
– Untersuchungen zur ehe- und erbrechtlichen Stellung der Frau im pharaonischen Ägypten, in: Klio 49 (1967), S. 5–37.
TEFNIN, R., La Statuaire d'Hatshepsout, portrait royal et politique sous la 18e dynastie, Brüssel 1979.
THAUSING, G. / GOEDICKE, H., Nofretari. A Documentation of the Tomb and its Decoration, Graz 1971.
THEODORIDES, A., Frau, in: LdÄ II, S. 280–295.
TROY, L., Patterns of Queenship in Ancient Egyptian Myth and History, Uppsala 1986.
TYLDESLEY, J., Daughters of Isis, Women of Ancient Egypt, Harmondsworth 1994.

VANDERSLEYEN, C., Les Deux Ahhotep, in: SAK 8 (1980), S. 237–241.
VERCOUTTER, J., La Femme en Égypte ancienne, in: Histoire mondiale de la femme I (1965), S. 61–152.

Verner, M., Die Königsmutter Chentkaus von Abusir und einige Bemerkungen zur Geschichte der 5. Dynastie, in: SAK 8 (1980), S. 243–268.

Ward, W. A., Essays on Feminine Titles of the Middle Kingdom and related Subjects, Beirut 1986.
Watterson, B., Women in Ancient Egypt, New York 1991.
Wenig, S., La Femme dans l'ancienne Égypte, Paris/Genf 1967.
Werbrouck, M., Les Pleureuses dans l'ancienne Égypte, 1938.
Wildung, D., Nouveaux aspects de la femme en Égypte pharaonique, in: BSFE 102 (1985), S. 9–25.

Yoyotte, J., Les Vierges consacrées d'Amon thébain, in: Compte rendus de l'Académie des inscriptions et belles lettres, 1961, S. 43–52.
– Les Adoratrices de la Troisième Période intermédiaire, in: BSFE 64 (1972), S. 31–52.

Žabkar, L. V., Hymns to Isis in Her Temple at Philae, Hanover/London 1988.
Ziegler, C., Notes sur la reine Tyi, in: Hommages à Jean Leclant I, 1994, S. 531–548.
Zivie, C. M., Nitokris, in: LdÄ IV, S. 513–514.

Namenregister

Gottheiten

HERRSCHER

Sonstige Personen

KG = Königsgemahlin
GG = Gottesgemahlin